ÉRIC MEUWISSEN

LES GRANDES FORTUNES DU BRABANT

32, rue du Viaduc
B-1340 Ottignies LLN
Tél. : [32] [0]10-41.42.44
Fax : [32] [0]10-41.98.41

Diffusion en Belgique : Presses de Belgique

Couverture : Comte Félix de Merode (Photo Paul Joachim)

Composition et mise en pages : Post Scriptum, B-1340 Ottignies.

Imprimé en Belgique

D 1994/6230/18 ISBN 2-930014-38-5

À mon épouse et à mon père

Je remercie tous ceux qui m'ont aidé :
Jan Meuwissen, Jean Puissant,
Christophe de Fossa, Georges Arcq,
Georges Romain et Paul Joachim.

Préface

Grandes familles, propriété foncière en Brabant wallon. L'objet de ce livre ne surprendrait pas s'il s'agissait de l'ancien régime, du moyen-âge. Puisqu'il couvre le XIXe siècle, il apparaît plus étonnant et suscite la curiosité.

Depuis la révolution néolithique, la propriété de la terre est devenue progressivement la source même du capital (symbolique et économique) et du pouvoir (symbolique et réel). Avec la révolution industrielle et les bouleversements économiques qu'elle suscite, l'appropriation du capital et du pouvoir entraîne celle de la terre. Dans les régions influencées par la révolution française, comme le nôtre (annexion de 1795 à 1814) où s'effectua l'application de la législation révolutionnaire puis impériale, et contrairement par exemple à la Grande-Bretagne, la rupture entre les deux systèmes est plus forte et plus rapide. La vente des biens nationaux (biens d'Église et de la noblesse émigrée), même si elle a été moins généralisée et décisive ici qu'en Ile-de-France, a contribué à modifier sensiblement les structures de propriété.

Le changement de régime y concourt également puisque Guillaume d'Orange-Nassau, souverain des Pays-Bas, devient un important propriétaire sur le territoire de la future Belgique. Il dote ainsi la *Société Générale pour favoriser l'Industrie Nationale* qu'il contribue à créer en 1822 de centaine d'hectares de bois. Le maintien de la nouvelle répartition ou le retour à l'ancienne constitue l'un des enjeux politiques du régime hollandais et des débuts de l'indépendance belge. Les acquéreurs de « biens noirs », comme on les nomme au sein du monde catholique, grossissent les rangs du « parti » libéral qui s'affirme peu à peu [1].

1 Voir l'éclairant article de J. BARTIER : « Partis politiques et classes sociales », *Res Publica,* X, 1968, pp. 33-106, réédité dans *Libéralisme et socialisme en Belgique,* Études rassemblées par G. CAMBIER, Bruxelles, 1981.

Les mutations s'effectuent dès lors par achat et par mariage, mais aussi par désinvestissement puisque la *Société Générale*, qui avait créé une direction « Forêts » en son sein (le bois est la principale source d'énergie primaire à cette époque) vend rapidement après l'indépendance belge l'essentiel de son patrimoine forestier (Forêt de Soignes et environs de Couvin, notamment) au moment où elle investit massivement dans les charbonnages (Borinage en particulier) et qu'elle offrait donc à la nouvelle propriété bourgeoisie des dizaines d'hectares bien situés[2]. Le capital d'origine industrielle ou financière deviendra progressivement le moteur de l'évolution dans le courant du XIXe siècle et même participera à la reconstitution de vastes domaines selon une politique de remembrement que n'auraient pas désavoué seigneurs ou abbés d'ancien régime.

Depuis le XVIIIe siècle, la bourgeoisie n'a pas dédaigné d'acquérir des terres, de créer des domaines et bientôt de construire des demeures ou des châteaux de prestige. La nouvelle bourgeoisie du XIXe siècle n'échappe pas à cette tendance séculaire, comme elle n'hésitera pas à bénéficier de l'anoblissement royal pour se parer des plumes du paon aristocratique. Argent, terres et titres font bon ménage et les alliances « mixtes » se multiplient malgré les clivages politiques et philosophiques. John Bartier a merveilleusement souligné cette évolution vers le conservatisme social de la bourgeoisie novatrice, le plus souvent libérale, au siècle dernier[3].

Éric Meuwissen relate avec précision, avec minutie et avec bonheur, cette saga contemporaine. Soulignant les transmissions par démantèlement, achat, mariage, alliance stratégique entre familles, il met en évidence – ce qui est trop souvent mésestimé ou ignoré – le rôle des femmes et leur participation à ces stratégies de maintien ou de développement du pouvoir. Sous peu un *Dictionnaire biographique du patronat*[4] remettra à l'avant-plan un certain nombre de ceux qui ont fait l'expansion économique du pays et cet ouvrage-ci sera nécessaire pour mesurer ou comprendre l'importance de l'histoire sociale des classes dirigeantes dans le cas spécifique du Brabant wallon, d'autant plus important qu'il offre aux classes dirigeantes un espace proche, mais détaché des centres de décision concentrés dans la capitale.

L'histoire politique y trouve également son compte puisque durant le XIXe siècle la propriété foncière exerce une importante influence sur le processus électoral. Base première de l'imposition et donc de l'éligibilité au Sénat (la Chambre terrienne comme elle a pu être appelée), la propriété foncière constitue également un moyen non négligeable d'influence sur le vote des fermiers mais aussi des villageois, surtout jusqu'en 1893, date

2 M. MAZIERS : *La Forêt de Soignes sous la coupe de la Générale,* Bruxelles, 1994.

3 J. BARTIER : *op. cit.*

4 Sous la direction de G. KURGAN, De Boeck Université.

de l'introduction du suffrage universel tempéré par le vote plural qui octroie au moins une voix à tout homme âgé de vingt-cinq ans. L'influence s'exerce encore, bien que manière atténuée, sous le régime du suffrage universel masculin (1921) puis généralisé (1948), en particulier à l'occasion des élections communales.

L'achat de terres ou le choix de domiciliation peut également avoir, au XIXe siècle, des raisons politiques, comme l'a montré Jean Stengers[5]. Celui-ci nous a rappelé le rôle du régisseur des Merode à Rixensart en faveur du vote catholique, ou le soupçon d'encourager le vote catholique qui pesait sur le duc de Wellington, propriétaire de plus de mille hectares de terres et de bois entre Nivelles et Waterloo. Ce qui conduisit à des interventions du ministre de Belgique à Londres entre 1869 et 1878, à la demande du ministre belge des Affaires étrangères afin d'obtenir du descendant du vainqueur de Waterloo une attitude de neutralité politique à l'occasion des élections très serrées de l'arrondissement de Nivelles.

Émile Vandervelde avait également souligné le rôle des châteaux lors des élections communales[6]. Alors que le Parti Ouvrier Belge avait obtenu de bons résultats en Brabant wallon en 1895 (cinq majorités absolues) il reperdit rapidement les positions acquises sous les coups de l'opposition orchestrée par les « châteaux », notamment à Braine-le-Château[7]. Éric Meuwissen apporte de son côté des éléments de preuve en faveur du vote catholique ici et libéral ailleurs.

C'est enfin l'histoire régionale qui s'enrichit sensiblement grâce à ce travail. Nouvelle province à partir de 1995, le Brabant wallon, souvent évoqué, est rarement traité en tant que tel. Si les contributions à l'histoire locale ou sous-régionale ne sont pas absentes[8], il est plus rare de voir rencontrer avec autant de bonheur une problématique générale dont les effets sont perceptibles à divers niveaux du Roman païs.

Mais ce ne sont pas seulement les historiens, les amateurs d'histoire régionale ou locale qui trouveront de quoi satisfaire leur légitime curiosité, ce sont aussi les citoyens et les décideurs d'aujourd'hui. En effet, l'auteur observe depuis la seconde guerre le démantèlement progressif de

5 J. STENGERS : « Introduction », *Index des Eligibles au Sénat,* Bruxelles, 1975 et « Sur l'influence électorale des grands proprétaires fonciers en Belgique au XIXe s. », *La Belgique rurale du moyen-âge à nos jours,* Mélanges offerts à J.-J. Hoebanx, Bruxelles, 1985.

6 E. VANDERVELDE, *La propriété foncière en Belgique,* Paris, 1900.

7 J. PUISSANT : « L'œuvre gouvernementale du POB commence ou le POB à la conquête d'un substitut du pouvoir d'Etat 1884-1921 », *Les élections communales et leur impact sur la politique belge 1890-1970,* Bruxelles, Crédit Communal, 1994.

8 Il faut signaler ici tout particulièrement le volumineux mémoire de licence en histoire présenté par J. TORDOIR : *Le parti libéral dans l'arrondissement de Nivelles,* ULB, 1993.

la grande propriété constituée antérieurement. Il nous décrit clairement, par exemple, ce qui s'est produit dans le cas de la propriété Solvay à La Hulpe. Il en tire les conclusions qu'aujourd'hui la terre coûte et ne rapporterait plus, sauf à souligner les plus-values réalisées depuis trente ans par les descendants des grands propriétaires qui vendent, lotissent, reconvertissent (les golfs) tout ou partie des anciennes propriétés en faisant fructifier la rente de situation d'une région toute proche de la grande ville mais toujours très rurale, conjuguée à la fuite des habitants *middle and high middle class* de la capitale vers de horizons plus verts. Aujourd'hui on se rend compte combien cette « rurbanisation » (urbanisation relative d'un monde rural) a été sauvage, en-dehors de toute réflexion et de toute organisation et combien elle pose de problèmes (équipements urbains, circulation, protection de l'environnement). L'élucidation des conditions de cette histoire récente, due en grande partie au morcellement des grandes propriétés, est importante pour la réflexion de demain sur l'aménagement du territoire. La toute grande propriété a régressé mais la grande propriété subsiste et il est sans doute nécessaire de prévoir son évolution dans les vingt ans à venir.

Histoire économique (la propriété du sol), histoire sociale (les grandes familles), histoire politique (les réseaux d'influence), histoire régionale et locale (le Brabant wallon comme vous ne l'aurez jamais lu), problèmes contemporains d'aménagement du territoire... constituent autant de facettes colorées, illuminées, éclairées par l'ouvrage d'Éric Meuwissen. Diplômé en histoire (ULB), avec un mémoire consacré au *Dépôt de mendicité de La Cambre*, diplômé en journalisme (ULB) avec un mémoire consacré à Gérard Harry et son quotidien *Le Petit Bleu*, Éric Meuwissen a choisi la carrière de journaliste en entrant à la rédaction régionale du Brabant wallon du journal *Le Soir*. Mais il n'en a pas pour autant abandonné l'espoir de faire œuvre historique. Mêlant harmonieusement les techniques de l'historien (sources originales – dont le cadastre –, bibliographie, etc.) et celles du journaliste (enquêtes sur le terrain, interviews) il a réussi dans un domaine, a priori peu spectaculaire, à faire œuvre de journaliste d'investigation offrant un réel apport à la connaissance, à la réflexion, mais sans doute aussi demain à l'action. Le journalisme contemporain, fasciné par l'éphémère, le spectaculaire ou l'anecdotique, trouve ici un contre-exemple de valeur, qui laisse espérer qu'un grand journal comme *Le Soir* permettra encore ce type d'exploration dans le temps et dans l'espace, puisque la série d'articles consacrés par l'auteur à la grande propriété en Brabant wallon est à l'origine de ce beau volume.

Jean Puissant
Professeur à l'ULB

Introduction

Ne serais-tu pas homme à aller raconter que j'ai une cassette ?
MOLIÈRE, *L'avare*

« Sans la terre nous n'existons plus », tel est l'incroyable cri du cœur lancé par un des plus grands propriétaires fonciers du Brabant wallon à la veille de l'an 2000 ! Un cri poussé par le baron de Dorlodot pour démentir les rumeurs de vente, suite au projet de créer à Chaumont-Gistoux une ville nouvelle pouvant accueillir 50 000 nouveaux habitants [1]. Un cri qui nous montre à quel point « la terre » est encore et toujours l'objet de toutes les convoitises. Et cela dans une région confrontée à une véritable explosion économique et démographique.

Mais à qui appartient la terre du Brabant wallon ? À quelles familles ? À quel type de propriétaires ? Pour le savoir, il existe un outil fantastique : le cadastre. Une source qui, pour le seul Brabant wallon, représente des dizaines de mètres de rayonnages et des centaines de registres. Mais aussi une source qui nous a fourni la majeure partie des renseignements chiffrés de ce livre.

La grande propriété foncière intrigue. En effet, qui dit grande propriété, dit souvent château, aristocratie, richesse et pouvoir. Et comme tout ce qui est sacré, la grande propriété est chez nous mystérieuse. C'est pourquoi nous avons décidé de lever un coin du voile. Un voile particulièrement épais car, comme le remarquait Marcel Bleustein-Blanchet, orfèvre en la matière, « les vraies grandes fortunes ne sont jamais ostentatoires ».

Jadis, la terre était la plus importante de toutes les formes de capital. La richesse était éminemment tangible, on pouvait la mesurer. Pendant des générations, nos ancêtres soit la possédaient, soit rêvaient de la posséder.

1 *Le Soir*, « 50 000 nouveaux habitants à Vieusart. les Dorlodot s'y opposent », 17 avril 1993.

La terre était synonyme de richesse et donc de pouvoir. La révolution industrielle est venue brouiller ce schéma simple. Mais même si la terre n'était plus désormais le siège de la richesse, elle restait le symbole de la puissance et de la considération sociale.

Au siècle dernier, la terre conférait le prestige à celui qui la possédait et inspirait dans le monde des affaires une confiance proportionnelle à son étendue.

En 1886, le Français Paul Leroy Beaulieu n'hésitait pas à écrire dans son étude sur la propriété foncière à l'étranger et en France : « Le grand propriétaire de nos jours, ce n'est plus nécessairement le hobereau gaspilleur et appauvri, c'est fréquemment le financier enrichi, l'industriel ou le commerçant retiré des affaires... » [2]

Pourtant, le professeur Stengers a montré qu'à la fin du XIXe siècle les grands dirigeants d'entreprises ne paraissent plus intéressés aux biens fonciers. C'est le signe d'une profonde transformation des mentalités [3]. Ainsi, en 1910, l'homme le plus riche de Belgique, Raoul Warocqué, n'estime plus devoir placer son argent dans une accumulation de propriétés immobilières. Aux terrains, il préfère les actions, les obligations ou les objets de collection. Il faut reconnaître qu'il dispose déjà d'un domaine de 1600 ha [4].

Ceci dit, en Brabant wallon, des industriels comme Solvay et Boël continuent à se doter d'immenses patrimoines fonciers. C'est cette évolution que nous avons voulu retracer à travers l'histoire de quelques grandes familles emblématiques du Brabant wallon. Une évolution qui voit la noblesse traditionnelle céder le pas à une bourgeoisie d'affaires. Une bourgeoisie qui n'en a pas moins été anoblie entre-temps.

Hier possession des seigneurs d'Ancien Régime, des abbayes d'Afflighem, de Villers, du Chapitre noble de Nivelles... la terre est passée entre les mains de l'aristocratie industrielle et financière. À deux siècles de distance, la grande propriété foncière a subi une mutation extraordinaire. Et elle est bien lointaine, l'époque où le duc Guillaume-Joseph de Corswarem ne se dérangeait même pas pour prendre possession de sa seigneurie de Wavre. Une seigneurie qui, il est vrai, s'ajoutait à soixante-cinq autres seigneuries et châteaux. Cette anecdote date de 1792 !

2 LEROY BEAULIEU Paul : « La propriété foncière à l'étranger et en France », *Revue des Deux Mondes,* LVIe année, 15 février 1886.

3 STENGERS Jean : *Index des éligibles au Sénat (1831-1893),* Académie royale de Belgique, Bruxelles, 1975, p. 133.

4 VAN DEN EYNDE Maurice : *Les Warocqué. Une dynastie de maîtres-charbonniers,* Labor, Bruxelles, p. 101.

C'est assez dire si, en deux siècles, l'histoire de la grande propriété foncière a été complètement bouleversée. Le principal facteur de mutation a été la Révolution française et son application dans nos régions à partir de 1794. Mais aussi l'apparition de véritables dynasties entrepreneuriales. Des bourgeois triomphants, bruxellois pour la plupart, ont jeté leur dévolu sur les anciens biens ecclésiastiques.

D'où vient la grande propriété ? Comment a-t-elle évolué ? Quel est son avenir ? Autant de questions que nous nous sommes posées. Nous avons choisi des familles très différentes afin de brosser une vue aussi générale que possible de l'évolution des divers types de propriété entre 1830 et 1990.

La propriété traditionnelle issue de l'Ancien Régime avec les Merode, ou encore la propriété de bourgeois enrichis par leurs activités industrielles avec les Mosselman, Crombez, Solvay... Autant de familles qui, quelles que soient leurs origines, ont eu un point commun : « l'art de fumer leur terre ». Comprenez l'art de réussir de belles unions matrimoniales. Histoire, sans doute, de contrecarrer les effets néfastes du Code civil napoléonien qui, fondé sur le principe de la division égale entre les héritiers, a eu pour résultat d'atomiser les grands domaines fonciers de l'aristocratie.

Outre-Manche où le Code napoléonien ne sévit pas, « posséder » c'est encore et toujours posséder la terre. Au XIXe siècle, l'Angleterre était véritablement le pays des propriétés géantes. Parmi les grands feudataires, signalons le duc de Sutherland avec 490 000 ha (cinq fois le Brabant wallon) ou le duc de Beuccleugh avec 185 000 ha. Le système foncier relativement libéral et l'héritage par primogéniture mâle ont laissé subsister, de nos jours, d'immenses domaines. À tel point qu'on admet que trois cents personnes détiennent actuellement un quart des terres d'Angleterre et du Pays de Galles ! Ce n'est pas un hasard si dix-huit pour cent de la richesse nationale est possédée par un pour cent de la population.

Et chez nous ? Rien de pareil ! Le prince de Merode, dont l'ancêtre fut un des hommes les plus riches de Belgique en 1830, doté d'une dizaine de châteaux et de plusieurs milliers d'hectares, est aujourd'hui si impécunieux qu'il n'arrive même pas à financer les cinq pour cent non subsidiés qui sauveraient son château de Rixensart. D'un côté le droit d'aînesse, de l'autre le Code Napoléon.

Tout cela explique qu'en Brabant wallon, il n'existe plus de très grandes propriétés foncières, mais uniquement des grandes propriétés.

Nous vous invitons donc à un voyage « autour de la terre ». Un voyage qui nous mènera de la *success story* des ancêtres de la reine Paola (les Mosselman), à celles des familles Boël, Goblet d'Alviella, Solvay, Janssen, de Meeûs d'Argenteuil, t'Serstevens (apparentés aux Lippens)... Mais aussi à celle d'une incroyable famille du Tournaisis qui acheta des centaines d'hectares à une comtesse d'Ancien Régime et dont les descendants permirent à l'UCL d'acquérir une bonne partie des 900 ha nécessaires à son installation en Brabant wallon. Et puis, nous analyserons l'évolution du patrimoine plus traditionnel de grandes familles nobles du Brabant wallon : les Robiano, Cornet de Ways Ruart... et bien sûr de la famille des princes de Merode.

Mais avant d'entamer ce « voyage autour de la terre », plantons la toile de fond. Et essayons d'imaginer l'atmosphère qui régnait autour de ces grandes propriétés foncières.

Une bonne partie de la noblesse se contentait de gérer ses biens, sans plus. Il faut relire la description cruelle, d'où la caricature n'est évidemment pas absente, que faisait Giovanni Arrivabene au milieu du XIXe siècle. Il évoque l'existence oisive, vide de beaucoup de nobles belges [5]. Des nobles qui ont souvent hérité d'une fortune importante. Dès lors, même si la vie des aristocrates ne s'accompagnait ni de talent ni de l'activité, la richesse leur donnait une grosse influence. C'était surtout vrai au niveau local où le châtelain était le plus souvent le bourgmestre du village. Son autorité rappelait parfois l'Ancien Régime.

Si l'on en croit Guyot de Mishaegen, « Vers 1850... la noblesse catholique, dans sa grande majorité, continue à vivre comme sous l'Ancien Régime. Elle habite des châteaux bien entretenus au centre de domaines bien administrés d'une contenance moyenne de 100 à 200 ha. Bien qu'elle ait perdu ses droits "féodaux", elle n'a pas cessé de jouer un rôle seigneurial. Le châtelain gère ses biens, dirige sa commune, accepte souvent un poste de gouverneur de province, parfois même un mandat législatif. Il jouit d'un grand prestige auprès des villageois dont plusieurs sont ses fermiers. Il se préoccupe de leur donner le bon exemple. Ensemble avec le curé, il fait la loi. Quant à la bourgeoisie du XIXe siècle, elle a fait sienne le mot de Guizot : "Enrichissez-vous par le travail". Elle est laborieuse, probe, économe, sérieuse. La propriété est le but de son action. Le cens est la source de ses privilèges. Elle est vertueuse, raisonnable mais auda-

5 Arrivabene explique en 1852 à un visiteur anglais : « *They have no taste for art ; no literature ; read nothing but the feuilletons of the newspaper ; consider politics as vulgar and care for nothing but their houses equipages and dinners... When they quit the university they commence a life with no object, except an object which is never attained, when it is the principal object amusement... In general they pass a listless existence far less intellectual t han t hat of my servant.* » (conversation du 9 avril 1852, dans NASSAU William Senior : *Conversations with M. Thiers, M. Guizot and others distinguished persons during the Second Empire,* t. I, London, 1878. Cité par STENGERS : *Index des éligibles..., op. cit.,* p. 107.

cieuse dans ses entreprises économiques. Elle ne croit plus en Dieu mais à la science, au progrès, à l'humanité. »[6]

Henri Pirenne parle « d'une classe d'hommes nouveaux ». « Presque tous sortent du peuple ou des couches inférieures de la classe moyenne. Ce sont des parvenus, riches seulement de leur intelligence, de leur énergie et de leur hardiesse et auxquels la liberté économique a ouvert la carrière. C'est l'époque où il n'est besoin de nul privilège pour arriver à la fortune. »[7]

Le décor est planté, en route.

6 GUYOT DE MISHAEGEN G., *Le parti catholique belge de 1830 à 1884,* Bruxelles, 1946, pp. 77 et 97.

7 PIRENNE Henri : *Histoire de Belgique,* t. VIII, p. 246.

MOSSELMAN

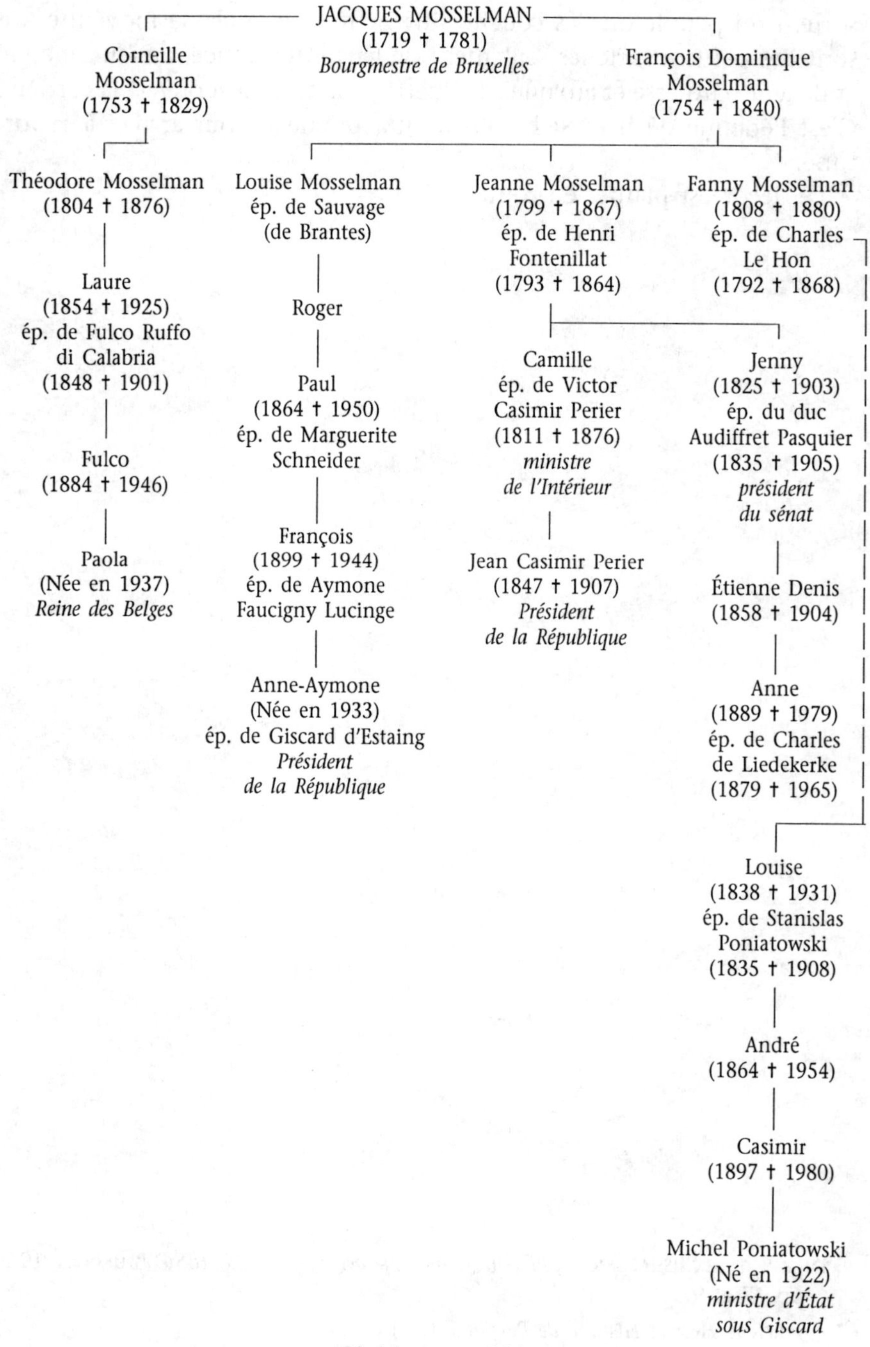

(Généalogie simplifiée)

CHAPITRE PREMIER

Mosselman, l'arrière-grand-père de la reine Paola à Court-Saint-Étienne

RUFFO DI CALABRIA FOULQUE TRISTAN BENJAMIN, PROPRIÉTAIRE À NAPLES

Le cadastre de la province de Brabant réserve parfois des surprises. Ainsi trouvons-nous, en 1882, en plein Brabant wallon un grand propriétaire foncier pour le moins déconcertant[1]*. Bigre ! Que vient faire le maire de Naples à Gentinnes (Chastre) et à Tilly (Villers-la-Ville) ? Comment cet aristocrate napolitain issu d'une des plus vieilles et illustres familles de la noblesse italienne s'est-il retrouvé propriétaire de la ferme de Haute-Heuval à Gentinnes*[2] *?*

La réponse est simple. Foulque Ruffo di Calabria, qui est le grand-père paternel de la reine Paola, a épousé en 1877 la fille de feu le sénateur libéral de Nivelles, Théodore-Jean Mosselman (1804-1876), principal propriétaire foncier du Brabant wallon. Celui-ci possédait autour de son domaine du Chenoy à Court-Saint-Étienne une propriété de plus de 2000 ha. Un domaine aujourd'hui aux mains des maîtres de forges de La Louvière, les Boël. Ces derniers sont même encore parvenus à l'étendre pour le porter au XXe *siècle à 2600 ha.*

1 Sur la famille Ruffo di Calabria, voir LANG Maurice : « Quelques quartiers belges de la princesse Paola Ruffo di Calabria », *L'intermédiaire des généalogistes,* n° 81, mai 1959. Voir aussi ROBYNS DE SCHNEIDAUER Louis et DE GHELLINCK VAERNEWYCK Xavier : « La maison princière Ruffo di Calabria et les parentés belges de la future princesse de Liège », *Le Parchemin,* n° 51, mai 1959, pp. 97-106.

2 Gentinnes : CDB (Cadastre du Brabant), VM (Vieille matrice), n° 207.

Enterré civilement contre la volonté de sa femme

« Le grand sonneur du Chenoy n'est plus. Sa cloche qui annonçait si bien les victoires du libéralisme est désormais fêlée. » [3].

Voilà en quels termes irrespectueux la presse catholique annonça la mort du plus grand propriétaire foncier du Brabant wallon. Mais aussi et surtout de l'homme qui tenait dans ses mains les destinées du libéralisme dans l'arrondissement de Nivelles. À savoir le sénateur Théodore-Jean Mosselman.

Le samedi 27 mai 1876 fut un jour noir pour le parti libéral. L'arrière-grand-père de la reine Paola venait de mourir en son château du Chenoy. Un fièvre pernicieuse avait eu raison, à septante et un ans, du « Grand Électeur » local. De « l'homme qui donnait l'or à pleines mains pour assurer le succès d'une élection » [4].

Théodore-Jean Mosselman était parmi les contribuables les plus imposés de Belgique. Il payait plus d'impôts que les richissimes banquiers Bischoffsheim et Brugmann ou même que le prince de Chimay [5]. Sa fortune était colossale. Au moment de sa succession, elle fut évaluée à 10 millions de francs [6], ce qui équivaudrait à 1,7 milliard de francs actuels ! Son seul patrimoine foncier représentait une valeur de trois millions (510 millions en francs d'aujourd'hui).

Cette fortune immense lui aurait permis de mener une vie de grand seigneur. Or il n'en fut rien. Théodore-Jean Mosselman vécut d'une manière très simple et sans aucun faste, visitant ses nombreux fermiers et « conduisant au scrutin ses bataillons d'électeurs qui défilaient devant lui comme une armée devant son général » [7].

L'homme fut aussi craint que respecté dans la région. On ne comptait d'ailleurs plus ses « obligés ». À commencer par ses dizaines de fermiers, une « clientèle électorale » qui en cette matinée du mardi 30 mai 1876 rejoignit tous les notables libéraux de l'arrondissement pour assister au cimetière de Court-Saint-Étienne à l'enterrement du « candidat de l'agriculture ».

3 *Gazette de Nivelles,* 17 juin 1876.

4 *Gazette de Nivelles,* 1er juin 1876.

5 Théodore Mosselman paie en 1875 10 264 francs d'impôts fonciers. Pour point de comparaison, Jonathan Bischoffsheim paie en 1878 la somme de 9 552 francs. Le banquier ucclois Georges Brugmann dépasse les 10 000 francs en 1889. Le prince de Chimay paie en 1876 la somme de 9 727 francs. Voir STENGERS Jean, *Index des éligibles, op. cit.*

6 TORDOIR Joseph : précision fournie lors d'une conférence à *Wavriensia.*

7 *Gazette de Nivelles,* 1er juin 1876.

« Une foule immense était accourue de tous les points du pays », peut-on lire dans le *Courrier de Nivelles,* la gazette libérale de la région [8]. Une « foule immense » qui devient « un maigre cortège » dans la *Gazette de Nivelles,* l'organe catholique [9].

Laissons la parole à l'organe libéral :

« Des voitures attendaient les étrangers à la station de Mont-Saint-Guibert d'où ils étaient conduits au château [du Chenoy]. Vers 11 heures, le cortège s'ébranla. La dépouille mortelle portée par des gardes-chasse était précédée par trois sociétés de musique. Pendant tout le trajet, de nombreux campagnards viennent se joindre au cortège. Quelquefois, on voit dans les champs des groupes de paysans agenouillés et la tête découverte qui regardent passer le corps avec un pieux recueillement, puis se relèvent pour se joindre au cortège. La foule grossit à mesure que l'on approche de Court. Pendant deux heures, on s'achemine lentement vers le village. » [10].

Il faut essayer d'imaginer la scène, d'imaginer ce cortège de personnalités et de paysans, de membres de la noblesse et de bourgeois cheminant lentement du Chenoy vers le cimetière de Court-Saint-Étienne.

Le deuil était conduit par Armand et Paul, les fils du sénateur. Les cordons du poêle étaient tenus par deux sénateurs libéraux, un député et le président de l'association libérale de l'arrondissement.

La grande question que tous devaient se poser était de savoir si on assisterait comme le voulaient la veuve et les filles du sénateur à une cérémonie religieuse. Une cérémonie religieuse pour le père d'un franc-maçon et le gendre d'un des dix-sept fondateurs de la loge maçonnique bruxelloise les « Amis Philanthropes », cela n'aurait pas manqué de piquant.

Mais l'arrière-grand-père de Paola avait pris ses précautions ; il avait mis par écrit ses dernières volontés : avoir un enterrement civil [11].

La *Gazette de Nivelles* rappela que « le défunt était né au sein de l'Église. Qu'il avait pris pour épouse une femme remarquable par sa piété. Qu'il avait fait consacrer son mariage par la religion. Religion à laquelle il avait demandé de bénir la naissance de ses enfants. » [12]

Théodore-Jean Mosselman n'était pas libre penseur et encore moins franc-maçon. D'où l'étonnement de certains à la lecture des dernières

8 *Courrier de Nivelles,* 1er juin 1876.

9 *Gazette de Nivelles,* 1er juin 1876.

10 *Gazette de Nivelles,* 1er juin 1876.

11 *L'Indépendance belge,* n° 150, 30 mai 1876.

12 *Gazette de Nivelles,* 1er juin 1876.

volontés du défunt. Des dernières volontés qui devaient être supervisées par ses exécuteurs testamentaires. Et quels exécuteurs testamentaires !

Il y avait d'abord le châtelain de la Tournette à Nivelles, Joseph Van Schoor (1805-1895), le « grand entrepreneur de funérailles civiles » pour reprendre les termes de la *Gazette de Nivelles* [13]. Grand-Maître du Grand-Orient de Belgique [14], Van Schoor était aussi sénateur libéral de l'arrondissement de Bruxelles, grand propriétaire foncier et surtout membre permanent du conseil d'administration de l'ULB [15]. Et puis, il y avait le tanneur molenbeeckois, Jean de Neck (1804-1878), un homme qui fut, deux ans plus tard, enterré civilement par les soins de la « Société de Libre Pensée » [16].

De l'autre côté, il y a avait madame Mosselman, née Coghen, arrière-grand-mère de la reine Paola. Elle était la fille de notre premier ministre des Finances, mais aussi d'un des fondateurs de l'ULB ! Un fondateur qui n'en était pas moins passé, entre 1851 et 1855, au parti catholique [17] !

Les exécuteurs testamentaires eurent finalement gain de cause. Évoquant l'enterrement de Mosselman, la *Gazette de Nivelles* parla de « triste parade maçonnique » [18].

« La brutale impiété du libéralisme s'affiche partout depuis quelque temps. Mais son cynisme n'est peut-être jamais apparu sous les traits plus hideux que hier au cimetière de Court-Saint-Étienne. Mosselman a voulu y mourir en libre penseur. Pire, même ses amis ont, en violation de la loi, inhumé le sénateur dans la partie bénie du cimetière. » [19]

13 *Gazette de Nivelles,* 3 juin 1876.

14 *Biographie Nationale,* t. XXI, 1911-1913, col. 910. Van Schoor dirigea le Grand-Orient de Belgique par intérim après la mort de Verhaegen en 1862-1865. Il fut Grand-Maître de 1866 à 1868.

15 Propriétés du sénateur Van Schoor : Marbais, Mélin, Walhain-Saint-Paul (ferme d'Acremont, 120 ha), Lasne (ferme de la Porte Verte, 100 ha) (CDB, VM, n° 459) (85 ha en 1847, 100 ha en 1889) et Nivelles (ferme de la Tournette, 110 ha). Cf. *Index des éligibles au Sénat... op. cit.,* p. 477 et TORDOIR Joseph : *Le parti libéral dans l'arrondissement de Nivelles : organisation et implantation (1846-1893),* mémoire de licence en Histoire 1992-1993, ULB, 1993, p. 95.

16 Jean de Neck laissa une très grande fortune immobilière à Bruxelles et dans les environs. Il avait testé en faveur des œuvres laïques de la commune de Molenbeek et de nombreux parents. Cf. Jean DE LAUNOIS : « Généalogie de Neck », *L'intermédiaire des généalogistes,* n° 195, pp. 186-188.

17 De 1851 à 1855, le comte Coghen, qui était sénateur libéral de l'arrondissement de Nivelles, passa au parti catholique pour protester contre l'adoption par les libéraux de la loi sur les successions. En 1855, il revint au parti libéral et fut à nouveau réélu sénateur de Nivelles.

18 *Gazette de Nivelles,* 3 juin 1876.

19 *Gazette de Nivelles, ibidem.*

Mosselman échappa au « trou des chiens » grâce à sa veuve – soutenue dans son action par ses trois filles et ses deux gendres catholiques – qui obtint que son auguste mari ne soit pas enterré dans la partie « mal famée » du cimetière. Ce qui fit les gorges chaudes au village.

Mais les âmes pieuses n'avaient encore rien vu. Quand elles entendirent le discours de l'ex-Grand-Maître du Grand-Orient Van Schoor, ce fut un torrent d'indignation.

Le curé qui observa la cérémonie derrière les rideaux de la cure fut renversé par ce que les catholiques baptisèrent « un discours sectaire, un cri de haine contre la religion, un cri poussé dans un cimetière catholique par une des bouches autorisées de la barbarie solidaire »[20].

Écoutons le sénateur Van Schoor :

« Un homme est mort en vrai libéral. C'est-à-dire en ennemi du monde chrétien. Il a repoussé le prêtre. Il a repoussé Jésus-Christ et son pardon. Doué d'une fermeté de caractère à toute épreuve, il ne transigeait jamais devant sa conscience. Il fut inébranlable devant ses convictions. [...] Résistant à une influence à laquelle tant d'hommes finissent par céder, Mosselman sacrifia les douceurs de la vie conjugale et les joies de la famille aux devoirs que lui imposait sa conviction. »[21]

Ce discours fut jugé absolument inacceptable pour la *Gazette de Nivelles*. « Préférer vivre séparé de son épouse plutôt que de rester fidèle à la religion... voilà où mène le libéralisme. »[22] La *Gazette* ajouta : « On ne saurait mieux dire après le discours de Van Schoor qu'entre le libéralisme et la franc-maçonnerie, il n'y a pas de différence. »[23]

Voilà comment, en cette matinée radieuse du 30 mai 1876, prenait fin la vie du maître du Chenoy, le plus important propriétaire foncier de l'arrondissement de Nivelles.

Quand un franc-maçon achète un bien d'abbaye

La présence des Mosselman à Court-Saint-Étienne commença avec l'acquisition du Chenoy. Un « bien noir », un « bien d'église », sécularisé par la Révolution française et qui, selon la tradition, aurait dû porter malheur à l'infâme mécréant qui pousserait l'impiété jusqu'à l'acquérir.

20 *Gazette de Nivelles, ibidem.*

21 *Gazette de Nivelles, ibidem.*

22 *Gazette de Nivelles, ibidem.*

23 *Gazette de Nivelles, ibidem.*

24 COLLE-MICHEL Marcella : *Biographie Nationale,* t. XLI, suppl. 13, 1979-1980, col. 579-586.

Un franc-maçon particulièrement fortuné, répondant au nom de François-Dominique Mosselman, se présenta néanmoins [24] et jeta son dévolu sur une des plus belles *grangia* de l'abbaye de Villers. Et cela sans pour autant que le malheur s'acharne particulièrement sur lui. Que du contraire même, puisque les Mosselman réunirent autour de leur famille, puissance, richesse et prospérité. Sans parler de leur illustre descendance !

Bref, les Mosselman firent mentir l'adage : « Bien mal acquis ne profite jamais. » En tout cas, il leur profita puisque ces derniers réussirent, au départ de l'acquisition du Chenoy, à constituer petit à petit la plus importante et la plus belle propriété foncière du Brabant wallon.

Seuls les Dumont de Chassart parvinrent à rivaliser quelque peu avec le maître du Chenoy : ils se trouvèrent, à l'époque, à la tête d'un magnifique complexe agro-industriel de 1400 ha, une fantastique propriété issue également des anciennes possessions de Villers. Une propriété qui se situait à cheval sur les provinces de Brabant et de Hainaut (Marbais, Sart-Dames-Avelines, Saint-Amand, Wagnelée...) [25].

Les disciples de saint Bernard

L'histoire du Chenoy remonte au milieu du XIIe siècle, et plus précisément en 1146, lorsqu'un petit groupe de moines cisterciens vint s'établir dans une région alors couverte d'une forêt épaisse et inextricable, la vallée de la Thyle [26]. Après avoir dû, selon la légende, mendier leur premier gîte, les moines allaient constituer au fil des siècles une des plus formidables propriétés foncières que le Roman Païs ait jamais connues.

Dès la fin du XIIe siècle, les moines de l'abbaye de Villers avaient déjà réussi, grâce à de généreux et pieux donateurs, à amasser une propriété foncière très étendue. Les moines ne s'appropriaient rien, ils recevaient. Et parfois même ils achetaient ! Toujours est-il que les dons se succédèrent au fil des siècles. À tel point que, déjà au XIIIe siècle, l'abbaye de Villers posséda un capital plus considérable que celui de n'importe quel seigneur féodal de la région [27] ! Un patrimoine qui s'étendait sur les communes de

25 Antoine DUMONT DE CHASSART : *Dumont, Dumont de Chassart,* Essai d'histoire familiale, 1992, p. 27.

26 L'abbaye fut fondée en 1146 à l'instigation d'un puissant seigneur, Gauthier de Marbais, et de sa mère Judith, qui cédèrent aux cisterciens une partie de l'alleu de Villers. L'abbaye ne s'installa donc pas dans une région déserte, mais dans un ancien domaine qui connaissait une expansion suffisante pour créer un centre rural.

27 GOBLET D'ALVIELLA Félix : « Notes sur l'histoire des forêts belges », BSCF, mars 1925, pp. 129-153.

Baisy-Thy, Sart-Dames-Avelines, Villers-la-Ville, Marbais, Mellery, Saint-Géry, Gentinnes... sans oublier le hameau de Villers sous Tilly où les moines établirent leur abbaye. Un hameau qui ne fut rattaché à Villers-la-Ville qu'en 1898 !

Retenez bien le nom de ces communes, car c'est sur leur territoire que nous retrouverons, six siècles plus tard, les possessions foncières de François-Dominique Mosselman.

Quant aux cisterciens du XIIIe siècle, non contents de posséder l'ensemble du foncier autour de l'abbaye, ils réussirent à se faire doter non seulement en Brabant, mais aussi dans tout le pays. On les retrouve ainsi à Bruxelles, Nivelles, Wavre, Tirlemont, Jodoigne, Louvain et même à Huy. Ainsi qu'à Schoten près d'Anvers et dans le Limbourg hollandais.

Au fil des ans, le domaine va s'élargir. À la différence des propriétés des particuliers qui sont sans cesse morcelées à chaque héritage, les domaines d'abbaye, eux, s'accroissent toujours, pour former finalement un capital foncier formidable jouissant de surcroît d'une complète immunité fiscale ! Pour donner un autre exemple, le Chapitre noble de Nivelles possédait en 1787 pas moins de 3147 ha, répartis entre une vingtaine de fermes. Il comptait, avec l'abbaye de Villers, parmi les plus riches institutions ecclésiastiques du Brabant [28].

Voilà donc les moines de Villers à la tête d'une superficie de 10 000 ha [29], ponctuée de grands centres d'exploitation appelés « granges ». Et parmi ces *grangia,* outre celles de Mellemont (Thorembais) [30] et Sart-Risbart (Incourt) [31], il y avait celle du Chenoy à Court-Saint-Étienne.

Au début du XIIIe siècle, il faut imaginer tout le plateau du Chenoy boisé [32], les disciples de Saint-Bernard arrivent et défrichent en quelques

28 ERCOLINI Pierre : « Un exemple particulier de la vente des biens nationaux : la vente des biens du Chapitre noble de Nivelles », in *La Belgique française,* Crédit Communal, 1993, p. 137.

29 Fondation Roi Baudouin, *Des pierres pour le dire. Autour de Villers-la-Ville,* Crédit Communal, 1988.

30 TORDOIR Joseph : *Les grandes figures du Brabant wallon,* n° 1, « Auguste Boucher (1853-1918) », Incourt, 1992.

31 TORDOIR Joseph : *Les Grandes figures du Brabant wallon,* « Charles Constant Maisin (1804-1887) », Incourt, 1993, p. 3. L'abbaye de Villers possédait environ 500 ha à Sart-Risbart.

32 Selon Jean-Jacques Hoebanx, il faut accueillir avec beaucoup de prudence le témoignage de la chronique du monastère de Villers quand celle-ci affirme que toute la région s'étendant de Villers à Nivelles était boisée et impraticable au milieu du XIIe siècle et que l'abbaye fut établie dans un lieu désert. Cf. « Aux origines de certains bois domaniaux du Brabant wallon », in *Centenaire du Séminaire d'histoire médiévale de l'ULB,* Bruxelles, 1977, p. 170.

années plus de 2000 ha. Le nom même du Chenoy semble d'ailleurs indiquer la présence d'une forêt de chênes.

Dès les premières années, une « grange » s'éleva à l'emplacement du Chenoy. À la fin du XIIe siècle, elle était entourée de remparts. Elle ressemblait donc plus à une forteresse qu'à un paisible bâtiment d'exploitation agricole, même si elle ravitaillait l'abbaye en blé. Très vite, le Chenoy fut loué par les moines et morcelé en plusieurs fermes : Geronvillers, le Sartage, le Sart... qui se retrouveront plus tard dans le patrimoine des Mosselman, puis des Boël et des Goblet d'Alviella.

La Révolution française vint perturber cette distribution des richesses foncières. La victoire française de Fleurus (1794) sonna le glas de l'abbaye. En 1796, elle fut déclarée « bien national » avant d'être vendue en trois lots, en 1797. La riche abbaye fut, du jour au lendemain, dépouillée et spoliée de tous ses biens...

L'ensemble fut alors vendu au plus grand bénéfice de quelques familles enrichies dans l'industrie. Qu'on pense aux Dumont (de Chassart) par exemple, mais aussi et surtout aux Mosselman.

L'heure de la bourgeoisie urbaine et principalement bruxelloise avait sonné. Mosselman allait sortir du bois. La puissance temporelle de l'Église était complètement anéantie. La noblesse devenait le plus important propriétaire terrien [33], mais la bourgeoisie ne fut pas en reste. Jugez plutôt.

L'incroyable descendance d'un bourgmestre de Bruxelles

Le sénateur Théodore-Jean Mosselman, descendait d'une solide famille bruxelloise qui comportait des magistrats, des gestionnaires de la chose publique et surtout des négociants. Une famille parmi les plus anciennes de la capitale. Elle appartenait aux sept grandes familles ou, si vous préférez, aux fameux lignages de Bruxelles qui constituaient le patriciat marchand de la ville. Les armoiries des Mosselman rappellent d'ailleurs leur profession primitive : ils assumèrent au XIIIe siècle la direction de la « Grande Boucherie », avant d'exercer une influence prépondérante au sein de la gilde drapière.

La chronique bruxelloise est plus cruelle quant aux origines de la fortune des Mosselman qu'elle l'attribuerait aux « boues » de Bruxelles, à savoir le traitement des immondices.

Une anecdote circulait d'ailleurs au lendemain du mariage du futur comte Le Hon avec celle que Paola appelle tante Fanny, la célèbre fille de François-Dominique Mosselman.

33 François Antoine : « La vente des biens nationaux : l'exemple du département de la Dyle », in *La Belgique française,* Crédit Communal, Bruxelles, 1993, pp. 134-136.

On raconte que le grand capitaliste aurait dit à son futur gendre Charles Le Hon que, pour mériter sa fille, il devait prouver qu'on ne lui reprocherait jamais la source de sa fortune. Pour cela, il lui fallait entrer dans un tonneau empli d'un « certain liquide ».

Notre futur ambassadeur à Paris n'hésita pas. Il pénétra sans tergiverser dans « l'élément particulièrement régénérateur des sols de nos campagnes ». Mais comme il s'y tenait prudemment debout, François-Dominique tira soudain un sabre qu'il tenait caché sous sa houppelande, et fit le geste de lui trancher le cou. À juste titre effrayé, notre futur ministre d'État plongea complètement dans le délicat liquide. Ému par cet amour aussi profond que bien senti, le grand industriel accorda la main de sa fille au téméraire gaillard issu d'une famille plébéienne des anciens receveurs de la famille de Ligne.

Mais trêve d'anecdote, revenons aux ancêtres du sénateur Mosselman.

Jacques Mosselman (1719-1781), le grand-père de notre sénateur, fut bourgmestre de Bruxelles. Il habitait un hôtel Louis XVI, rue Vieux-Marché-aux-Grains, et dirigeait la Banque Mosselman. Un bourgmestre à la descendance pour le moins surprenante, ancêtre de nombreuses et grandes familles françaises, avec quelques cousinages pour le moins inattendus.

Mosselman, aïeul des Liedekerke et des Limburg Stirum

La petite-fille de l'acquéreur du Chenoy, François-Dominique Mosselman, épousa le duc Gaston d'Audiffret Pasquier.

On retrouve dans la descendance de ce dernier la vieille famille aristocratique belge des Liedekerke, qui en est la branche aînée et qui réside dans la demeure princière du château de Leefdal (une demeure qui appartint aux comtes de Merode et aux comtes de Bergeyck et qui est entrée en possession des Liedekerke en 1775).

Ainsi le comte Charles de Liedekerke (1879-1965) épousa, en 1913, Anne d'Audiffret-Pasquier (1889-1979). Une des filles de ce couple se maria avec le bourgmestre d'Anzegem, le comte Philippe de Limburg Stirum.

Les d'Audiffret Pasquier appartiennent à une de « ces grandes familles qui ont fait la France ». La famille réside aujourd'hui au château de Sassy, en Normandie, au sein d'une très vaste propriété agricole. Pour l'anecdote, elle accueillit, dans les années 70, la reine d'Angleterre en personne. Éleveur très réputé de chevaux, le duc d'Audiffret-Pasquier reçut la reine, grand amateur de chevaux. Le haras de Sassy abrite d'ailleurs plus de 140 chevaux parmi lesquels trois étalons célèbres.

Il faut trancher la tête des francs-maçons !

François-Dominique Mosselman (1754-1840) [34] fut l'un des capitalistes belges les plus audacieux du XIXe siècle.

Richissime propriétaire, à partir de 1813 et surtout de 1824, du creuset de l'industrie du zinc, connu sous le nom de Vieille Montagne à Moresnet (320 ha) [35], il avait acquis ses premiers capitaux importants lors des révolutions brabançonne et française. Par la suite, François-Dominique Mosselman avait réussi à accroître ceux-ci en fournissant, à un rythme accru, les armées du Consulat et surtout celles de l'Empire.

Les Mosselman amassèrent dans ces affaires une fortune importante, signalée lors du recensement de 1794 comme l'une des premières du pays [36].

Bref, avant que l'or cuivré de la Vieille Montagne ne coule en abondance, Mosselman avait fait déjà fortune en tant que fournisseur des armées. C'est cette fortune qui lui permit d'acquérir, au lendemain de la Révolution française, toute une série de « biens noirs » [37], dont une des plus riches propriétés de l'abbaye norbertine d'Opheylissem. Et surtout le fleuron des fleurons : le domaine du Chenoy à Court-Saint-Étienne [38].

34 Sur François-Dominique Mosselman, voir : *Biographie Nationale,* t. XLI, suppl. 13, Bruxelles, 1979-1980, col. 579 -586.

35 LADEUZE France, DEJONGHE Léon et PAUQUET Firmin : « La Vieille-Montagne, l'exploitation minière et la métallurgie du zinc dans l'ancien duché de Limbourg », *Bulletin trimestriel du Crédit Communal,* 1991-4, n° 178, pp. 15-34.

36 BRONNE Carlo : *La comtesse Le Hon et la première ambassade de Belgique à Paris,* Bruxelles, 1952, p. 17.

37 Parmi les « biens noirs » acquis par François-Dominique, signalons la ferme du Stocquoi à Jodoigne. Une ferme qui appartenait à l'abbaye norbertine d'Opheylissem. Le Stoquoi, sous l'impulsion de l'abbaye, acquit une grande importance. C'était une des propriétés monacales les plus riches de la région. En 1787, elle comprenait 130 bonniers de terres, 24 bonniers de prairies et 33 bonniers de bois, soit un peu moins de 200 ha. Le Stocquoi fut vendu avec 142 bonniers comme « bien national » à François-Dominique Mosselman pour la somme de 708 000 livres. Voir à ce sujet DELVAUX Louis : in *Le Folklore brabançon,* n° 192, décembre 1971, pp. 388-391. Signalons qu'aujourd'hui la ferme du Stocquoi appartient (par mariage) au député permanent Pierre Boucher.

38 Joseph Tordoir a dépouillé, aux Archives Générales du Royaume (AGR), les « Affiches » de la vente des domaines nationaux. Il nous détaille, dans son mémoire de licence (cf. *Le parti libéral, op. cit.),* l'affiche n° 76 consacrée à la ferme du Chenoy. Une ferme vendue à François-Dominique Mosselman avec 140 bonniers.

Le 17 février 1798, un an après avoir acquis le Chenoy, on vit François-Dominique Mosselman aux côtés de Nicolas Rouppe, futur bourgmestre de Bruxelles, dans des circonstances pour le moins historiques. Ce jour-là, rue de l'Orangerie à Bruxelles, dans le temple maçonnique des « Vrais Amis de l'Union », François-Dominique Mosselman participa avec seize autres frères, dont onze officiers et fonctionnaires français demeurant à Bruxelles, à la fondation de la célèbre loge des « Amis Philanthropes », qui est aujourd'hui la cinquième au tableau d'ancienneté du Grand-Orient de Belgique. Cette loge, dont Théodore Verhaegen (1796-1862) fut vingt-quatre fois Vénérable Maître, fonda l'ULB en 1834.

Mais revenons au 17 février 1798. François-Dominique Mosselman qui faisait fonction de Premier Surveillant (premier adjoint du président, dit « Vénérable ») eut le privilège de lire la lettre d'agrément du Vénérable [39].

Cette tenue du 17 février 1798 symbolisa la véritable renaissance de la vie maçonnique en Belgique [40]. *Une vie non dépourvue d'avanies pour les frères. On usa à l'époque de l'interdiction faite à des commerçants de leur vendre des marchandises. En 1808, on put même lire sur une affiche placardée à Louvain : « Sur ordre du pape, il faut trancher la tête de tous les francs-maçons et les planter sur une pique au premier coup de cloche. »* [41]

Entre Angleur et Paris

François-Dominique Mosselman ne résida pas au Chenoy, préférant vivre à Paris dans le quartier Saint-Denis. « Le pays du luxe où les millionnaires venaient y cuver leur or », disait-on à l'époque.

En 1808, il y acheta même, lors de la faillite du banquier Récamier, le superbe hôtel de la chaussée d'Antin qui avait appartenu jusqu'en 1798 aux Necker. Un hôtel sur lequel planaient encore les ombres de madame Necker, de Germaine de Staël et de la plus belle créature de son temps, Juliette Récamier [42]. Celle-ci avait tourné la tête et brisé le cœur de Lucien

39 Il s'agit de Pierre-Antoine Gérard, le Vénérable de la loge militaire ambulante de la 66e demi-brigade d'infanterie de la République, partie en Allemagne et dont les « Amis Philanthropes » constituaient un essaimage sédentaire et civil.

40 DESMED Roger : « La franc-maçonnerie à Bruxelles à l'époque de la Révolution brabançonne », in *Le Folklore brabançon,* n° spécial « Révolution brabançonne », septembre 1989, n° 263, p. 293. Voir aussi à ce sujet l'article consacré par Roger DESMED dans La *Belgique française,* Crédit Communal, 1993, p. 349.

41 *Ibidem,* p. 358.

42 BRONNE Carlo : *La comtesse Le Hon et la première ambassade de Belgique à Paris,* Bruxelles, 1952. Sur Madame Recamier, voir RIBERETTE Pierre : in *Dictionnaire Napoléon,* Jean Tulard (ed), pp. 1444-1445.

Bonaparte, Benjamin Constant, du prince de Prusse, de Wellington et de... Chateaubriand.

Dans cet hôtel, la célèbre Juliette vécut la période la plus fastueuse et la plus mondaine de son existence. Tout y était disposé pour la montre et la parade. On visitait même la chambre de Juliette comme s'il s'agissait d'un musée.

Cet hôtel devint, par la suite, notre première ambassade à Paris, d'ailleurs occupée par le gendre de François-Dominique Mosselman, le comte Charles Le Hon (1792-1868) [43] qui avait épousé Fanny Mosselman (1808-1880), une femme haute en couleur, courtisée par les hommes les plus en vue de son temps. À commencer par l'héritier du trône, le duc D'Orléans [44].

Ministre plénipotentiaire à Paris, « L'homme du tonneau » eut, à partir de 1838, sa résidence privée au rond-point des Champs-Élysées. Une résidence princière qui serait achetée par l'industriel de l'aéronautique, Marcel Dassault.

Signalons encore que François-Dominique possédait une résidence estivale à Laeken [45]. Par contre, le parc Duden ne lui appartenait pas, quoi qu'en disent certains [46] ; il était en possession d'un membre de sa famille répondant au nom d'Édouard Mosselman (décédé en 1867) [47].

43 JUSTE Th. : *Biographie Nationale,* « Le Hon Charles ».

44 La comtesse Le Hon exerça une influence certaine sur les événements qui permirent à Napoléon III de prendre le pouvoir par l'intermédiaire de son demi-frère, le duc de Morny. Fanny Mosselman défraya la chronique parisienne suite à sa liaison avec le fils naturel de la reine Hortense. De cette liaison avec le « second personnage de l'État », allait naître une fille qui épousa un descendant d'un maréchal de France, Stanislas Poniatowski (1835-1908), l'arrière-grand-père du célèbre ministre de l'Intérieur de Giscard d'Estaing, Michel Poniatowski.

45 Outre Paris, François-Dominique habitait la plupart du temps à Angleur, où il dirigeait deux fonderies. De ce quartier général, il gérait ses affaires qui se firent de plus en plus envahissantes. Elles comprenaient des laminoirs en Grande-Bretagne, dans la Manche et dans l'Eure. Le vieux capitaliste décéda en 1840 à l'âge de 85 ans. À cette époque, ses établissements produisaient 1 833 tonnes de zinc brut par an. Ils devaient produire 120 000 tonnes un siècle plus tard lorqu'ils furent constitués en société anonyme.

46 BERGÉ Marcel : « Les origines de la famille Mosselman », in *Épargner et investir,* décembre 1959, n° 75, p. 27.

47 VAN LIL Albert : « Duden et son parc à Forest », *Le Folklore Brabançon,* septembre 1990, n° 267, p. 179. Édouard Mosselman et son épouse Émilie Stuttberg achetèrent en 1829 à la Société Générale 17 ha 50. Négociants à Bruxelles, ils résidaient rue Saint-Ghislain, n° 5. C'est lui qui construisit la villa sise juste au-dessus du terrain de l'actuel Union St-Gilloise. Edouard Mosselman meurt le 12 juillet 1867. De ses six enfants, un fils adulte, Edmond, est déjà décédé. Un autre fils, Léon-

Jacques Mosselman (1719-1781) et Barbe t'Kint eurent huit filles et quatre fils : Jacques-Dominique (1748-1814), époux de Thérèse-Pauline t'Serstevens ; Catherine-Thérèse (1750-1820), épouse de Jean-Baptiste t'Serstevens, dont une très nombreuse descendance t'Serstevens ; Étienne-Marie (1751-1831), maire de Bruxelles, non marié ; Corneille-François (1753-1829), banquier, époux de Pétronille Muts, dont une très nombreuse descendance ; François-Dominique (1754-1840), banquier, époux de Marie-Louise Tacqué, dont aussi une très nombreuse descendance ; Marie-Catherine, morte au berceau ; Thérèse-Marie, épouse de Jean-Baptiste Berckmans, dont descendance ; Jeanne-Colette, morte au berceau ; Claire-Josèphe, épouse de Guillaume-François van Overbeke, dont descendance ; Jeanne (1761-1840), épouse de Pierre Gaucheret, dont descendance ; Jérôme-Charles, mort au berceau ; et enfin Jeanne-Catherine (1764-1817), qui épousa Guillaume Sophie, dont il n'y eut pas de descendance.

Parmi ces enfants, Corneille (1753-1829) et François-Dominique (1754-1840) eurent des lignées importantes.

Du côté de François Dominique, on recensait, à la date de 1950, cent quatre-vingt-quatre descendants en ligne directe, issus de soixante-deux alliances contractées successivement dans les familles Mosselman du Chenoy, Fontenillat, Sauvage, Le Hon, Casimir Perier, d'Audiffret Pasquier, de Montesquiou Fezensac, di Sangro Genzano, Poniatowski, de Ségur, de Brantes, de Largentaye, d'Imécourt, de Neverlée, Schneider, de Gramont, Armand, d'Aramon, de Béthune, Girioux de Fermon, Sperry, Sommier, de Saint-Genys, de Montgomery, de Louvencourt, de Liedekerke, Goury du Roslan, de Contadès, de Mun, de Ferrières, de Vaulogé, d'Ursel, de Faucigny Lucinge, du Rostu, d'Oultremont, de Moustier, de Montaigu, de Vogué, Fleury, de Pange, de Chabannes, d'Hautpoul, de Sainte Aldegonde, de Caraman Chimay, Lawrance, Amor, de Lastic, de Beaucourt Moulignon, de la Guibourgere, de la Motte Dreuzy, de Limburg Stirum, de Briey, de Montalivet, de Wailly, de Chavagnac, de la Bonniniere de Beaumont, de Brye, du Halgouët, de Becdelièvre.

Du côté de Corneille, on recense trente-huit descendants en ligne directe apparentés aux familles d'Anethan, Orban de Xivry, de Renesse, Terlinden, d'Ansembourg, de Woelmont, di Ruffo di Calabria, Gaselli de Rosana, Griffeo di Partana, Chedeville, de Schönen, Coghen, von Haeflen, Ricasoli, di Germano, du Bus de Gisignies, d'Ursel, de Ghellinck.

Sources : Carlo BRONNE, *La comtesse Le Hon et la première ambassade de Belgique à Paris, Bruxelles, 1952, Annexes, pp. 203-204 ; et Christophe* DE FOSA *: Note dactylographiée.*

Quand un gros propriétaire épouse la fille d'un gros propriétaire

François-Dominique Mosselman termina sa vie à Paris chez son gendre François Sauvage, dont le petit-fils, le général marquis Paul Sauvage de Brantes (1864-1950), épouserait la richissime héritière d'Eugène Schneider, fondateur de l'empire du Creusot. Une de leurs petites-filles s'appellerait Anne-Aymone Giscard d'Estaing [48].

La mort de François-Dominique Mosselman, en 1840, mit sa famille en possession de solides bases financières.

La terre du Chenoy avait déjà été dévolue, du vivant de François-Dominique, à Théodore-Jean, l'arrière-grand-père de la reine Paola. Cette terre avait été achetée en effet par François-Dominique pour son frère, Corneille Mosselman, et, en 1829, Théodore-Jean en avait hérité de son père.

Comme, de plus, le sénateur Théodore-Jean s'était marié en 1823 avec sa cousine germaine, Flore Mosselman [49], une des filles de François-Dominique, il se retrouva, en 1834, en possession d'une solide part d'héritage, qu'il utilisera pour constituer son domaine foncier.

En 1841, Théodore-Jean épousa en secondes noces Isabelle Coghen, fille d'un des négociants les plus considérés de Bruxelles, Jacques-André Coghen (1791-1858). Celui-ci, comte depuis 1837, fut notre premier ministre des Finances. Un homme dont les ancêtres étaient d'origine irlandaise [50].

Le comte Coghen était un des plus importants propriétaires fonciers de la province du Brabant et un des personnages parmi les plus importants au lendemain de l'indépendance belge (1830). Comme Ferdinand de Meeûs, futur gouverneur de la Société Générale, c'était un gros négociant bruxellois, dont le savoir-faire et la précieuse expérience des affaires renforcèrent les bases du nouvel État.

Député de Bruxelles, sénateur, vice-président du Sénat, administrateur de huit sociétés financières et industrielles, membre fondateur de l'ULB, Jacques-André Coghen fut aussi commissaire de la Société Générale [51].

François, a créé une maison de banque à Bruxelles, avec un certain Pierre Brasseur. Un banque qui devait tomber en faillite. C'est ainsi que le bien avec 20 ha fut vendu à William Duden, négociant en dentelles, habitant au n° 85 de la rue Fossé-aux-Loups à Bruxelles.

48 Sur Anne-Aymone et les Faucigny-Lucinge, voir CHAFFANJON Arnaud : *Ces grandes familles qui ont fait la France,* Éditions Serg, 1976, pp. 115-120.

49 Contrat de mariage passé le 12 juin à Paris devant le notaire Alexandre-Étienne Trubert. In TORDOIR : *Le parti libéral..., op. cit.,* p. 99.

50 D'ANETHAN Roland : *L'intermédiaire des Généalogistes,* « Les ancêtres du comte Coghen », p. 121 et ss.

Ce qui n'est guère étonnant quand on est le gendre du châtelain de Stalle (Uccle), François Rittweger de Franckfort, important banquier allemand, franc-maçon de surcroît, et actionnaire-fondateur de la Société Générale en 1822 [52].

À la Société Générale, Coghen joua, aux côtés du gouverneur Ferdinand de Meeûs, un rôle capital dans l'expansion de notre industrie. Si important que, faute de pouvoir les faire nommer ministres d'État, le roi Léopold Ier octroya à tous deux le titre de comte en 1837.

Son poste de commissaire à la Société Générale permit au comte Coghen d'acquérir un vaste pan de la forêt de Soignes, à l'époque où la banque la mettait en vente pour financer l'industrialisation du jeune État.

Rappelons en effet que, grâce au roi Guillaume Ier des Pays-Bas, la Société Générale était devenue à partir de 1822, le plus important propriétaire foncier du pays. La banque possédait 28 108 ha de forêts [53], dont la forêt de Soignes qui devenait une propriété privée pour la première fois de son histoire, du fait de son inclusion dans la dotation foncière accordée par le roi.

À partir de 1831, la Société Générale, qui avait la libre administration des 28 108 ha de forêts, décida de les mettre en vente afin d'éviter leur confiscation éventuelle par l'État belge ou hollandais. Résultat : en cinq années, la forêt de Soignes perdit la moitié de sa superficie, passant de 12 000 ha à 6000 ha. Et cela au profit de riches familles gravitant essentiellement autour de la Société Générale. Et parmi elles, la famille Coghen.

Au Prieuré de Sept Fontaines, le comte Coghen acquit ainsi 392 ha de forêt [54]. Ce n'était pas son premier investissement, le comte Coghen avait

51 L'administration de la Société Générale etait confiée à un gouverneur assisté de six directeurs. La surveillance et la gestion était confiées à neuf commissaires, dont le comte Coghen. Un des directeurs avait la responsabilité du domaine forestier.

52 François Rittweger était un négociant originaire d'Allemagne. Il fut administrateur de la Compagnie belge d'assurances générales sur le vie et de la Compagnie belge d'assurances générales contre l'incendie. Il sera un des fondateurs et directeurs de la Nederlandsche Handelmaatschappij. Son appartenance à la franc-maçonnerie est attestée. Voir Xavier MABILLE : *La Société Générale de Belgique. Eléments pour une histoire de banque mixte (1822-1934), Crisp,* n° 1414-1415, 1993, p. 16.

53 Les 28 000 ha de forêts furent répartis en cinq maîtrises : Forêt de Soignes, Forêt de Comte en Fagne et de Pincemaille, Forêt de Couvin, de Marlange, Hanway... Forêt d'Herkenrode, Harre, Saint-Trond, Cornillon, Val-Saint-Lambert... Il y eut peu d'aliénations avant 1830.

54 Michel MAZIERS : *La Forêt de Soignes. Arts et Histoire. Des origines au XVIIIe siècle,* Europalia, 1987, pp. 232 et ss. Au Prieuré de Sept Fontaines, le comte Coghen acquit ainsi 392 ha de forêt (CDB, VM, n° 1072 : Braine-l'Alleud). Un patrimoine foncier qui s'ajoutait à celui qu'il possédait à Uccle, Boitsfort, Saint-Gilles, Lembeek, Waterloo (triage du Rousart)... et qui en faisait un des plus gros propriétaires de la province de Brabant.

déjà acheté en 1828 aux Looz-Corswarem, le château de Wolvendael à Uccle avec 18 ha, qui furent portés à 73 ha en 1846[55]. Le revenu cadastral du comte Coghen s'élevait à 39 000 francs, une somme énorme pour l'époque[56] (soit 6,8 millions actuels).

Il n'est donc pas étonnant, dans ces conditions, que sa fille Isabelle épousât le plus important propriétaire foncier du Brabant wallon, le sénateur Théodore-Jean Mosselman.

Évincé du Sénat par son gendre

Théodore-Jean Mosselman fut sénateur libéral de l'arrondissement de Nivelles de 1847 à 1876, en remplacement du baron Joseph van der Linden d'Hooghvorst décédé peu de temps auparavant.

Histoire surprenante... en septembre 1851 il fut opposé à son beau-père, le comte Coghen, qui avait rejoint entre-temps les rangs catholiques[57] ! En cause, la nouvelle loi instaurant des droits sur les successions en ligne directe.

Coghen, qui savait où se trouvaient ses intérêts matériels, s'était opposé au projet, tandis que son gendre, plus fidèle au parti, soutenait contre toute attente un projet qui ne l'avantageait guère. Il en était résulté un profond désaccord familial.

Il y avait du panache dans le chef de Mosselman car il n'était pas évident d'approuver une telle loi quand on était un des principaux propriétaires du pays.

2000 ha pour l'arrière-grand-père de Paola

Théodore-Jean Mosselman qui avait hérité du domaine du Chenoy de son père, Corneille, a réussi en quelques années à en faire un des plus vastes domaines de Belgique : il possédait des biens à Court-Saint-Étienne,

55 CROKAERT H. : « Le domaine de Wolvendael à Uccle », in *Le Folklore brabançon*, n° 160, décembre 1963, pp. 403-413.

56 Son revenu cadastral s'élevait à 39 000 francs. Pour point de comparaison, le comte François de Lalaing qui possède des biens dans plus de 26 communes du Brabant (notamment Grez-Doiceau) paie en 1847 15 000 francs de RC. Le comte de Merode, pour 537 ha à Rixensart, paie 18 832 francs de RC. Théodore Mosselman paie, pour 340 ha sur Chastre, 12 821 francs de RC.

57 Avec 764 voix contre 661, Mosselman réussira à évincer son beau-père de l'assemblée ! Mais qu'à cela ne tienne, le comte Coghen sera réélu sénateur en 1855.

Tilly, Baisy-Thy, Mellery, Marbais, Ottignies, Limal, Chastre, Villers-la-Ville, Gentinnes...

Il a acheté ainsi des terres pour une valeur de 3,6 millions de francs, soit l'équivalent de 600 millions actuels !

Les 416 ha de Court-Saint-Étienne deviendront 681 ha en 1857, 788 ha en 1859. Ils passeront à 827 ha en 1864 et, à sa mort en 1876, Théodore-Jean Mosselman détiendra de 841 ha, sur la seule commune de Court-Saint-Étienne. Le tiers du village [58] !

Au total, ses propriétés atteindront, juste avant son décès en 1876, 2000 ha.

À cela, il faudrait encore ajouter toutes les terres qu'il possédait en dehors du Brabant wallon. Le sénateur Mosselman détenait ainsi un nombre impressionnant de fermes qu'il avait acquises entre 1829 et 1858 : il avait pas moins de dix fermes et deux châteaux.

L'extension du domaine du Chenoy

Dès la mort de son père en janvier 1825, l'ambition de Théodore-Jean Mosselman fut de recréer une partie de l'ancien territoire de l'abbaye de Villers. Au départ du Chenoy, il rachètera donc tout ce qu'il peut, autour et alentour.

En 1845, il détenait plus de 1200 ha en Brabant wallon, dont 416 ha sur Court-Saint-Étienne et 340 ha de bois autour de l'abbaye de Villers à Tilly [59].

Dans un premier temps, il s'étendit vers le sud du Brabant wallon.

À la ferme du Sartage qu'il hérita de son père [60], s'ajouta une première grosse acquisition, la ferme de Mellery [61] (100 ha) qu'il acheta en 1829.

Ensuite, il compléta son domaine par de grandes surfaces boisées.

58 CDB, VM, n° 461.

59 Court-Saint-Étienne : 416 ha (CDB, VM, n° 461). À cela s'ajoutaient 13 ha sur Lasne (Bois Dadelane, ferme de la Cour) (CDB, VM, n° 349), 130 ha sur Ottignies (Lauzelle, Biéreau et Bruyère) (CDB, VM, n° 255), 58 ha sur Gentinnes (CDB, VM, n° 207), 125 ha sur Mellery (CDB, VM, n° 121), 7 ha sur Villers-la-Ville (CDB, VM, n° 158), 60 ha sur Chastre, 340 ha sur Tilly (Bois de l'Hermitage Saint-Jean, Basse-Heuval, Strichon) (CDB, VM, n° 209). Tout cela sans oublier 92 ha sur la commune de Marbais (CDB, VM, n° 796).

60 La ferme du Sartage, ancienne propriété de Villers, avait été vendue comme bien national avec 130 bonniers. Elle était devenue propriété de Corneille Mosselman vers 1819. Voir TORDOIR Joseph : *Le parti libéral..., op. cit.,* p. 99.

61 La ferme de Mellery (84 ha) avait été acquise par les époux Mosselman-Mosselman en 1829. Cette ferme, ancienne propriété de Villers, avait été vendue comme bien national. Voir TORDOIR Joseph : *Le parti libéral..., op. cit.,* p. 99.

En 1833, il acquit auprès des frères Warocqué le Bois d'Hez (400 ha) sous Baisy-Thy pour 831 000 francs (l'équivalent de 140 millions de francs d'aujourd'hui). Il acheta aussi le bois voisin de Villers (281 ha) sous Villers-la-Ville et Tilly, à la Société Générale, pour la somme de 600 000 francs [62] (comptez 100 millions de nos jours).

Si aujourd'hui encore les alentours de l'abbaye de Villers sont si boisés, c'est notamment parce que le Bois d'Hez a remarquablement résisté à l'action des hommes et du temps.

Bordé par Baisy-Thy, Bousval, Tangissart, Villers-la-Ville et Sart-Dames-Avelines, ce bois aujourd'hui possession de la famille Boël est encore considérable. Il se prolonge vers l'Ouest par les bois de l'Hermitage, de Sainte-Catherine et de Haute-Heuval qui appartiennent à la famille Boël et qui couvrent la rive droite de la Thyle de Villers jusqu'à La Roche-en-Brabant.

Avant le décès en 1834 de Flore, son épouse et cousine germaine, Théodore-Jean Mosselman avait donc déjà investi un million en biens fonciers (170 millions de francs d'aujourd'hui).

La mort de son épouse lui apporta un important héritage. Car Flore était, rappelons-le, la fille du richissime François-Dominique Mosselman, propriétaire du creuset de l'industrie de zinc.

Grâce à l'héritage de sa femme, Théodore-Jean acheta les fermes de Haute-Heuval (Gentinnes) [63], Basse-Heuval (Tilly) [64] et Gentissart (à l'extrémité nord-est de Marbais) [65] (cette dernière appartenait non pas à l'abbaye de Villers, mais à celle d'Afflighem).

Tel était l'état des possessions de Théodore-Jean Mosselman juste avant son mariage avec Isabelle Coghen, en 1841.

Ce n'était pas fini car, de 1841 à 1876, il poursuivit ses investissements jusqu'à devenir un des plus importants propriétaires fonciers du pays. Les acquisitions les plus significatives se firent jusqu'en 1858.

62 Le Bois d'Hez qui s'étendait sur 418 bonniers avait été acheté par Mosselman pour la somme de 831 660 francs. Il s'agissait d'une propriété des frères Isidore et Nicolas Warocqué. Voir TORDOIR Joseph : *Le parti libéral..., op. cit.*, p. 100.

63 Haute-Heuval : 40 ha de terres sous Gentinnes, Chastre, Tilly, Mellery. Elle fut achetée au comte Louis Amédée de Beauffort (1806-1858). Il s'agissait d'une ancienne propriété seigneuriale appartenant aux Roose de Baisy. Voir TORDOIR Joseph : *Le parti libéral..., op. cit.,* p. 100.

64 La ferme de Basse-Heuval sous Tilly a été acquise en 1838. Voir TORDOIR Joseph : *Le parti libéral..., op. cit.,* p. 100.

65 La ferme de Gentissart fut acquise en juin 1839. Elle était entourée de 93 ha de terres sous Tilly, Marbais, Mellery et Court-Saint-Étienne. Il s'agissait d'une ancienne ferme de l'abbaye d'Afflighem. Voir TORDOIR Joseph : *Le parti libéral..., op. cit.,* p. 100.

Il y eut d'abord, en 1843, le château-ferme de Tilly qui appartenait aux seigneurs de Tilly, les t'Serclaes (60 ha) [66].

En 1853, Mosselman s'offrit une véritable seigneurie, l'ancienne seigneurie de Limelette. Le voilà cette fois propriétaire d'un vrai château, avec une ferme et 220 ha de cultures tout autour. Le prix ? 220 000 francs (40 millions d'aujourd'hui) [67] !

C'est sur ces terres que fut érigé, en 1887, le château de Limelette (à ne pas confondre avec le Château Saint-Jean des Bois, dont les dépendances sont devenues un centre de balnéothérapie bien connu sous le nom de « Château de Limelette »). Ce château sera démoli lors des bombardements américains d'avril 1944 qui furent particulièrement approximatifs puisqu'ils visaient le nœud ferroviaire d'Ottignies alors que le château se trouvait à l'endroit où a été construit le club de tennis « La Palestre ».

L'acquisition des terrains de Limelette en 1853 se fit en vente publique, pour la somme de 975 000 francs [68]. Soit, en francs actuels, 165 millions ! À sa mort, en 1876, le bien fut revendu avec 164 ha au sénateur libéral de Nivelles, le banquier Jean Verheyden (1806-1885) [69]. C'était un important propriétaire foncier (Bruxelles, Wavre, Corroy-le-Grand, Limelette, Dion-le-Mont) dont les biens passèrent via sa fille Élise (1834-1870) dans la famille Crombez, dont les descendants permirent notamment à l'UCL d'acquérir une partie des 900 ha nécessaires à l'installation du site de Louvain-la-Neuve (cf. *infra).*

Petit à petit, le domaine de Théodore-Jean Mosselman se constitua donc.

Il compléta alors ses acquisitions sur Court-Saint-Étienne, par l'achat de deux grosses fermes à un riche aristocrate, le bourgmestre-châtelain d'Hévillers, Charles-Ernest de Man de Lennick, de qui il obtint, dans un premier temps, en 1855, le domaine de Sart-Messire-Guillaume pour la

66 Ferme-château de Tilly : la République française vendit comme biens d'émigrés une grande partie des domaines des t'Serclaes. Des domaines qui leur appartenaient depuis le XVe siècle. Finalement le domaine (ferme et château) aboutit entre les mains d'un rentier bruxellois, Louis Mertens, qui le revendit en 1844 à Théodore-Jean Mosselman. En 1845, sa veuve possédait encore 277 ha en Brabant wallon.

67 Limelette : la ferme du Pont (en face du tennis de la Palestre). Théodore-Jean Mosselman avait acheté l'ancienne seigneurie de Limelette à Pierre-Emmanuel Decoux de Saint-Laurent (1787-1849). En 1847, Decoux possédait à Limelette 242 ha (CDB, VM, n° 33). Sur Decoux, voir *Index des éligibles, op. cit.,* p. 95.

68 *Moniteur belge,* 15 mai 1853 p. 1849. Le château de Limelette dépendant de la succession de feu monsieur Decoux de Saint-Laurent a été adjugé définitivement pour la somme de 975 000 francs. Le lot principal composé du château et de la ferme a été acquis par Mosselman du Chenoy, sénateur.

69 CDB, VM, n° 330. En 1880, le négociant Jean Verheyden est propriétaire de 164 ha autour du château de Limelette.

somme d'un million (140 millions de francs actuels) [70]. Un domaine qui domine tout le hameau. Dans un second temps, en 1858, il lui reprit, à Court-Saint-Étienne, la ferme de Beaurieux [71]. Deux grosses exploitations de 230 ha et 130 ha, qui furent payées 1,6 million de francs, l'équivalent de 372 millions en francs actuels ! Quant au bourgmestre d'Hévillers, Charles-Ernest de Man de Lennick (1800-1865), il continua à vendre ses biens en Brabant wallon puisqu'il se débarrassa, en 1860, de son domaine de Bierbais (308 ha). Un domaine qui faisait encore 427 ha en 1857 [72].

Dès lors, si on cumule les différentes surfaces foncières en possession de Théodore-Jean Mosselman, on approche 2000 ha ! Ce n'est pas pour rien que Mosselman fut le citoyen le plus imposé du Brabant wallon. Il représenta au Sénat le monde des grands propriétaires, bien plus finalement que celui de l'agriculture.

En une quarantaine d'années, il est ainsi parvenu à reconstituer une bonne partie de l'ancien territoire de l'abbaye de Villers. Il y ajouta même des biens appartenant à l'abbaye d'Afflighem (ferme de Gentissart à Marbais).

En 1875, nous sommes à l'apogée de la puissance foncière de la famille Mosselman. Le domaine comprend alors des biens d'abbayes, des fermes seigneuriales et des propriétés roturières. Un domaine constitué en soixante ans, qui va bientôt lamentablement se disloquer... avec la mort du sénateur en 1876. Se disloquer au profit des cinq enfants du sénateur. Car outre ses deux fils (Armand et Paul), Mosselman eut trois filles.

Des gendres catholiques pour le sénateur libéral

La fille la plus célèbre de Théodore-Jean est bien entendu Laure (1854-1925), grand-mère paternelle de la reine Paola.

Quand son père décéda en 1876, elle n'était pas encore mariée. Elle le sera l'année suivante lorsqu'elle épousera le maire de Naples, Don Fulco Beniamino Ruffo di Calabria (1884-1946). Un événement dont on ne

70 Court-Saint-Étienne (CDB, VM, n° 185) : 276 ha en 1855. Le domaine a été acquis de Charles-Ernest de Man de Lennick, bourgmestre d'Hévillers.

71 CDB, VM, n° 68. Cf. TARLIER A. et WAUTERS J : *Géographie et histoire des communes belges, Province de Brabant, Canton de Wavre, Court-Saint-Étienne,* Bruxelles, 1873, p. 152. La ferme de Beaurieux appartint en dernier lieu à monsieur de Man de Lennick qui l'a vendue à monsieur Mosselman, à ce qu'on nous a assuré, pour la somme énorme de 600 000 francs.

72 Éric MEUWISSEN : « Bierbais, rendez-vous de la jet set », *Le Soir,* 18,19 et 20 avril 1992, p. 26.

pouvait soupçonner à l'époque ni l'importance, ni la signification qu'on lui prête à l'heure actuelle.

La réception et le dîner de mariage eurent lieu le 14 juillet 1877 au château du comte Coghen à Wolvendael (Uccle).

Quant aux autres sœurs de Laure, Henriette (1855-1898) se maria en 1873 avec un diplomate, sénateur catholique (Furnes-Ostende) et petit-fils d'un ministre d'État, le vicomte Bernard du Bus de Gisignies (1832-1917), grand propriétaire foncier à Oostmalle et Bellegem. C'est ainsi que les du Bus de Gisignies et leurs descendants Renesse entrèrent en possession de la ferme et du château de Tilly (83 ha)[73].

La seconde sœur de Laure, Isabelle (1842-1876), convola, en 1861, avec le fils du ministre d'État, le baron Auguste d'Anethan qui fut notamment ministre plénipotentiaire à Paris (1829-1906). Son père, le baron Jules (1803-1888), était propriétaire d'une trentaine d'hectares à Villers-la-Ville[74].

Voilà donc notre sénateur libéral flanqué de deux gendres reconnus comme des « grandes figures de l'opinion catholique ». On devine les problèmes que cela suscita.

Joseph Tordoir a démontré, dans son étude sur le parti libéral dans l'arrondissement de Nivelles[75], comment la famille Mosselman s'y prit pour faire en sorte qu'au moins les terres du canton de Wavre restent en de « bonnes mains libérales ». Un habile partage permit d'éviter tout télescopage électoral entre les deux groupes.

Il faut dire que le décès du sénateur Mosselman, treize jours avant les élections de juin 1876, créa quelques frayeurs au parti libéral de l'arrondissement de Nivelles. En effet, le mariage de ses deux filles avec des personnalités connues pour être acquises à l'opinion catholique avait fait craindre le pire. Heureusement, aucun des gendres du sénateur n'était domicilié dans l'arrondissement de Nivelles, où vivaient par contre ses deux fils, tous deux acquis à l'opinion libérale.

73 Tilly : CDB, VM, n° 969. Sur du Bus de Gisignies, voir *Index des éligibles, op. cit.*, p. 238. Il fut sénateur catholique de l'arrondissement de Furnes-Ostende en 1874-1878.

74 d'Anethan Jules à Villers-la-Ville (CDB, VM, n° 299) : 29 ha en 1893. Signalons au passage que la petite-fille du sénateur Jean-Théodore Mosselman fut Grande-maîtresse de la Cour grand-ducale de Luxembourg. La baronne Isabelle d'Anethan, née Mosselman, fut l'aïeule de tous les d'Anethan belges. Elle était aussi la mère de la comtesse Amaury de Marchant et d'Ansembourg (1863-1951). Et c'est ainsi qu'on retrouve en 1883, à Tilly, le comte Amaury de Marchant et d'Ansembourg propriétaire de 132 ha (CDB, VM, n° 923). Une propriété qu'il revendit d'ailleurs très vite car qu'est-ce que 132 ha à côté des centaines d'hectares qu'il possédait dans la province du Luxembourg.

75 Tordoir Joseph : *Le parti libéral..., op. cit.*

MAISON ROYALE

BELGIQUE — BAVIÈRE — SUÈDE — DANEMARK

S.M. ALBERT Ier Roi des BELGES
(1875 † 1934)
ép. en 1900
S.A.R. Élisabeth
Duchesse en BAVIÈRE
(1876 † 1965)

S.A.R. Charles-Guillaume
Prince de SUÈDE, Duc de VESTROGOTHIE
(f. de S.M. Oscar II, Roi de SUÈDE et NORVÈGE)
(1861 † 1951) ép. en 1897
S.A.R. Ingeborg, Princesse de DANEMARK
(f. de S.M. Frédéric VIII, Roi de DANEMARK)
(1878 † 1958)

S.M. Léopold III, Roi des BELGES (1901 † 1983)
ép. en 1926
S.A.R. Astrid, Princesse de SUÈDE
(1905 † 1935)

S.M. Albert II, Roi des BELGES
(Né en 1934)

ép. en 1959

S.A.R. le Prince Philippe (Né en 1960)
S.A.R. la Princesse Astrid (Née en 1962)
S.A.R. le Prince Laurent (Né en 1963)

DE BELGIQUE

RUFFO | MOSSELMAN DU CHENOY | GAZELLI | RIGNON

Don Fulco-Beniamino RUFFO di CALABRIA
Duc de GUARDIA LOMBARDA
Comte de SINOPOLI
(1848 † 1901)
ép. en 1877
Laure MOSSELMAN du CHENOY
(1854 † 1925)

Augusto GAZELLI (des comtes)
di ROSSANA
(1855 † 1937)
ép. en 1879
Maria-Christina (des comtes)
RIGNON
(1858 † 1950)

Don Fulco, Prince (1928) RUFFO di CALABRIA
Duc de GUARDIA LOMBARDA
Comte de SINOPOLI
(1884 † 1946)
ép. en 1919
Luisa GAZELLI di ROSSANA
(1896 †)

S.A.R. Donna Paola RUFFO di CALABRIA
(Née en 1937)

Les épouses du Bus et d'Anethan auraient dû en principe hériter de deux cinquièmes des immenses propriétés paternelles. L'opinion catholique ne pouvait évidemment que tirer profit de cette dévolution sur le terrain électoral. Mais c'était sans compter sur la perspicacité de Théodore-Jean Mosselman. Par le biais de différentes dispositions, le sénateur libéral défunt favorisa largement son fils Armand, lui réservant, dès novembre 1875, l'achat *post mortem* de la quasi totalité de ses propriétés sises dans le canton de Wavre. Et notamment, celles se trouvant sous Court-Saint-Étienne, Hévillers, Mont-Saint-Guibert, Chastre-Villeroux-Blanmont et Baisy-Thy. De cette façon, une très importante partie du domaine échappa au partage. Mais pas les biens sis sous le canton de Genappe.

Finalement, après bien des démêlés, le partage eut lieu en novembre 1881. Une date fatidique qui peut être retenue pour la dislocation du plus grand et du plus beau domaine foncier du Brabant wallon.

Armand, le fils aîné, hérita du fleuron, le Chenoy, d'une surface de 950 ha sise sous Court-Saint-Étienne et Chastre [76].

Paul reçut la magnifique Ferme de Gentissart à Marbais [77].

Henriette, épouse du Bus, hérita pour sa part de la Ferme du château de Tilly et des terres sises sous Baisy-Thy, Tilly, Lasne et Villers-la-Ville [78].

Auguste d'Anethan, (veuf d'Isabelle depuis 1876), reçut quant à lui la Ferme de Mellery, la Ferme de Basse-Heuval à Tilly ainsi que des terres sises sous Ottignies [79].

Enfin Laure, épouse de Ruffo, reçut des terres à Gentinnes, Tilly et à Mellery [80]. C'est ce qui explique qu'à partir de cette époque les communes de Mellery et de Tilly ont cessé de constituer des fiefs quasi inexpugnables de l'opinion libérale.

La petite commune de Tilly est d'ailleurs à cet égard un magnifique cas d'école. Du vivant du sénateur, plus de la moitié de la commune lui appartenait. Autant dire que Tilly était jusqu'en 1876 un bastion du libéralisme. À la mort du sénateur, ses propriétés sur Tilly passèrent, via sa fille, dans les mains de son gendre catholique et, du jour au lendemain,

76 Armand possède 844 ha à Court-Saint-Étienne en 1883 (CDB, VM, n° 2076) et 60 ha à Chastre. Vente en 1893 au sénateur Boël (CDB, VM, n° 1249).

77 Marbais : 94 ha (Gentissart) en 1869 (CDB, VM, n° 796).

78 Tilly : CDB, VM, n° 969. Les biens sur Tilly passèrent par mariage d'une des filles du comte Bernard du Bus au comte Maximilien de Renesse Breidbach. À savoir 87,5 ha en 1883. Ottignies : 61 ha en 1885 (CDB, VM, n° 108).

79 Mellery : CDB, VM, n° 540. Vente de 27 ha en 1893 au sénateur Boël. Tilly : 87 ha en 1883 (CDB, VM, n° 969).

80 Tilly : 117 ha en 1886 (CDB, VM, n° 972). Mellery : 27 ha vendus en 1893 au sénateur Boël (CDB, VM, n° 540). Gentinnes : 59 ha en 1895 (CDB, VM, n° 207).

Tilly changea de bord. Le fermier fut révoqué sur le champ et la commune devint catholique.

Le cas de Tilly est une splendide illustration de la puissance politique des grands propriétaires fonciers sous le régime du suffrage censitaire. Car, à cette époque, la grande propriété terrienne était encore et toujours le siège du pouvoir réel sur le plan local.

Il aura fallu soixante ans pour constituer le domaine du Chenoy et une dizaine pour le disloquer. En effet, assez rapidement, les gendres du sénateur défunt aliénèrent les terres dont ils avaient hérité. En 1890, les du Bus et d'Anethan ne possédaient presque plus rien de leur part d'héritage en Brabant wallon. Quant au fils aîné de feu le sénateur Mosselman, qui avait hérité d'un domaine de 950 ha autour du Chenoy, il le vendit, en 1882, au bourgmestre libéral de La Louvière, le sénateur Gustave Boël-Capitte.

Le parti libéral de l'arrondissement put alors respirer, les lambeaux du domaine Mosselman aboutissaient dans de bonnes mains.

Une page de l'histoire du Chenoy était à nouveau tournée.

BOËL-GOBLET

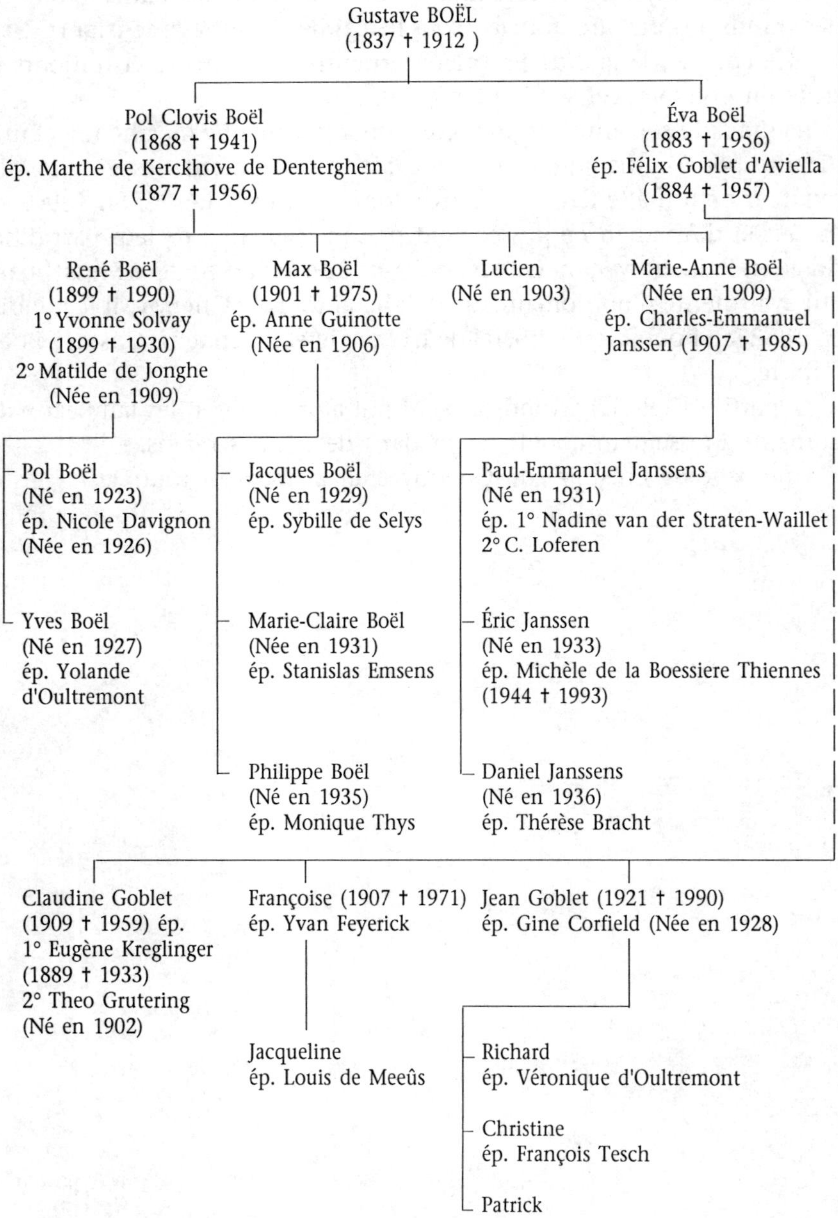

(Généalogie simplifiée)

CHAPITRE DEUXIÈME

Une chasse de 2200 hectares pour les Boël

Je suis venu, j'ai vu, j'ai pleuré !

« Savez-vous pourquoi la ligne de chemin de fer du Grand Central, reliant Charleroi à Louvain, via Ottignies et Wavre, coupe les ruines de Villers en deux ? Parce que les Boël qui possèdent les bois autour de Villers ne voulaient pas que cette ligne traverse leur propriété. Et c'est ainsi qu'ils parvinrent à en détourner le tracé initial en plein cœur d'un ensemble monastique parmi les plus complets d'Europe : les ruines de l'abbaye de Villers ! » [1]

Incroyable, mais faux !

Cette anecdote que d'aucuns se plaisent à raconter ne résiste pas à l'analyse. Car, au lendemain du 25 juillet 1797, date de de la vente de l'abbaye comme « bien national », les nouveaux propriétaires n'eurent de cesse de la dépouiller et de vendre tout ce qui était possible.

Dépouillée dans un premier temps par le tristement célèbre La Terrade, l'abbaye fut revendue en 1820 à un industriel de Lodelinsart répondant au nom de Charles Lambert-Huart. Un individu de sinistre mémoire puisqu'il poussa le démantèlement du site si loin qu'on parla, à partir de 1830, de « ruines » en évoquant Villers.

Mais le coup de grâce vint en 1838. À cette date, Charles Lambert-Huart poussa le goût du lucre jusqu'à revendre des parcelles de terrain au chemin

1 L'histoire retiendra le nom de La Terrade comme le destructeur de l'abbaye. Il vendit celle-ci au début du siècle (1814) à une famille d'Ecaussinnes-Enghien. Au moment de la construction du chemin de fer, l'abbaye appartenait à une veuve répondant au nom de Charles Lambert-Huart, originaire de Lodelinsart. Elle habitait un pied-à-terre sur l'emplacement de l'ancienne porte conduisant à la ferme. Cette veuve reçut une grosse somme pour autoriser le passage du chemin de fer.

de fer. Une opération particulièrement lucrative, puisqu'il en obtint plus que ce qu'il avait payé à La Terrade en 1820 pour acquérir l'ensemble du site. On ne pouvait rêver meilleur amortissement du capital.

Ce fut la voie royale pour la ligne du futur Grand Central. Une ligne entamée en 1852 et qui fut achevée en 1855. Le 23 août 1855 pour être précis, eut lieu l'inauguration du tronçon Court-Saint-Étienne – Charleroi.

Victor Hugo a sans doute le mieux résumé le sentiment que l'on peut éprouver devant tel désastre. Visitant Villers, il écrivit sur un enduit « *Veni, Vidi, Flevi* », « Je suis venu, j'ai vu, j'ai pleuré ».

Les Boël furent donc étrangers à cette histoire de chemin de fer : à cette époque, ils ne possédaient pas encore de foncier dans les environs. L'anecdote est néanmoins significative. Et révélatrice du halo de mystère et de puissance qui entoure une famille qui contrôle deux des six groupes belges de l'acier. Pour les gens du coin, les maîtres de forges de La Louvière semblent toujours avoir été là. Or ils ne sont arrivés qu'à la fin du siècle dernier. Avant eux, c'étaient les Mosselman qui détenaient une partie de l'ancien domaine des moines de Villers.

La mort du patriarche du Chenoy

Bruxelles, mercredi 4 juillet 1990. Ce matin-là, la Chapelle royale, sise en contrebas du musée d'art moderne, vit défiler une incroyable brochette de personnalités du monde économique, financier et artistique venues assister au culte protestant rendu en l'honneur du comte René Boël.

Le « patriarche » de la famille et du Chenoy s'était éteint. Le petit-fils du fondateur des Usines Gustave Boël (UGB) de La Louvière, mais aussi et surtout le président honoraire de la société Solvay. Âgé de nonante ans, ce professeur honoraire de l'ULB avait une fabuleuse carrière d'industriel et de grand financier derrière lui.

Pendant longtemps, chez Solvay, toute décison importante devait passer par lui. René Boël était un peu pour le groupe Solvay ce qu'avait été Ernest Solvay deux générations plus tôt, à savoir un grand format du monde industriel belge. Un homme de caractère et d'action qui mettait presque les intérêts du pays avant les siens.

Comme son grand-père par alliance, Ernest Solvay, il appartenait à ces grandes familles qui aiment jouer un rôle dans les affaires du pays. À l'instar d'Ernest Solvay, il fut un véritable patron « progressiste », bien que libéral.

Cet humaniste, dans toute la force du terme, quittait le week-end son magnifique appartement du Val Riant à Ixelles (avenue Bellevue) – un appartement tapissé d'œuvres d'art moderne et dont la vue donnait sur les étangs d'Ixelles – pour se rendre dans sa « résidence de campagne » à Court-Saint-Étienne, le château-ferme du Chenoy où il y était administrateur d'une société anonyme gérant une énorme propriété de plus de 2000 ha, la sa Domanoy [2]. Elle était propriétaire de plus du tiers de l'ancien domaine de l'opulente abbaye de Villers.

Une succession d'un demi-milliard

Le 31 mars 1977 fut un jour important pour la famille Boël. Ce jour-là, la famille décida, après de nombreuses tergiversations, de se présenter devant le notaire bruxellois, Thierry Van Halteren.

Étaient présents : le président de la société Solvay, le comte René ; son frère Lucien qui dirige les UGB à La Louvière et qui réside au n° 575 de l'avenue Louise ; les neveux de René (fils de feu son frère Max) : Jacques, actuel administrateur délégué des UGB, et Philippe. Et puis, il y avait les fils de René qui sont aujourd'hui les hommes forts du Groupe : Yves, qui règne sur le pôle financier, et l'actuel président du conseil d'administration des UGB, le sénateur Pol Boël. Enfin, il y a encore le demi-frère Michel Boël, issu du second lit du patriarche.

Tous s'étaient déplacés afin d'apporter en société leur gigantesque patrimoine foncier sis autour du château du Chenoy à Court-Saint-Étienne. C'est le fils du comte René, Yves Boël, qui avait réussi à convaincre le clan de sauter le pas. Il est vrai que la mort de Max, deux ans plus tôt, leur avait coûté les yeux de la tête. Certains évoquent le chiffre d'un demi-milliard payé en droits de succession. Il fallut ainsi sept mois pour faire l'expertise des bois. Tous les arbres dont le diamètre était supérieur à 40 centimètres devaient être cubés.

Après cet épisode, les Boël se mirent à réfléchir. D'autant que l'oncle Lucien, le frère du comte René, aujourd'hui âgé de nonante et un ans, n'a pas d'enfant et que les neveux se seraient de nouveau « ruinés » en droits de succession. Yves Boël parvint donc, non sans mal, à raisonner tout le monde. Ou plutôt presque tout le monde. Car le vieux Lucien n'arrêtait pas de maugréer « Domanoy, connais pas. Domanoy, connais pas... »

Aujourd'hui, le vieux Lucien, qui fut en son temps président administrateur délégué des UGB, doit se dire qu'il a eu raison quinze ans trop

2 *Moniteur belge,* 21 avril 1977, Annexes, Sociétés commerciales, n° 1306-1, pp. 10441-10454.

tôt. Car le premier ministre Jean-Luc Dehaene vient de réduire, avec son plan global, les avantages liés à la société patrimoniale. Mais qu'à cela ne tienne. En ce 31 mars 1977, la société anonyme du Domaine du Chenoy était née [3].

La Chasse

C'est pour la chasse que les Boël ont gardé leur immense propriété du Chenoy à Court-Saint-Étienne et environs. De génération en génération, les Boël ont en effet pratiqué l'art de la vénerie. Au Chenoy, ils chassent vingt jours par an, dix-sept jours pour le petit gibier et trois jours pour les chevreuils.

Avant la fusion des communes, Court-Saint-Étienne était, avec Baisy-Thy, parmi les communes les plus boisées du Roman Païs. En 1960, Court avait encore 672 ha de bois tandis que Baisy-Thy en avait 659 ha. Or c'est justement sur ces deux communes que les Boël possèdent le plus de bois. Et notamment à Baisy-Thy, les 230 ha du Bois d'Hez qui se trouve juste à côté des ruines de Villers.

S'il n'y avait la chasse, il est vraisemblable que les Boël auraient déjà vendu leur propriété depuis longtemps. Mais voilà, ils adorent chasser. C'est ce qui explique la présence de miradors dans les bois de la propriété. Des bois dans lesquels il n'y a pas moins de septante chevreuils. On en tue vingt-cinq par an et on les vend aux Halles de Bruxelles. Un chevreuil vidé vaut 8000 francs.

3 Domanoy qui avait son siège à Chastre (Gentinnes), Haute-Heuval, a pour objet : la gestion, l'achat, la vente, la location, la mise en valeur de lotissements ; l'exploitation, la location et l'affermage de tout immeuble ainsi que l'exploitation de toute chasse, l'achat et la vente du gibier. Le capital social de la société était fixé à 360 millions, représentés par 3 600 actions. René et son frère Lucien détenaient chacun 1 199 actions, les neveux Jacques et Philippe 1 199 également, tandis que les fils du comte René en possédaient chacun une. Les comparants firent ainsi apport de 2 212 ha, soit au total quatorze fermes et trois bois. La ferme du Chenoy (143 ha), la ferme de Pasturages (105 ha), la ferme du Tiercelet (250 ha), la ferme de Haute-Heuval (220 ha), la ferme « La Caille » ou Petite ferme de Haute-Heuval (54 ha), la ferme de Basse-Heuval (46 ha), la ferme du Sart (126 ha), la fermette de La Roche (14 ha), la ferme du Culot (47 ha), la ferme de Villeroux (58 ha), la fermette du Sart (19 ha), la ferme du Sartage (141 ha), la ferme du Bois d'Hez (77 ha), la ferme du Bois d'El Croix (56 ha) et les bois du Chenoy (280 ha) du Ry Pierot (342 ha) et du Bois d'Hez (230 ha). Total : 2212 ha.

Les bois des Boël représentent une solide superficie. Qu'on pense au bois du Chenoy (280 ha), à celui du Ri Pierot (342 ha) ou au Bois d'Hez (230 ha). Au total, 857 ha situés essentiellement de part et d'autre des ruines de l'abbaye de Villers. Ce qui est logique puisqu'il s'agit des anciens bois de l'abbaye de Villers.

Les Boël chassent donc sur 2500 ha ou, plutôt, « chassaient » car les fils du comte René ne sont plus de fervents adeptes. Ceci dit, les jours de chasse, ils louent 300 ha à des particuliers. En effet, leur propriété ne fait plus que 2200 ha !

En 1927, elle faisait 2542 ha [4]. En 1962, elle atteignait 2393 ha [5] et, en 1977, au moment de la constitution de Domanoy, elle totalisait encore 2220 ha [6].

Pour donner une idée générale, la propriété des Boël se situe à l'intérieur d'un rectangle dont les petits côtés latéraux sont la Nationale 4 Bruxelles-Namur et la Nationale 5 Bruxelles-Charleroi ; et les grands côtés, la Nationale 25 Wavre-Nivelles et la Nationale 29 Gembloux-Nivelles. Tout le pays compris entre Mont-Saint-Guibert et Sart-Dames-Avelines ne forme qu'une immense dépendance du Chenoy. Un vaste ensemble qui va de Chastre à Baisy-Thy, et de Court-Saint-Étienne à Tilly. Si l'on devait ceinturer la propriété, on obtiendrait un périmètre de... 100 kilomètres. Depuis le Trou du bois situé à l'extrémité du Bois D'Hez jusqu'à l'église d'Hévillers, on peut marcher en ligne droite sur quinze kilomètres sans jamais sortir du domaine. Au total, la propriété vaut entre 1,5 et 2 milliards !

4 En 1927 : Mellery : 101 ha (CDB, NM, n° 754) ; Gentinnes : 225 ha (CDB, NM, n° 966) ; Court-Saint-Étienne : 1000 ha (CDB, NM, n° 3285) ; Baisy-Thy : 430 ha (CDB, NM, n° 431) ; Chastre-Villeroux-Blanmont : 145 ha (CDB, NM, n° 1911) ; Villers-la-Ville : 40 ha (CDB, VM, n° 628) ; Marbais : 100 ha (CDB, VM, n° 2419) ; Tilly : 242 ha (CDB, NM, n° 1332) ; Hévillers : 201 ha (CDB, NM, n° 1015) ; Mont-Saint-Guibert : 29 ha (CDB, VM, n° 373). Soit un total, en 1927, de 2 542 ha.

5 En 1962 : Baisy-Thy : 429 ha (CDB, NM, n° 3629) ; Tilly : 220 ha (CDB, NM, n° 1400) ; Mellery : 105 ha (CDB, NM, n° 552) ; Gentinnes : 145 ha (CDB, NM, n° 1247) ; Chastre-Villeroux-Blanmont : 192 ha (CDB, NM, n° 2436) ; Hévillers : 286 ha (CDB, NM, n° 1015) ; Mont-Saint-Guibert : 21 ha (CDB, NM, n° 1702) ; Ottignies : 80 ha (CDB, NM, n° 2175) ; Court-Saint-Étienne : 915 ha (CDB, NM, n° 3285). Soit un total, en 1962, de 2 393 ha.

6 Voir décompte en note 3.

Tout commence par un coup de maître

> *« Jacques Boël aura soixante-cinq ans en mars, qu'il s'en aille ! Si aux UGB, ce sont les mêmes qui restent, on verra toujours les mêmes magouilles, la même gabegie et la même volonté de désengager de l'industrie. »* [7] *Ainsi s'exprimait le président de le la FGTB du Centre au lendemain des septante-quatre jours de grève qui paralysèrent l'usine entre novembre 1993 et février 1994. Des propos d'une virulence incroyable qui traduisent la perte de crédit et de prestige de la célèbre famille de la Cité des loups. Il est loin le temps où Gustave, le fondateur des UGB, était vénéré à La Louvière comme un demi-dieu. Trois générations plus tard, les Boël n'inspirent plus confiance.*

Tout a commencé en 1880 avec Gustave Boël, l'arrière-grand-père des actuels dirigeants des UGB [8]. Un homme parti de presque rien et qui réussit en quelques années à amasser une impressionnante fortune.

C'est par un véritable coup de maître qu'il est entré dans la légende. Directeur aux établissements métallurgiques de La Louvière, fondés en 1850 par Émile Boucquéau, Gustave Boël n'hésita pas à mettre son capital et celui qu'il était parvenu à récolter à la disposition du patron pour sauver les laminoirs Boucquéau de la faillite. Bien lui en prit. En signe de reconnaissance, le patron lui céda, à sa mort en 1880, l'usine et l'ensemble de ses biens.

Les premiers jalons de l'empire Boël étaient posés. Sous sa férule, l'outil n'allait pas tarder à prospérer. Ainsi, en 1912, Gustave Boël laissa à ses héritiers une entreprise qui était devenue une des plus importantes de la région du Centre. Elle employait 1800 ouvriers.

Comme tout industriel qui se respecte, Gustave Boël se mit à acheter des terres. Car il savait que le placement foncier, outre le profit direct qu'il rapportait encore à cette époque, conférait du prestige et inspirait, dans le monde des affaires, une confiance proportionnelle à son étendue.

Sans compter qu'en 1882, nous sommes toujours sous le régime du suffrage censitaire. À la considération et au prestige, s'ajoute le pouvoir politique.

Dès lors, Gustave Boël se mit à la recherche d'un grand domaine qui soit un symbole de puissance sociale. Et c'est ainsi que le bourgmestre de La Louvière jeta son dévolu, en 1882, sur les 950 ha du domaine du

7 Déclaration d'Henri Claus, président de la FGTB du Centre, à *La Libre Belgique,* 22 février 1994.

8 DUCHENE Christiane : « Gustave Boël », *Biographie Nationale,* t. XXXIV, col. 84-87.

Chenoy dont le fils du sénateur Mosselman avait hérité et qu'il mit assez rapidement en vente.

En achetant le Chenoy, Gustave Boël n'avait qu'un but : reconstituer une partie de l'ancien domaine de Villers.

Le domaine acquis, Gustave Boël n'y résida pas. Il habitait place Rogier à Bruxelles.

De plus, l'année qui suivit l'acquisition du Chenoy, le bourgmestre de La Louvière fut élu sénateur libéral.

Le domaine d'un grand seigneur

Imaginez un plateau isolé aux horizons grandioses. De quelque côté que le regard se pose, des champs à perte de vue. Le panorama est magnifique. Nous sommes non pas au point culminant du Brabant wallon, mais sur le plateau du Chenoy à plus de 150 mètres d'altitude.

Au milieu de ce plateau, trône un carrefour à cinq branches. Et au milieu de ce carrefour, un arbre : « l'arbre de la justice ». Un vénérable multi-centenaire qui s'aperçoit à plusieurs kilomètres à la ronde. Ce vénérable tilleul (2,6 mètres de circonférence) qui ornait le lieu depuis le XVIIIe siècle fut abattu par les Français en 1940, sous prétexte qu'il constituait un point de repère. À sa place, s'élève depuis 1957 un nouveau tilleul planté par la famille Boël. Ce tilleul est entouré de huit autres tilleuls, ce qui confère à ce square un charme indicible. L'endroit a d'ailleurs été baptisé en 1938, à l'occasion des septante ans du baron Pol-Clovis Boël, « Square baronne Boël ».

Ce square est tout un symbole pour la famille. Les cinq itinéraires qui partent en étoile de ce carrefour symbolique sont autant de branches qui marquent le territoire de la célèbre famille de la Cité des loups. De quelque côté qu'on aille – vers Mellery, Mont-Saint-Guibert, Court-Saint-Étienne, Villeroux, Sart-Messire-Guillaume – on est toujours sur la propriété des maîtres de forges. Ceux-ci habitent d'ailleurs à 900 mètres de là, en direction de Mont-Saint-Guibert, où s'élève une *grangia* majestueuse de Villers : la ferme du Chenoy.

Cette ferme, comme du temps du sénateur Mosselman, est le fleuron du domaine. Un fleuron d'autant plus exceptionnel que le pignon de sa grange est le plus ancien vestige rural encore debout en Wallonie ! Il faut dire que la ferme était déjà signalée en 1200.

On pénètre dans la ferme par une haute tour-porche datée de 1830 qui donne sur une immense cour oblongue. Ce solide corps de logis date du temps de Théodore Mosselman.

Au fond de la cour, s'élève la grange qui est le bâtiment le plus imposant. Sa facade nord-ouest est un pan encore quasi complet de la grange primitive. Plusieurs traits architecturaux de cette grange sont d'ailleurs similaires à ceux du réfectoire de l'abbaye de Villers. À l'intérieur de cette magnifique grange, un charpente du XIXe siècle.

Cette grange cathédrale est néanmoins loin d'être la plus grande de Belgique. Comparée avec les 28 000 m^3 de la grange cistercienne de Ter Doest à Lissewege (Flandre occidentale) ou avec celle de la Ramée à Jauchelette, elle ne fait que 9000 m^3. [9]

« On a l'impression de parcourir le domaine d'un grand seigneur », écrivait Arthur Cosyn en 1911 [10]. Un domaine magnifique que la Société centrale forestière de Belgique visita en 1902 [11].

Lisons son rapport : « Les hêtres sont de toute beauté. Les chênes sont aussi de belles venues. Les chênes anciens ne sont pas rares. C'est sans doute la présence de ces vétérans qui a donné le nom de Chenoy à la propriété. On remarque des sycomores de fortes dimensions, des frênes énormes, au port remarquable. Le hêtre occupe dans la futaie une place considérable. Il y a pas mal de hêtres anciens à cime très ample. »

Telle est la description que faisait en 1902 le rapporteur de la visite dans les Bois d'Hez (rive gauche de la Thyle) et de l'Ermitage (rive droite de la Tyle en aval de Villers).

« Des bois sains, opulents et bien entretenus », ajouta même Arthur Cosyn [12].

Quarante-cinq gardes veillaient sur les bois. Et Arthur Cosyn de déplorer la clôture des espaces par le nouveau propriétaire qui, juste après avoir acquis les bois, les avait fait fermer au public.

Le journal *Le Peuple* stigmatisa ce qu'il appela « la confiscation de ces solitudes forestières par un homme qui veut pour lui seul l'air qu'on y respirait alors que jadis tant de travailleurs ouvriers et petits bourgeois étaient venus y chercher la réparation de leurs forces dépensées à la ville en une semaine de dur labeur. » [13]

9 MINEUR Dominique : « La grange du Chenoy », *Le Folklore brabançon,* 241-242, juin 1984, pp. 506-510.

10 COSYN Arthur : *Le Brabant inconnu,* Bruxelles, 1911, p. 174.

11 NELIS E : « Une excursion au domaine du Chenoy (I) », *Bulletin de la société centrale forestière de Belgique* (BSCF), 1902, pp. 709-716. Voir aussi BLONDEAU L : « Une excursion au domaine du Chenoy (II) », *Bulletin de la société centrale forestière de Belgique,* 1902, pp. 797-804.

12 COSYN Arthur : *ibidem,* p. 174.

13 *Le Peuple,* 6 octobre 1903.

« Presque tous les bois, écrit Cosyn, sont flanqués d'une pancarte *Défense de circuler, allée privée.* » [14] Une pancarte sur laquelle les Boël ont depuis lors ajouté *Danger : Tir à balles !*

À l'heure actuelle, les maîtres du Chenoy ne se paient plus le luxe d'avoir quarante-cinq gardes pour surveiller leurs bois. À la fin de la guerre, dix gardes et cinq ouvriers travaillaient encore dans le domaine. Actuellement, il ne reste plus que quatre gardes et deux ouvriers pour les plantations. Entretenir un tel patrimoine coûte cher et ne rapporte pas grand-chose !

Bien sûr, il y a encore les huit fermes qui procurent une poignée de millions en fermage, mais les ventes de bois suffisent à peine à entretenir les plantations.

Un chêne de deux cent vingt ans a été vendu récemment 180 000 francs. Étant donné les droits de succession perçus sur cet arbre à chaque décès, il a coûté plus cher qu'il n'a rapporté. Entre 1925 et 1975, les Boël eurent en effet à faire face à trois successions !

Les Boël ou l'art des synergies familiales

Les Boël appartiennent à cette nouvelle espèce de propriétaires fonciers, les bourgeois qui, en Brabant wallon, ont occupé petit à petit la place des nobles.

Partout, cette bourgeoisie qui était encore au second rang au lendemain de l'indépendance de la Belgique émergea à la fin du XIXe siècle. Et l'histoire des Boël est, à cet égard, un beau cas.

Leur ascension, ils la doivent à leur travail bien sûr, mais aussi à leur politique matrimoniale. Et le moins qu'on puisse dire, c'est que les enfants et petits-enfants de Gustave Boël ont réussi de belles alliances. Si bien qu'aujourd'hui, on retrouve dans la famille tous les grands noms de l'industrie et de la finance : les Solvay, Janssen, Davignon, d'Oultremont, Emsens, Thys, Guinotte, Feyerick, Goblet d'Alviella,...

Cette politique matrimoniale débuta avec le fils de Gustave, Pol-Clovis (1868-1941), qui épousa en 1898 l'héritière de riches familles industrielles de Flandre, Marthe de Kerchove de Denterghem (1877-1956) [15]. Petite-fille et arrière-petite-fille du bourgmestre de Gand, elle était la fille du sénateur et gouverneur du Hainaut, Oswald de Kerchove de Denterghem (1844-1906). Sa mère était une Lippens, dont la famille appartenait aux principaux actionnaires de la Société Générale et des AG. C'était l'époque où

14 COSYN Arthur : *ibidem*, p. 174.

15 DUCHENE Christiane : « Marthe Boël », *Biographie Nationale*, t. XXXIV, col. 84-87.

l'embouchure du Zwyn appartenait à la famille Lippens-de Kerchove (Gand), soit 434 ha au Hazegras et 108 ha sous Knokke [16].

Pour l'heure, la Compagnie du Zoute est toujours une affaire de famille. Cette société immobilière dispose d'un patrimoine de 700 ha dont la majeure partie est classée en zone verte et réserve naturelle. Les Boël en sont d'ailleurs administrateurs.

> *En Flandre orientale, le nom de Lippens est aussi connu que celui de Kerchove. Charles et Constant de Kerchove, les grand-père et arrière-grand-père de l'épouse de Pol-Clovis Boël, furent d'ailleurs successivement bourgmestres de Gand. Il en fut de même pour l'oncle Hyppolyte Lippens (1847-1906) dont le fils, Maurice (1875-1956), sera ministre d'État, président du Sénat, gouverneur du Congo belge mais aussi gouverneur de la province de Flandre orientale en 1919. Un cousin d'influence pour madame Pol-Clovis Boël. C'est finalement le frère de cette dernière, André de Kerchove (1885-1945), qui succéda à Hippolyte Lippens au poste de premier magistrat de la ville de Gand. Tous siégeaient au parti libéral.*
>
> *Les Kerchove, comme les Lippens, sont également connus pour l'importance de leur patrimoine foncier* [17].

Une des dernières puissances exclusivement familiales

Au moment de son mariage avec Marthe de Kerchove qui allait devenir une patriote et une féministe célèbre, Pol-Clovis dirigeait les usines de La Louvière. Il en fit, en 1914, un des établissements les plus modernes de l'industrie sidérurgique belge [18]. Mais ce fut en vain car, en 1918, il ne restait des UGB que des ruines. Qu'à cela ne tienne.

16 VANDERVELDE Émile : *La propriété foncière en Belgique,* Paris, 1900, p. 100. Sur les Lippens, voir aussi DE COUDENBERG François : « Vitraux armoriés de l'église Notre-Dame du rosaire au Zoute », *Le Parchemin,* nov.-décembre 1986, n° 246.

17 La famille Lippens possédait, outre le Zwyn en Flandre occidentale, 915 ha à Saffelaere (ou Zaffelare) et à Moerbeke (Waas). En Brabant wallon, le Gouverneur général du Congo possédait une centaine d'hectares à Beauvechain (96 ha en 1960 à l'Écluse).

18 DUCHENE Christiane : « Pol-Clovis Boël », *Biographie Nationale,* t. XXXIV, col. 93-98.

Pol-Clovis Boël se lança dans la reconstruction. Et pour ses mérites, il reçut le titre de baron en 1930. À sa mort en 1941, les usines du sénateur et président du Sénat (1936) étaient à nouveau parmi les entreprises sidérurgiques belges les plus modernes et les plus équilibrées. Elles employaient alors deux mille ouvriers.

On le voit, le nom de Boël était étroitement lié à la sidérurgie et aux activités situées en aval de l'acier. Il reste même une des dernières puissances financières exclusivement familiales. Une puissance financière parmi les plus discrètes du pays. Car à côté des UGB et des Usines de Braine-le-Comte (aciéries), il y avait aussi la Fabrique de fer de Charleroi, les Glaces de Moustier et les Charbonnages Willem-Sophia aux Pays-Bas.

Outre l'acier et le charbon, il y a aussi la Sofina, un des derniers holdings belges indépendants, qui compte parmi les plus importants et les plus anciens du pays [19]. De tous les holdings cotés à la bourse de Bruxelles, Sofina est sans conteste le plus discret. Société financière plus que holding, la Sofina est un placement très rentable pour les Boël. En 1992, elle a dégagé un bénéfice net de 2 milliards et a rémunéré ses actionnaires à concurrence de plus d'un milliard. Le président-administrateur délégué de la Sofina n'est autre que le fils du comte René Boël, Yves Boël, actuel seigneur du Chenoy. Quant au comte Richard Goblet d'Alviella, le fils de feu le maïeur de Court, Jean Goblet, il en en est l'administrateur délégué. Tout ceci est normal en somme, puisque le groupe Boël, via différentes sociétés dont Henex, a déclaré 18,1 pour cent de la Sofina [20].

La descente aux enfers des UGB

Le pôle financier a pris aujourd'hui une telle importance dans la famille Boël que certains craignent, dans la région du Centre, le repli du Groupe sur ces activités.

19 Autre actionnaire important de la Sofina, la société Solvay, via la Mutuelle Solvay SCS, Washer & Janssen, avec 12,6 % du capital. Il faut savoir que la Sofina détient 1,5 % du capital de Petrofina. Dans son portefeuille, on trouve bien sûr des grands classiques comme Tractebel, mais aussi – plus surprenant – une participation significative dans le groupe Vendôme, propriétaire des marques Cartier, Dunhill, Montblanc. C'est pratiquement la seule société belge cotée qui soit présente dans le secteur du luxe. Enfin, sachez encore que la Sofina vient de prendre une participation de moins de 1 % dans le capital d'une banque d'affaires : Crédit Suisse – First Boston. Elle a déboursé pour cela pas moins d'un milliard de francs ! Sur la Sofina, voir *La Libre Belgique,* Suppl. « La Libre Entreprise », 30 octobre 1993, p. 17 ; et 27 novembre 1993, p. 7.

20 *La Libre Belgique,* 22 février 1994, « Boël, FGTB et direction font le debriefing ».

Toutefois, il n'en serait rien. Selon Pol Boël, son fils Nicolas, né en 1962, et son neveu Harold, né en 1964, sont en train de faire leurs classes aux UGB, afin de reprendre un jour les rênes. Lors d'une importante conférence de presse au terme des septante-quatre jours de grève, Jacques Boël confia : « La question de mon départ n'est pas à l'ordre du jour, mais vous avez devant vous mes successeurs. » [21]

Il est vrai que les UGB sont en pleine descente aux enfers. Jacques Boël, qui préside le conseil, expliquait en novembre 1993 que la perte des UGB s'élevait à 1,1 milliard de francs, contre 228 millions un an plus tôt. Cette situation catastrophique devait se traduire, selon les plans de la direction, par la perte de quinze cents emplois entre 1993 et 1995. Elle est bien loin l'époque où, en 1974, les UGB occupaient encore trois mille quatre cents travailleurs. De même que l'exercice 1989-1990 où l'entreprise annonçait 900 millions de bénéfices. En décembre 1993, le président de la FGTB du Centre, Henri Claus, n'hésitait pas à déclarer dans la presse : « Les Boël sont devenus trop vieux ! Ils doivent foutre le camp ! À l'aube du XXIe siècle, la structure archaïque familiale de l'entreprise, c'est terminé. » [22]

Il épouse la fille de l'héritier de l'homme le plus riche de Belgique

Pol-Clovis et Marthe de Kerchove ont eu quatre enfants : René (1899-1990), Max (1901-1975), Lucien (1903) et Marie-Anne (1909).

Tous furent incontestablement marqués par la personnalité hors du commun de leurs parents.

Leur mère fut condamnée à trois ans de travaux forcés... pour avoir organisé durant la Première Guerre mondiale un service d'entraide aux prisonniers, tandis que leur père fut arrêté pour avoir refusé de livrer à l'occupant les aciéries Boël de La Louvière [23].

On ne s'étonnera pas que, dans ces conditions, leur fils René ne tardât pas à rejoindre en pleine guerre l'armée belge en France. Il y sera incorporé malgré son jeune âge et participera à quelques actions d'éclat. Dèjà l'homme d'action... Mais un chose est sûre, l'expérience des tranchées allait marquer profondément celui qui deviendrait le grand patron de Solvay après la Seconde Guerre mondiale,

Quant aux autres enfants de Pol-Clovis et Marthe, deux d'entre eux épousèrent une petite-fille et un petit-fils d'Ernest Solvay, tandis que le

21 *La Libre Belgique,* Suppl. « La Libre Entreprise », 30 octobre 1993, p. 17.

22 Stéphane BOUDART : « Interview de Robert Claus », *La Nouvelle Gazette,* 4 décembre 1993, p. 11.

23 Sur Marthe de Kerchove, voir *Biographie Nationale, op. cit.*

troisième passa la bague au doigt de la fille de celui qui avait hérité d'un des hommes les plus riches de Belgique. En effet, Max Boël (1901-1975) épousa Anne Guinotte (née en 1906), fille de Léon Guinotte (1870-1950), sénateur, avocat près la cour d'appel et légataire universel de la fortune de Raoul Warocqué (1870-1917). À la mort de Raoul Warocqué en 1917, considéré à l'époque comme un des hommes les plus riches de Belgique (grâce aux charbonnages et aux usines métallurgiques), Léon Guinotte hérita de 34 millions en portefeuille, 5 millions en immeubles et 500 000 francs en meubles. Des sommes énormes pour l'époque [24] !

De la sidérurgie à la chimie

Le plus connu des enfants de Pol-Clovis fut, bien entendu, le comte (depuis 1971) René (1899-1990), celui qu'on appelait *Le Patriarche,* décédé en juin 1990 à l'âge de nonante ans !

« Il avait mis au service du groupe Solvay quarante années d'intelligence brillante, de rayonnement actif, de prestige international et d'humanisme exemplaire », devaient écrire les présidents de Solvay, Jacques Solvay et Daniel Janssen. « Nous lui devons beaucoup. » [25]

Ingénieur civil des mines, René Boël commence sa vie professionnelle dans les affaires de sa famille, en sidérurgie. Il devient administrateur délégué des UGB en 1928, avant de se voir appelé par la société Solvay dès janvier 1930. En 1931, après un passage dans les différents départements, il accède à la gérance de la société. Parallèlement, il est titulaire, de 1927 à 1934, de la chaire de métallurgie du fer à l'ULB. Nommé président de Solvay & Cie en 1964, il amorce le tournant décisif de sa transformation en société anonyme (1967). Et, en 1971, il décide de prendre sa retraite après plus de quarante années de services.

Son esprit d'entreprise et d'ouverture ne s'est pas limité à la conduite des affaires. Très tôt, dès l'immédiat après-guerre, il s'est engagé dans l'œuvre de construction européenne.

Ses accomplissements dans le domaine artistique méritent aussi d'être mentionnés. Président de la Société philharmonique de Bruxelles, il contribua à donner à la capitale une enviable réputation musicale. Président des Amis des musées royaux des Beaux-arts de Belgique, il réussit aussi, contre vents et marées, à faire aboutir le projet du musée d'art moderne.

24 Maurice VAN DEN EYNDE : *La vie quotidienne des grands bourgeois…, op. cit.,* p. 319.

25 « La Lettre des présidents », *Rapport Solvay,* 1990, p. 5.

Pour ses nonante ans, fêtés en octobre 1989, tout le gratin belge, mais aussi tout le petit personnel du Chenoy se retrouvèrent autour du gâteau pour commémorer la vie hors du commun d'un homme véritablement extraordinaire.

Mais ce fut aussi un homme aussi discret que secret. Ce qui explique que son décès, l'année suivante, allait presque passer inaperçu dans les médias. Or avec René Boël, le pays perdait sans doute un de ses plus grands formats. René Boël n'avait rien de commun avec les « condottieres » modernes qui roulent en Ferrari et défrayent la chronique mondaine, voire judiciaire. Rien de commun non plus avec un baron Empain (Édouard-Jean) connu pour son amour du jeu. Tout chez lui respirait la sobriété et la force de travail. Il était un de ces hommes de la trempe d'Ernest Solvay.

Est-ce pour cela qu'en 1922, il épousa Yvonne Solvay ? Yvonne (1899-1930) était la petite-fille d'Ernest Solvay et la sœur d'Ernest-John Solvay. D'aucuns affirment qu'il s'agissait d'un mariage d'amour. Un mariage qui fut célébré, en mars 1922, en l'église protestante de Bruxelles. Là où aurait lieu aussi sa cérémonie funèbre en juillet 1990. Pourtant l'ancien polytechnicien et professeur de l'ULB était devenu plutôt catholique à la fin de sa vie. S'il a voulu retourner une dernière fois à la chapelle royale, c'est sans doute en souvenir de son mariage avec Yvonne Solvay.

En toute hypothèse, le mariage de René Boël avec la petite-fille d'Ernest Solvay a véritablement propulsé et enrichi la famille Boël d'un fameux paquets d'actions Solvay[26]. Et cela d'autant que la sœur de René épousa en 1930 le baron Charles-Emmanuel Janssen (1907-1985), vice-président de la Société Générale de Banque et président du conseil d'administration d'UCB et de Glaverbel (cf. chapitres suivants). Le mariage de deux Boël avec des Solvay vint donc à point nommé pour renforcer le développement de leur puissance industrielle.

26 *Moniteur belge,* 24 juin 1967, Annexes Sociétés commerciales, 1560-1, Solvay et Cie. Transformation en société anonyme, pp. 12473-12497. Le mariage avec Yvonne Solvay apporta pas moins de 133 000 actions de la société en commandite simple Solvay et Cie aux Boël. Ainsi, avec 133 000 actions, l'indivision entre les héritiers de madame Yvonne Solvay (le baron René et ses trois enfants : Pol, Antoinette et Yves) les classait en 1967 au hit-parade des détenteurs de la société Solvay en cinquième position. À ce paquet d'actions, s'ajoutaient encore celles détenues par René Boël (51 540), par Yves Boël (42 000), par l'indivision famille Boël (60 312), par Pol Boël (23 000) et par Antoinette Boël (18 300). Au total, cela faisait 330 000 actions pour la famille Boël, soit un peu plus de 5 % du total. La valeur comptable de ce paquet s'élevait à environ 1,2 milliard de francs de 1967.

Ils n'ont presque pas connu leur mère

Ce premier mariage entre René Boël et la petite-fille d'Ernest Solvay n'allait pas durer. Huit années après l'heureux événement, Yvonne Solvay décédait des suites d'une « longue et pénible maladie ».

Une épreuve terrible pour René Boël qui avait été nommé entre-temps administrateur délégué des UGB et qui, en 1929, avait pris la tête des intérêts internationaux de Solvay suite à la santé défaillante de son beau-père, Armand Solvay.

C'est dans ce contexte professionnel particulièrement éprouvant qu'il allait perdre, la même année, sa femme et son beau-père.

Ce fut aussi une épreuve pour leurs trois enfants : Pol (1923), Antoinette (1925-1984) et Yves (1927). Ceux-ci n'ont finalement presque pas connu leur mère. Pour René Boël, il était donc essentiel de refonder un ménage.

Et c'est ainsi qu'en 1935 il épousa, en secondes noces, la vicomtesse Mathilde de Jonghe (1909). De cette seconde union, devaient naître deux enfants : Michel (1936) et Jacqueline (1939).

Michel épouserait en 1961, en premières noces, Annick du Roy de Blicquy (1939) et en 1976, en secondes noces, Christine Schumann, la fille de l'académicien et sénateur Maurice Schumann (quatre-vingt-trois ans), ex-porte-parole de la France Libre à Londres et ministre (MRP) des Affaires étrangères de 1969 à 1973.

L'année du mariage de sa fille Christine, Maurice Schumann allait devenir vice-président du Sénat français (1977-1983). Issu d'un milieu juif pratiquant, il se convertit au catholicisme et devint un journaliste et écrivain célèbre (grand prix catholique de littérature en 1978). Sa carrière littéraire le conduisit en 1974 jusqu'à l'Académie française (fauteuil de Vladimir d'Ormesson), où il prononcera, en mars 1994, le discours d'accueil de Mgr Decourtray à l'Académie.

Voici donc le fils du patriarche libéral, marié avec la fille d'un célèbre homme politique catholique et, de surcroît, académicien français [27]. Grâce à ce second mariage avec la vicomtesse de Jonghe, le comte René Boël liait sa destinée à une des grosses familles actionnaires des AG qui comptent aussi les t'Serstevens, Lippens, Solvay et de Jonghe d'Ardoye. Autant de familles aux liens matrimoniaux particulièrement denses.

27 *Le Figaro*, vendredi 11 mars 1994. Sur Maurice Schumann, voir YVERT Benoît : *Dictionnaire des ministres (1789-1989)*, p. 839.

Un pragmatique éclairé

Depuis la mort du comte René en 1990, c'est son fils aîné, Pol Boël, qui joue désormais le rôle de patriarche de la famille.

Il est – selon l'expression de Michel Springal qui a étudié les caractères des patrons – un « émotif », « pragmatique éclairé » et un « séducteur à l'avidité bien tempérée ». [28]

Une « séduction bien tempérée » qui lui a permis d'épouser la vicomtesse Nicole Davignon, sœur aînée d'Étienne Davignon, ancien commissaire européen responsable du dossier acier et aujourd'hui président du conseil d'administration de la Société Générale et vice-président des AG. Mais aussi petite-fille d'un ministre belge des Affaires étrangères et arrière-petite-fille de l'un des Constituants de la Belgique de 1830. De cette union, est née notamment Yvonne Boël qui occupe aujourd'hui le poste d'adjointe à la direction des programmes à RTL-TVi.

Pour l'heure, Pol Boël est un homme marqué par la souffrance. Des drames familiaux particulièrement éprouvants sont venus, coup sur coup, assombrir son existence (maladie et décès de proches). À cela, s'ajoutent les difficultés économiques liées à la sidérurgie. Dans des conditions de vie aussi pénibles, le patriarche a décidé de ne plus se représenter aux prochaines élections législatives. Cela sera sans conteste une perte pour le parti libéral car le sénateur Pol Boël y est apprécié par ses pairs. En ces temps politiques troublés, il est un symbole d'intégrité.

ETERNIT ET LES EMSENS

Dans cette vaste fresque, les Boël ont réussi une alliance particulièrement importante, bien que plus discrète. Marie-Claire Boël, fille de son frère Max, a épousé Stanislas Emsens, administrateur d'Eternit et directeur général de Sibelco (Sablonneries de Mol et environs). Encore une fois, une Boël s'allie avec une famille industrielle parmi les plus riches de Belgique, les Emsens étant les principaux actionnaires d'Eternit. Une entreprise géante et pourtant méconnue malgré ses produits célèbres : ardoises, plaques ondulées, tuyaux. Mais aussi un entreprise de premier plan puisque le groupe Eternit emploie dix-sept mille personnes à travers soixante-six usines ! Un groupe qui a réalisé un chiffre d'affaires de 47,2 milliards pour un bénéfice consolidé de 2,5 milliards [29]*.*

28 Michel SPRINGAL : *Caractère de patron. Réussite d'un management à l'européenne. Réflexion pour une carrière,* 1993.

29 *Le Soir,* 27 mai 1994, p. 5. et 1er juillet 1994, Suppl. « Éco-Soir », p. 8. Le groupe Eternit fut fondé par la famille Emsens en 1905. Il est actuellement présidé par

Comme on le voit, la saga Boël, c'est aussi une grande affaire de famille. L'actuel patriarche, Pol Boël, aime d'ailleurs à rappeler que ses arrière-grands-pères ont fondé la sidérurgie à La Louvière (Gustave Boël) et l'industrie chimique de la soude à Charleroi (Ernest Solvay). Un véritable histoire de (grande) famille...

Le Chenoy, un château de cent quarante pièces

Revenons rapidement en arrière. Voilà donc la famille Boël établie à partir de 1883 au Chenoy. Une magnifique ferme-château datant du XIIIe siècle et ayant appartenu aux moines de Villers.

La grande ferme du Chenoy est flanquée d'un château de cent quarante pièces sis au milieu d'un beau cadre boisé entouré, comme il se doit, d'un mur et de grilles. Peint en jaune, il borde de sa façade néo-classique le mur de la ferme.

Ce château est entouré d'un superbe parc de 40 ha que le fils de Gustave, Pol-Clovis, a entretenu avec une science et un art remarquables. Le parc du Chenoy était même si bien entretenu que, suite à sa visite, un inspecteur du cadastre décida de diminuer le revenu cadastral du Chenoy. Décidément, on ne prête qu'aux riches ! Une superbe allée de tilleuls permet d'accéder au Chenoy.

Jusqu'en 1990, le comte René y habitait. Aujourd'hui, son fils Yves s'y est installé.

Yves Boël a épousé, en 1940, Yolande d'Oultremont à San Francisco. Membre d'une famille parmi les plus illustres de la noblesse belge, le père

Jean-Marie Emsens, fils d'André Emsens (1900-1992) et petit-fils du fondateur de la société en 1905. La société vient de débourser 12 milliards pour s'adjuger le contrôle d'Etex, une consœur française. Ensemble, Etex et Eternit pèsent 70 milliards de chiffre d'affaires. Eternit est une société à l'actionnariat familial, chapeautée par une société-mère portant le nom de Fineter. Son capital est détenu par de nombreux descendants et amis du fondateur. Quant au centre de coordination bruxellois du groupe, il est établi dans un superbe manoir de l'avenue de Tervueren. Signalons que la famille Emsens possède des terres en Brabant wallon et notamment à Couture-Saint-Germain. La famille y détient pas moins de 75 ha. Les Emsens ont ainsi dans leur patrimoine les trois quarts du bois de Couture (Lasne). Les lotissements « Fond Agny » et « Cortil Bailly » ont été réalisés au départ des possessions Emsens. Dans le clan Emsens, on retrouve François Nieuwenhuys, arrière-petit-fils d'Ernest Solvay. Il épousa la sœur de Stanislas : Jacqueline Emsens. Les Emsens sont également apparentés aux Limauge qui se partagent 52 ha autour du château d'Aywiers à Couture (Lasne).

de la mariée, Gaston d'Oultremont, était bourgmestre de Nouvelles, une commune aujourd'hui fusionnée avec Mons [30].

Président du conseil d'administration de Solvay, Yves Boël y a succédé en juin 1991 à Jacques Solvay. Pour la petite histoire, il ne détient pas moins de dix-sept mandats dans les grands conseils d'administration du pays. Le frère de sa belle-sœur, Étienne Davignon, en détient vingt-deux et son cousin, le numéro un de l'exécutif de Solvay, Daniel Janssen, en recense dix-sept [31]. Voilà de quoi alimenter les réunions de famille.

Quant à son cousin Jacques Boël, qui a fait la Une de l'actualité avec la grève aux UGB, il partage son logis entre le château de La Louvière et le domaine de Beauregard à Court-Saint-Étienne. Un domaine à la lisière de la propriété du Chenoy, entouré d'un parc de 8 ha. Celui-ci était occupé jusqu'en 1975 par son père Max (1901-1975) qui était le « super-régisseur » du Chenoy. Activité pour laquelle il était particulièrement qualifié puisqu'il était ingénieur agronome et forestier, président de la Société royale forestière de Belgique et vice-président du Conseil supérieur des forêts.

Le Patriarche, René Boël, a bien résumé la situation dans une interview en 1987 :

« Gustave Boël, mon grand-père, fut le premier [de la famille] qui soit venu au Chenoy, en 1882. Quand il s'est retiré, laissant ses affaires à ses fils, il a cherché une propriété et il a acheté celle qui appartenait à la famille Mosselman du Chenoy. Eux étaient ici depuis 1804. Mon grand-père a presque reconstitué leur domaine par achats successifs pour rétablir un bien s'étendant sur les communes de Court-Saint-Étienne, Beaurieux, Mont-Saint-Guibert, Hévillers vers Gentinnes, Mellery, les trois quarts autour de Villers-la-Ville, le Bois d'Hez et puis les fermes de Geronvillers et de Gentissart. Quand mon grand-père s'est installé ici, il a été convenu avec la famille Goblet, qui était déjà à Court, que le côté politique mon grand-père ne s'en occupait pas. C'est comme cela que Félix Goblet fut conseiller communal à Court, puis conseiller provincial et puis Jean bourgmestre. C'est eux qui font la politique. Ce fut une répartition entre nous. » [32]

30 Gaston d'Oultremont est le beau-frère d'un des plus importants propriétaires fonciers de Belgique, le châtelain-bourgmestre de Freux, le baron Jacques de Fierlant Dormer. Oncle (par alliance) d'Yves Boël. Voilà pour les liens avec la famille de Fierlant Dormer.

31 *Le Soir,* 19 mars 1993, Suppl. « Éco-Soir », p. 4.

32 DUBOISDENGHIEN Michel : « Interview du comte René Boël en 1987 », in *Dans les rues du village, Histoire de Court – Histoire tout court,* Quorum, 1992.

Une certaine féodalité a perduré à Court-Saint-Étienne

Avec la famille Boël, nous sommes au sein même d'une véritable puissance foncière, financière et industrielle. Une puissance si discrète qu'elle érige toujours la composition de son actionnariat en secret d'État. Mais aussi une puissance renforcée au fil du temps par de judicieuses alliances matrimoniales. Chez les Boël, la discrétion a toujours été de rigueur. À tel point que les Stéphanois seraient bien incapables de reconnaître dans les rues du village un membre de l'illustre famille. Mais à la discrétion légendaire de la famille s'ajoute leur austérité. « Une austérité qui confine à l'avarice », écrivait *Le Soir* en mars 1991 [33]. Henri Claus va encore plus loin quand il déclare : « Il régnait et règne toujours [aux UGB] un état d'esprit "grippe-sou" de la part d'une direction qui veut le profit immédiat et qui a toujours gagné très facilement de l'argent. De l'argent à la pelle... » [34]

Pour ne prendre que cet exemple, l'intérieur de la belle demeure qui abrite le siège officiel le long du parc et de la rue Ducale, en face de l'immeuble de la Générale, semble ne pas avoir été retouché depuis l'époque glorieuse de Gustave Boël. Pas plus que le parquet qui a oublié le goût de la cire et que les tapis usés jusqu'à la corde. On imagine qu'au Chenoy, les choses ne doivent pas être vraiment différentes. Un intérieur à leur image de patrons de fer. Le petit personnel du Chenoy en sait quelque chose. Ne dit-on pas dans la région que les fermiers de Boël n'oseraient pas voter pour un autre parti que le PRL ?

Et l'on peut affirmer, sans trop se tromper, qu'une certaine féodalité a perduré aux abords de l'abbaye de Villers. Le maître des lieux est peut-être encore plus dur que les soixante-six abbés successifs qui veillèrent, six cent quarante-huit années durant, à la destinée du Chenoy !

33 *Le Soir*, 22 mars 1991, Suppl. « Éco-Soir », p. 1.

34 Stéphane BOUDART : « Interview de Robert Claus », *La Nouvelle Gazette*, 4 décembre 1993, p. 11.

CHAPITRE TROISIÈME

Quand un Goblet épouse une Boël

Le 7 septembre 1925, un homme de quatre-vingt ans traverse l'avenue Louise à Bruxelles. Une voiture survient, l'homme est fauché et décède. Ainsi prend fin la vie d'un des plus hauts dignitaires de la franc-maçonnerie belge, le comte Eugène Goblet d'Alviella (1846-1925) [1].

Le corps de celui qui fut recteur de l'ULB et ministre d'État fut transporté au nouveau cimetière de Court-Saint-Étienne où il avait fait ériger un monument funéraire parmi les plus originaux d'Europe, le fameux « temple hindou », haut de 12 mètres, qui trône à proximité des terres qu'y possédait le châtelain de Court-Saint-Étienne [2].

Le vendredi 28 décembre 1990, soixante-cinq années plus tard, le petit-fils du Sérénissime Grand-Maître du Grand-Orient de Belgique succombait à son tour suite à une puissante crise d'asthme, et rejoignait son grand-père dans le « temple hindou ».

Entre ces deux hommes, un dénominateur commun, le comte Félix, fils du premier et père du second, qui fit entrer une Boël dans la famille Goblet. Et la doter par la même occasion d'une fortune industrielle et... foncière. Mais n'anticipons pas.

Anoblis par la reine du Portugal

Originaire du Tournaisis, la famille Goblet d'Alviella a reçu le titre comtal d'Alviella le 2 avril 1838 de la reine du Portugal, avant de s'installer à Court-Saint-Étienne en 1840.

1 VANLANGENHOVE Fernand : « Notice sur le comte Eugène Goblet d'Alviella (1846-1925) », Académie royale de Belgique, *Annuaire 1978*, t. CXLIV, Bruxelles, 1978, pp. 31-40. Voir *Le Soir*, 10 septembre 1925.

2 DUBOISDENGHIEN Michel : *Dans les rues du village. Histoire de Court tout court*, Quorum, 1992, pp. 104-107.

D'emblée, elle y réussit dès 1844 un beau mariage avec Coralie d'Auxy (1815-1885), la fille unique du seigneur du lieu. Son père, le comte Charles-Eugène d'Auxy de Neufville (1783-1856) était devenu, par son mariage en 1804 avec la fille du bourgmestre de Louvain, le baron Ferdinand Charles de Beeckman, le véritable seigneur de Court-Saint-Étienne [3]. Chambellan du roi des Pays-Bas, Charles-Eugène d'Auxy laissa, à son décès en 1856, une fille unique : Coralie d'Auxy [4] dotée d'un patrimoine foncier de 246 ha [5].

L'arrière-grand-père de feu le bourgmestre Jean Goblet, qu'épousa cette jeune fille en 1844, était le comte Louis-François Goblet d'Alviella (1823-1867), membre de la Chambre des représentants et fils du célèbre général Albert-Joseph Goblet qui fut également ministre de la Guerre et des Affaires étrangères. Un général dont la vie mériterait un roman [6].

Grâce à ce judicieux mariage, voilà les Goblet dorénavant grands propriétaires fonciers au village à partir de 1856. Car, auparavant, le comte Louis Goblet ne possédait à Court que 6 ha [7] ! Désormais, le couple habitera au château de Court-Saint-Étienne. Un château de style néo-classique (fin XVIIIe) sis au milieu d'un splendide parc de 35 ha avec étangs et arbres centenaires [8].

Pour la partie qui entoure le château, le parc a été créé et dessiné par le général Goblet vers 1850. L'Orne et la Thyle s'y rejoignent, conférant à l'ensemble un charme bucolique. Les plus vieux arbres du château dateraient de la fin du XVIIIe siècle ou du commencement du XIXe siècle. Parmi eux, signalons deux platanes d'Orient (3,5 mètres de circonférence), un peuplier du Canada (4,35 mètres de circonférence), un érable de

3 Ferdinand Charles de Beeckman fut bourgmestre de Louvain en 1786.

4 Sur la Maison d'Auxy, voir Isidore DE STEIN D'ALTENSTEIN : *Annuaire de la noblesse de Belgique,* Bruxelles, 1848, pp. 94 et ss.

5 Court-Saint-Étienne (CDB, VM, n° 139) : 242 ha en 1846, 246 ha en 1852, succession en 1856.

6 Albert-Joseph Goblet était le fils du sous-préfet de Tournai sous l'Empire. Il fut membre de la Grande Armée, se distinguant au Portugal et en Espagne, puis – mais dans l'autre camp – à Waterloo. Il servit dans le Génie hollandais, participa à la Révolution de 1830, devint général, joua un rôle de première importance en qualité de représentant personnel de Léopold Ier. Enfin, il fut ministre des Affaires étrangères et de la Guerre.

7 Court-Saint-Étienne : 6 ha en 1867 (CDB, VM, n° 1056).

8 GILLARDIN Cam : « Excursion forestière dans le domaine de Court-Saint-Étienne », BSCF, 1920, pp. 183-190. Sur le château, voir aussi Brigitte CHANTEUX : « Notice 13 », *Le Folklore brabançon,* 241-242, juin 1984, pp. 490-495. Signalons que le château brûla en 1947. *Le Soir,* 27 juin 1947.

Virginie et un chêne rouge d'Amérique[9]. Feu le maïeur de Court nous confiait quelques jours avant sa mort en décembre 1990 son amour des arbres : « J'ai deux tilleuls vieux de trois cents ans dans ma propriété. » Une propriété transmise héréditairement durant plus de deux siècles et qui a appartenu successivement, depuis la fin du XVIIe siècle, aux Varick, Vander Ee, Beeckman, d'Auxy et Goblet d'Alviella.

Le comte Louis, père d'Eugène, porta rapidement le domaine à 300 ha sur Court-Saint-Étienne[10], auquel s'ajoutèrent encore 300 ha répartis dans les environs du village. Soit un total de 633 ha.

En 1938, la propriété faisait 425 ha[11]. En décembre 1990, Jean Goblet nous avait confié qu'il était à la tête d'un patrimoine de 450 ha, dont 345 ha sur Court-Saint-Étienne[12]. Ce patrimoine comprenait trois fermes et un tiers était couvert de bois. Un patrimoine qu'il gérait tant bien que mal, le dernier régisseur les ayant quittés vers 1960. Nous entendons encore feu le maïeur de Court nous dire qu'« être propriétaire foncier ce n'est vraiment pas de tout repos ! Et qu'il faut avoir les reins solides. Vous voulez un exemple ? Je viens de dépenser 700 000 francs pour refaire le toit d'une grange ! »

Eva Boël réussit à soustraire sa part d'héritage du Chenoy

Leur fortune industrielle, les Goblet la doivent à Félix. Le père de feu le maïeur avait épousé Eva Boël (1883-1956), fille du fondateur des UGB. Le bourgmestre de Court aimait d'ailleurs dire qu'il était le petit-fils de Gustave Boël.

Félix était conseiller communal au village, avocat près la cour d'appel, mais aussi et surtout président de la Société centrale forestière[13]. Il aimait passionnément les forêts et présidait d'ailleurs le Conseil supérieur des Forêts. Il était aussi l'auteur d'une *Histoire des bois et forêts de Belgique (1927-1930)* en quatre volumes. Une passion pour les forêts qui explique peut-

9 GILLARDIN Cam : *ibidem*.

10 ROSSEELS Eg. : « Une visite au domaine de Court-Saint-Étienne », BSCF, septembre 1933, pp. 369-379. Dans cet article, l'auteur parle d'une propriété de 375 ha dont 150 ha boisés et 35 ha de parc. Selon le CDB, VM, n° 139, le domaine du comte Louis Goblet sur Court-Saint-Étienne faisait, en 1852, 246 ha et, en 1872, 296 ha.

11 Court-Saint-Étienne (CDB, NM, n° 2782) : 350 ha en 1929, 411 ha en 1946, 412 ha en 1960.

12 Court-Saint-Étienne (CDB, NM, n° 4953) : 343 ha en 1973.

13 VAN ZUYLEN J : « In Memoriam comte Félix Goblet d'Alviella », BSCF, avril 1957, pp. 210-211.

être que ce dernier s'était mis en tête de gérer le domaine de ses beaux-parents, le Chenoy. Mais les Boël ne l'entendirent pas ainsi.

Et c'est comme cela que l'épouse de Félix, Eva Boël, réussit en 1935 à soustraire du Chenoy sa part d'héritage. Une part de plusieurs centaines d'hectares, représentée par des terres à Tilly [14], Marbais [15], Gentinnes [16] et Villers-la-Ville [17]. Au total, 267 ha pour ces quatre dernières communes, selon le cadastre.

Depuis, les Boël ont bien retenu la leçon. Par la suite, les filles n'héritèrent plus jamais des terres du domaine du Chenoy. Elles recevaient des biens ailleurs mais plus au Chenoy. Il faut, par exemple, savoir que les Boël sont propriétaires de plusieurs dizaines d'hectares à Falaën le long de la Molignée, sans parler des terres de La Louvière... leur fief du Chenoy étant le fleuron de leurs immenses propriétés. Ainsi la petite-fille de Gustave Boël, la baronne Janssen, née Marie-Anne Boël, n'a-t-elle rien reçu du Chenoy lors de son mariage avec Charles-Emmanuel Janssen, père des actuels barons Daniel et Paul-Emmanuel.

Mais revenons à Félix Goblet. À sa mort en 1957, ses trois enfants, Françoise (1907-1971), Claudine (1909-1959) et Jean (1921-1990) se partagèrent ses biens.

Jean, l'ancien maïeur de Court, se tailla le gros morceau dans la propriété paternelle.

Sa sœur, la comtesse Françoise, épousa Yvan Feyerick, président de la Fédération royale des clubs de golf et du «troisième parcours d'Europe», le Royal Zoute Golf club, ainsi que membre du comité de la Compagnie immobilière du Zoute.

La mère d'Yvan était la sœur de Marthe Boël, née de Kerchove, et sa grand-mère était une Lippens. Issus d'une famille d'industriels de Flandre orientale (textile), les Feyerick recherchèrent naturellement une union avec l'autre grande famille industrielle du coin, les Kerchove de Denterghem.

La famille Feyerick détenait, en 1973, une septantaine d'hectares à Court (château de la ferme rouge, bois de Franquegnies, ferme Blanche, Beaurieux...) [18]. À Gentinnes, ils avaient encore, en 1968, environ 93 ha autour de la splendide ferme carrée de Géronvillers [19]. Mais Yvan Feyerick

14 Tilly (CDB, NM, n° 1582) : 35 ha en 1937 (Lande de Cochet).

15 Marbais (CDB, NM, n° 2993) : 100 ha en 1936 (Ferme de Gentissart).

16 Gentinnes (CDB, NM, n° 1211) : 91 ha en 1937 (Ferme de Geronvillers).

17 Villers-la-Ville (CDB, NM, n° 957) : 41 ha en 1936.

18 Court-Saint-Étienne (CDB, NM, n° 4954) : 73 ha en 1962 ; succession au profit de Meeûs d'Argenteuil-Feyerick Louis Stanislas André en 1972 ; soit un total, en 1973, de 73 ha.

19 Gentinnes (CDB, NM, n° 1211) : 93 ha en 1962.

ne résidait pas en Brabant wallon, il préférait habiter son hôtel de l'avenue Molière à Bruxelles. En 1972, ses biens passèrent à sa fille, Jacqueline, laquelle épousa Louis de Meeûs d'Argenteuil qui s'occupe de la ferme de Géronvillers. Cette ferme en carré, ancienne ferme de l'abbaye de Villers, est entourée de plus de 200 ha de terres.

Quant à Claudine Goblet, elle épousa Eugène Kreglinger (1889-1933). Celui-ci appartenait à une célèbre famille anversoise dont les origines remontent à la maison de commerce et de banque fondée à Anvers, en 1797, par la famille Kreglinger. La banque G & C Kreglinger est à l'origine de la banque Indosuez en Belgique, qui occupait, en 1990, la dix-neuvième place au hit-parade belge. Ayant fait fortune dans le commerce de la laine, la famille Kreglinger avait des terres jusqu'en Patagonie. À Wilrijk, elle possédait le Kasteel den Brandt, un château considéré aujourd'hui comme un repère clé dans l'histoire de la bourgeoisie d'Anvers[20].

En secondes noces, Claudine Goblet épousa Théodore Grutering. Ce dernier avait la particularité d'être veuf, en premières noces, de Marie-Louise Kreglinger. On n'a rien inventé de mieux pour ne pas disperser le patrimoine !

Au total, Claudine Goblet se sépara d'une septantaine d'hectares qu'elle avait reçus de son père. Ainsi naquit le lotissement du Bois Cochet, à Villers-la-Ville[21].

Quant à Jean Goblet, il était le père de trois fils et d'une fille.

Sa fille Christine a épousé François Tesch dont le père fut président de l'Arbed et administrateur de Sidmar. La sidérurgie, toujours la sidérurgie.

Son fils Richard épousa quant à lui Véronique d'Oultremont, la cousine de Yolande qui épousa Yves Boël. Richard Goblet était, en 1990, administrateur délégué de la Sofina.

Toutes ces personnes et bien d'autres se retrouvaient à la chasse avec Jean Goblet. Il faut dire que ce dernier fut une très grande carabine. Un grand chasseur sachant inculquer le respect des armes et du gibier. Ce n'était pas pour rien qu'il fut le représentant belge et le vice-président européen du Conseil international de la chasse, de la conservation de la faune sauvage et de la protection du gibier.

Signalons encore que le cadet des quatre enfants du comte Jean fut consul général de Belgique à Osaka. On dit qu'il pourrait assurer d'ici quelques années la relève politique sur le plan local.

20 *La Libre Belgique,* 5 mars 1993, « Anvers : coup de jeunes pour Kasteel den Brandt ».

21 Villers-la-Ville (CDB, NM, n° 957) : partage et vente à Gerday-Piens Bernard, administrateur de biens, en 1961 ; 26 ha en 1962.

Il était un père pour tous les Stéphanois

La famille Goblet est une véritable puissance foncière. « Nous n'avons jamais voulu être des fermiers, nous expliquait Jean Goblet en 1990. Mais cela ne m'a pas empêché d'acheter récemment une troisième ferme. »

Une puissance foncière, mais aussi une puissance politique, Jean Goblet étant membre du bureau national du PRL. Une puissance un peu patriarcale même. Nous en voulons pour preuve qu'au lendemain de la mort du bourgmestre Jean Goblet, on raconte que le CPAS de Court vit soudain affluer une kyrielle de villageois jusque-là inconnus des services sociaux. Des gens qui, du vivant du bourgmestre, profitaient de la générosité du comte Jean, moyennant quelques petits services fournis en bois, volailles, poulets et autres petites gâteries locales. Soit autant d'électeurs dévoués qui vivaient des libéralités du seigneur du coin. Car il était de notoriété publique que le comte Jean, grâce à sa cassette personnelle, doublait souvent en toute discrétion le CPAS pour soulager les cas difficiles. Le paternalisme dans toute sa splendeur. Ce n'est pas pour rien que ses fils dirent le jour de l'enterrement que « le comte était un père pour tous »[22].

La fin d'une époque

Le comte Jean n'aura finalement survécu que quelques mois à la mort de René Boël, son cousin germain. Leur décès a sonné la fin d'une époque à Court-Saint-Étienne. Une époque dont un des derniers avatars aura été la présence, lors des élections communales de 1994, de la veuve de l'ancien bourgmestre, la comtesse Goblet, à la dernière place de la liste Court 2000, liste panachée regroupant des candidats PSC, quelques libéraux et un socialiste. Le 9 octobre, elle fut élue conseillère communale.

22 *La Nouvelle Gazette,* 4 janvier 1991.

(Généalogie simplifiée)

LES GÉNÉRATIONS SOLVAY

ERNEST SOLVAY (1838 † 1922)
ép. Adèle Winderickx (1845 † 1928)

- Jeanne (1864 † 1947) ép. Ed. van Parys †
- Armand (1865 † 1930) ép. F. Hunter (1870 †)
- Hélène (1866 † 1938) ép. Br F. van der Straeten (1856 † 1932)
- Edmond (1870 † 1940) ép. A. Hunter (1868 † 1955)

- Paule (1885 † 1913) ép. Br Em. Janssen (1879 † 1955) ép. A. Janssen †
- Cte Ernest-John de la Hulpe (1895 † 1972) ép. M. Graux (1901 † 1955)
- Yvonne (1896 † 1930) ép. Cte R. Boël (1899 † 1990) ép. Vtesse Math. de Jonghe
- Lucille (1898 † 1981) ép. Br R. Hankar (1892 † 1963)

JANSSEN

- Br Ch. Emmanuel (1907 † 1985) ép. M.-A. Boël (Née en 1909)
- Roger (1908 † 1975) ép. Suz. Schaetsaert
- André (1911 † 1971) ép. A. van Derton

SOLVAY

- Jacques (Né en 1920) ép. M.-Cl. Boulin
- Christine (Née en 1922)
- Anne (Née en 1928) ép. E. de Selliers de Moranville (1911 † 1964)

BOËL

- Pol (Né en 1923) ép. Vtesse N. Davignon
- Antoinette (1925 † 1982)
- Yves (Né en 1927) ép. Ctesse Y. d'Oultremont
- Michel (Né en 1936) ép. Ch. Schumann
- Jacqueline ép. M. Green

HANKAR

- Nadine (Née en 1921) 1° ép. Ph. de Selliers de Moranville (1915 † 1958) 2° Cte I. du Monceau de Bergendal (1915 † 1983)
- Nicole (1923 † 1994) 1° ép. T. van der Straeten Waillet (1908 † 1960) 2° ép. Ph. Poswick (Né en 1927)
- Josane (1928 † 1953) ép. J. de Castella de Delley (1920 † 1953)

(Enfants de Br Ch. Emmanuel Janssen)

- Paul-Emmanuel (Né en 1931) ép. C. Loferen
- Éric (Né en 1933) ép. Ctesse M. de la Boëssière-Thiennes (1944 † 1993)
- Daniel (Né en 1936) ép. Th. Bracht

CHAPITRE QUATRIÈME

De La Hulpe à Lillois sans quitter les terres des Solvay

Ernest Solvay doit aujourd'hui se retourner dans sa tombe, lui qui était un adversaire de la transmission héréditaire des richesses. On serait curieux d'avoir sa réaction suite à la saga judiciaire menée par ses arrière-petites-filles pour récupérer le château de La Hulpe. Un château que son petit-fils avait cédé à l'État, perpétuant ainsi une certaine tradition. On se demande ce qu'en penserait aujourd'hui Ernest Solvay dont la générosité éclairée s'est manifestée dans de multiples directions. Un grand citoyen qui appliqua toute sa vie la devise de son père : « Quel fardeau qu'une grande fortune, quand on fait son affaire unique d'en jouir ! »

Ce grand citoyen est né en Brabant wallon à Rebecq où il a vu le jour dans un milieu intellectuel bien au-dessus de celui de la bourgeoisie campagnarde de l'époque.

Son grand-père Alexis (1754-1812) était instituteur au village. Son père Alexandre, né en 1799, était exploitant d'une raffinerie de sel, négociant en denrées coloniales, maître de carrière, conseiller communal et vice-président de la chambre de commerce de Nivelles. Sa mère, Adèle Hulin, originaire de Rebecq, était une femme très intelligente, fille de notaire. Voilà qui atténue quelque peu les origines modestes dont certains biographes ont cru bon de parer la famille Solvay.

Il s'agit d'une famille de gens instruits, travailleurs et solidaires. Une famille bien implantée dans l'ouest du Brabant wallon, puisque, à Rebecq-Rognon, les huit représentants directs de la famille figuraient, en 1868, parmi les électeurs généraux domiciliés dans cette commune. Ils appartenaient tous à l'opinion libérale, du rentier à l'industriel, en passant par le brasseur, formant à eux seuls un groupe équivalent à quatorze pour cent des électeurs libéraux de cette commune [1]. Bref, une famille qui

1 TORDOIR Joseph : *Le parti libéral..., op. cit.,* p. 287.

comptait et qui allait bientôt faire du Brabant wallon sa terre de villégiature.

Traverser la Wallonie sans sortir des possessions Solvay

Saviez-vous qu'Ernest Solvay et son frère Alfred virent la misère de près ? Ernest commença sa vie professionnelle dans l'usine à gaz de Saint-Josse, appartenant à son oncle Florimond Semet. Cet oncle était, pour la petite histoire, franc-maçon [2] et ses richissimes descendants [3] ont cédé, il y a quelques années, à la commune d'Ixelles le magnifique parc de leur propriété du haut de la chaussée de Vleurgat [4].

C'est donc chez son oncle Semet qu'Ernest Solvay mettra au point son invention, à vingt-deux ans. Une découverte qui était relativement peu de chose, mais qui fut l'amorce de recherches par lesquelles il réussit à constituer les fondements d'une nouvelle industrie.

Les débuts furent laborieux car, avant d'être les princes multi-millionnaires de l'industrie de la soude, les deux frères, âgés de vingt-sept et vingt-cinq ans, manquèrent de peu de mordre la poussière. Pire même, en essayant de mettre le procédé au point, ils faillirent y laisser leur peau. On les retrouva asphyxiés, inanimés à même le sol de leur usine. Cinq minutes de retard dans les secours et l'inventeur de la soude tombait avec son frère sur le champ d'honneur avant la victoire.

Une victoire qui traîna quelque peu car Solvay manquait d'argent. Sans un dernier versement de la famille et d'amis en 1865, c'en était fait de l'illustre dynastie de capitalistes belges aujourd'hui à la tête d'une entreprise de quarante mille personnes !

2 Il fut initié en 1849 aux « Vrai Amis de l'Union et du Progrès ».

3 Les Semet étaient, en 1967, parmi les plus gros actionnaires de la société en commandite simple Solvay. Jean-Louis Semet, résidant chaussée de Vleurgat 217 à Ixelles, détenait 85 651 actions Solvay, ce qui le plaçait parmi les quinze plus gros actionnaires de la société. À ce paquet d'actions, s'ajoutaient près de 61 000 actions qu'il détenait en usufruit avec droit de vote. Soit, au total, 146 651 actions. Un paquet qui en faisait le sixième actionnaire de la société en commandite simple. Voir *Moniteur belge,* 24 juin 1967, Annexes, *op. cit.,* p. 12491.

4 BOULANGER Jacques : *Parc et jardins, op. cit.,* pp. 205-206. En 1883, les grands-parents de Jean-Louis Semet-Solvay achètent aux alentours de la chaussée de Vleurgat un hectare pour y construire une nouvelle habitation. Celle-ci sert actuellement de demeure à l'ambassade d'Inde. Fin des années 80, Jean-Louis Semet complète la propriété par une acquisition de 6 000 mètres carrés avec accès à la chaussée de Vleurgat. Ce jardin deviendra un musée de la plante rare. Un musée racheté (avec deux hectares) par la Région bruxelloise en 1983. Le jardin est désormais public et s'appelle le Parc Tenbosch.

En cent trente ans, les Solvay sont parvenus à bâtir une fortune considérable qu'ils ont investie dans l'industrie bien sûr, mais aussi dans la terre. À tel point qu'au milieu de ce siècle, la légende disait que l'on pouvait aller de Bruxelles à Bouillon sans jamais sortir des possessions de l'illustre famille. La réalité serait plutôt qu'on pouvait aller de La Hulpe à Lillois (Genappe) sans sortir de leurs terres. Ce qui est déjà, avouons-le, impressionnant.

De fait, les Solvay acquirent des centaines d'hectares de terres en Belgique. Aujourd'hui encore, ils possèdent, autour de Bouillon, « Les Amerois », un vaste domaine composé de plus de 1000 ha et de nombreuses fermes.

Quand on parle de Solvay, tout le monde pense automatiquement à Ernest Solvay et à ses descendants, parmi lesquels son petit-fils Ernest-John qui perpétua la tradition de grand mécène, en cédant son château de La Hulpe à l'État. Mais Solvay, c'est aussi Alfred, son frère aîné, et ses trois sœurs [5].

Ce qui fait aujourd'hui un fameux éventail de descendants que l'on retrouve parmi les actionnaires de la société et que l'arrière-arrière-petit-fils d'Ernest Solvay, le baron Daniel Janssen, estime à quatre mille personnes [6]. Aujourd'hui, on ne peut parler de Solvay, sans tenir compte des deux grandes branches de la famille, celle d'Ernest bien sûr (dont les Hankar et van der Straeten), mais aussi celle d'Alfred (dont les Wangen, les Tournay et les Ganshof). Deux branches qui ont jeté leur dévolu sur les riches et belles terres du Brabant wallon [7].

5 Aurélie Solvay (1836-1883), épouse du médecin Léopold Querton (1831-1906) ; Alphonsine Solvay (1841-1936), épouse du notaire Alphonse Delwart (1832-1925) et Élise Solvay (1851-1948), épouse de l'industriel Louis Semet (1844-1920).

6 Des actionnaires aujourd'hui regroupés au sein de Solvac (pilier du contrôle familial au sein du groupe Solvay) qui détient environ 30 % de Solvay. Une exception dans l'univers de la chimie où les grands groupes ne sont plus dirigés par les familles. Il faut savoir qu'à ses débuts, Ernest Solvay n'était pas seul titulaire des parts. En 1863, il était même à l'origine d'une société en commandite : un actionnaire minoritaire regroupait avec son frère seulement 25 % des parts ; le solde reposait entre les mains d'autres commanditaires : Valentin Lambert, Eudore Pirmez (ancien ministre de l'Intérieur et directeur de la Banque Nationale), Guillaume Nélis et Guillaume Sabatier. Ils détenaient ensemble 75 % des titres. Ce qui fait encore aujourd'hui la fortune de leurs descendants, même si la parité a manifestement changé. Cf. Anne VINCENT : *Les groupes d'entreprises en Belgique. Le domaine des principaux groupes privés,* Crisp, 1990.

7 À savoir du côté d'Ernest : les familles Hankar (de Selliers, du Monceau de Bergendal, Poswick), van der Straeten (Nieuwenhuys, Gendebien, Washer). Et du côté d'Alfred : les familles de Wangen de Geroldseck aux Vosges (Aubertin) et Ganshof van der Meersch.

L'équivalent de 12 000 terrains de football en Brabant wallon

Si l'on prend comme référence l'année 1962, on est sidéré par les possessions foncières de la famille en Brabant wallon. En y incluant le patrimoine foncier des Janssen et des Boël (la famille élargie), on arrive à un total qui tourne autour des 6000 ha. Si l'on retire les Boël et les Janssen (famille restreinte), il reste 2600 ha ! Les biens de la famille élargie en Brabant wallon forment un triangle dont la pointe serait La Hulpe et dont la base irait de Nivelles à Cortil-Noirmont (Chastre). Dans quasiment tous les villages compris dans ce triangle, soit une trentaine, la famille possède des biens fonciers.

C'est surtout dans le centre du Brabant wallon que les avoirs fonciers se situent. Avec des très fortes concentrations sur La Hulpe (643 ha), Ohain (494 ha), Vieux-Genappe (490 ha), Maransart (462 ha), Lillois (243 ha). À cela s'ajoutent les terres des Boël à Court-Saint-Étienne (918 ha), Baisy-Thy (435 ha), Tilly (220 ha), Hévillers (286 ha).

À l'ouest de Nivelles, la famille ne possède pratiquement rien, pas plus qu'à l'est d'Ottignies. Si ce n'est à une exception près, puisque le petit-fils d'Ernest Solvay, Robert Hankar, dispose de 376 ha sur les communes de Thorembais-Saint-Trond et de Perwez.

Voilà pour une vision globale des possessions de la famille. Une vision qui n'inclut pas les biens des petits-fils d'Ernest Solvay représentés par les branches Gendebien [8], Nieuwenhuys [9] et Descamps [10]. Elle n'inclut pas plus les terres possédées par la famille Brunard, pourtant apparentée aux Solvay, la cousine d'Ernest ayant épousé le bourgmestre de Maransart Henri Brunard (1823-1895). Cette famille posséda jusqu'à 1000 ha en Brabant wallon, répartis des Quatre-bras de Baisy-Thy jusqu'au Point du jour à Bousval, en passant par le château de Bois-Saint-Jean (Baisy-Thy) et le château et les bois de Thy.

8 Le baron R. Gendebien (1885-1954) et ses descendants alliés aux familles 't Kint de Roodenbeke, de la Barre d'Erquelinnes et de Lovinfosse. Signalons que le baron Alexandre Gendebien devint commissaire de Solvay en 1967, lors de sa transformation en société anonyme. Il y avait une double raison à cela : il était en effet l'arrière-petit-fils d'Ernest Solvay, mais aussi l'époux d'une héritière de la deuxième famille de gros actionnaires de la SA Solvay, à savoir la famille Pirmez. Soit Ghislaine Pirmez, née en 1923, qui vient de décéder à Grand-Leez en date du 26 juin 1994.

9 John Nieuwenhuys et les familles apparentées : Servagnat, Henry de Frahan, d'Hanins de Moerkerke, Rolin, Emsens et de Blommaert de Soye.

10 Le baron P. Descamps.

L'exemple de la famille Brunard est significatif de l'évolution d'une famille de grands propriétaires fonciers.

Il s'agissait d'une famille libérale extrêmement soudée. La presse catholique de l'époque parlait de la « tribu des Brunard » ou de la « camarilla Brunard » ou encore de la « famille des pontifes ». Joseph Tordoir a montré, dans son étude sur le parti libéral, la cohésion politique et philosophique de ce groupe familial qui compta au XIXe siècle jusqu'à deux sénateurs : Édouard (1843-1914), sénateur de Bruxelles et grand propriétaire à Baisy-Thy (229 ha en 1914), et son frère Dominique (1844-1897), sénateur de Nivelles (1892-1994).

Une « gens » au sein de laquelle on relevait un nombre important de francs-maçons. C'était, explique Tordoir, « la famille libérale par référence au siècle dernier. L'association libérale du canton de Perwez était la seule où la "gens Brunard" ne possédait aucun relais influent. »

La famille Brunard est apparentée aux Peltzer, Solvay, Boucquéau, Voss, Vinckenbosch, Elens. Une famille qui avait des immeubles aux alentours de la place Royale à Bruxelles.

Il y eut deux grandes branches chez Brunard, celle de Baisy-Thy et celle de Maransart.

La branche de Maransart était très populaire dans la région. Hubert Brunard (1780-1854) en fut d'ailleurs le bourgmestre. On disait qu'ils avaient fait de Maransart une commune des plus modernes, aux routes pavées, où ils recevaient des notabilités en grand nombre. Ils furent les premiers dans la région à posséder une automobile.

Aujourd'hui, le patrimoine des Brunard (branche de Baisy-Thy) a subi la loi du morcellement. Des 1000 ha répartis sur les communes de Baisy-Thy, Genappe et Bousval, il ne reste plus grand-chose. Il y a deux ans encore, la route provinciale Bousval-Genappe séparait deux domaines Brunard : celui de madame Willy François Brunard au nord (156 ha en 1963, sur Baisy-Thy) et celui de sa sœur aînée, madame Sohier-Brunard au sud (113 ha en 1968, sur Baisy-Thy).

Le château de Thy qui fut la propriété de l'avocat à la cour d'appel, Charles Brunard (1865-1940), passa à sa fille Sohier-Brunard et fut finalement revendu à son décès en 1992 à un banquier. Ceci dit, Anne Brunard (petite-fille de Charles) possède toujours 130 ha de bois auxquels s'ajoutent quelques hectares de terres. Son grand-père Charles Brunard détenait, en 1928, 281 ha sur Baisy-Thy et 50 ha sur Bousval. Le frère de Charles Brunard, Édouard, possédait la ferme de Bois-Saint-Jean (ancienne ferme de l'ordre de Malte située sur le territoire de Baisy-Thy).

Aujourd'hui, trois générations plus tard, on note un certain retour vers la terre. Ainsi un neveu d'Anne Brunard exploite les terres de son arrière-grand-père.

Ce qui ne trompe pas, c'est que sur les terres de Baisy-Thy, fief par excellence de la famille, il n'y a plus de Brunard. Nous sommes face à une dynastie libérale dont la puissance foncière et politique s'est étiolée.

Cette vision n'inclut pas non plus les terres d'un cousin éloigné, le ministre Albert-Édouard Janssen, qui fut propriétaire d'une centaine d'hectares autour de l'abbaye de Valduc à Hamme-Mille. Pas plus qu'elle n'inclut les centaines d'hectares possédés autour du château d'Houtain-le-Val (Genappe) par madame Christian de la Croix d'Ogimont, née Le Bœuf [11]. Ce château est aujourd'hui la propriété de l'arrière-petit-neveu de la belle-sœur d'Ernest-John Solvay [12].

Et comme toutes ces familles finissent par se marier entre elles, on ne sera pas étonné d'apprendre que la sœur de la châtelaine d'Houtain-le-Val a épousé l'arrière-petit-fils d'Ernest Solvay, Pierre Nieuwenhuys [13].

Ernest Solvay achète, en 1893, 348 ha à La Hulpe

C'est à la fin du siècle dernier que les Solvay (famille restreinte) ont commencé à acheter des terres en Brabant wallon.

En 1893, Ernest Solvay acheta, d'un coup, le Château de La Hulpe et ses 348 ha. Une superficie qu'il porta, en une vingtaine d'années, à 490 ha ! Soit plus du double de la superficie actuelle du parc Solvay à La Hulpe (227 ha). Il acheta aussi, en 1893, la ferme du Biéreau à Ottignies [14].

11 d'Hanins de Moerkerke Henri à Houtain-le-Val (CDB, NM, n° 847) : 272 ha en 1928 ; 253 ha en 1962.

12 Ernest-John Solvay avait épousé Marie-Hélène Graux (1905-1955) dont la sœur Jacqueline épousa Jacques Le Bœuf. Jacqueline Le Bœuf est décédée le 25 février 1993 dans sa quatre-vingt-septième année. Elle avait donc pour arrière-petit-neveu le châtelain d'Houtain-le-Val.

13 Pierre Nieuwenhuys fut commissaire de Solvay et de Bekaert Overseas, en même temps que président et administrateur délégué de la Manufacture belge de Gembloux. Son beau-frère est Stanislas Emsens du géant belge Eternit.

14 La ferme du Biéreau était une ancienne ferme de l'abbaye de Florival. En 1849, elle appartenait à la famille Mertens qui la vendit la même année au châtelain-bourgmestre de Bierbais (Hévillers), Charles de Man de Lennick. Celui-ci s'en sépara en 1850 au profit du notaire Goës, de Chaumont-Gistoux. Sa fille vendit ensuite le domaine du Biéreau le 25 mai 1893 à Ernest Solvay. Il passa ensuite à son fils Edmond, mort à Bruxelles le 31 mars 1940. Après la mort de sa veuve, Mary-Anne Hunter, le 15 décembre 1955, le domaine devint la propriété de leur fils, Maurice Solvay, mort à Paris le 20 juin 1960. Enfin, suite à un arrangement pris entre les héritiers, aux termes d'un acte de partage du 6 décembre 1961, la ferme revint à Pol Boël, Yves et Antoinette Boël qui la vendirent le 27 février 1969 à l'UCL. La ferme était cadastrée pour une superficie de 80 ha (CDB, NM, n° 2175).

Au début du siècle, il acquit, en une opération, 455 ha à Thorembais-Saint-Trond [15].

Son frère Alfred fit de même. Il acheta, à partir de 1887, des terres à Vieux-Genappe, Lillois, Bois-Seigneur-Isaac... et, en 1900, sa veuve acheta la ferme de la Ramée à Jauchelette. Cette ferme aurait une des plus grandes granges de Belgique [16].

En 1927, les quatre enfants d'Ernest (Jeanne, Armand, Hélène et Edmond) possédaient 1615 ha (1181 ha sans les terres de Jeanne), tandis que les enfants d'Alfred (Louis, Thérèse et Alice) détenaient 1163 ha. Ce qui faisait au total, pour les descendants d'Ernest et d'Alfred, 2778 ha en 1927.

Un hit-parade des possessions de la famille Solvay restreinte, en Brabant wallon donne pour l'année 1927 :

1. Louis Solvay	*677 ha* [17]
2. Armand Solvay	*648 ha* [18]
3. Jeanne Solvay	*434 ha* [19]
4. Émile Tournay-Solvay	*380 ha* [20]
5. Edmond Solvay	*301 ha* [21]
6. Fernand van der Straeten-Solvay	*232 ha* [22]
7. Alice Solvay	*106 ha* [23]

Quarante ans plus tard, en 1967, les descendants d'Ernest et d'Alfred auront encore arrondi leur patrimoine. Mais ce sont les descendants de la branche d'Alfred (Tournay-Solvay, Pierre Solvay et Ganshof) qui totaliseront, en 1962, le plus de superficie en Brabant wallon : 1339 ha, contre 1169 ha aux descendants de la branche d'Ernest (E.-J. Solvay, Jacques Solvay, van der Straeten, Washer Hankar) [24].

Si on établit un hit-parade des deux branches confondues en 1962, on obtient :

1. Marie-Thérèse Ganshof-Solvay	*679 ha* [25]
2. Thérèse Tournay-Solvay	*453 ha* [26]
3. Lucille Hankar-Solvay	*415 ha* [27]
4. Pierre Solvay	*333 ha* [28]
5. Ernest-John Solvay	*242 ha* [29]
6. Jean Washer	*225 ha* [30]
7. Jacques Solvay	*157 ha* [31]

15 Avant 1914, Ernest Solvay a racheté 455 ha à Thorembais-Saint-Trond (CDB, VM, n° 1312) (lieux-dits : Odrenge, Bois de Gonval, Bois de Buis, Champ de Limelette, Cinq Etoiles, Ferme de Limelette, Trois Frères, Ruelle de Stadt...). Ils étaient en possession de Benjamin Martial Crombez (1870-1914) qui n'avait pas de descendants (voir chapitre sur les Crombez). Ces biens passeront, à la mort d'Ernest Solvay en 1922, notamment à son fils Armand (CDB, VM, n° 1317) (300 ha en 1923).

16 MEUWISSEN Éric : « La plus grande ferme du Brabant wallon n'est plus une exploitation agricole », *Brabant Tourisme,* n° 1, mars 1993, pp. 27-32.

17 Louis Solvay (1876-1952) est le fils d'Alfred Solvay. Ses terres se répartissent comme suit : Vieux-Genappe (340 ha), Lillois (255 ha), Baulers (28 ha), Ways (49 ha), Glabais (5 ha).

18 Armand (1865-1930), fils aîné d'Ernest Solvay, a hérité d'une partie du château de La Hulpe (283 ha) et aussi des terres de Thorembais-Saint-Trond (299 ha) et de Perwez (66 ha).

19 Sa sœur Jeanne (1864-1947) a surtout constitué un beau patrimoine sur La Hulpe (133 ha) et Ohain (232 ha).

20 Émile Tournay (1878-1958) est le mari de Thérèse Solvay (1879-1972), la fille d'Alfred. Ses terres se répartissent sur Maransart (322 ha) et Ophain-Bois-Seigneur-Isaac (51 ha).

21 Edmond Solvay (1870-1940), fils d'Ernest et frère cadet d'Armand, reçut une partie des terres du château de La Hulpe (124 ha) sur lesquelles il fit ériger le château du Long-Fond.

22 Fernand van der Straeten (1856-1932), mari d'Hélène Solvay (fille d'Ernest), possède 112 ha à Ophain-Bois-Seigneur-Isaac, 51 ha à Nivelles et 50 ha à Lillois.

23 Alice Solvay (1874-1931) possède la ferme de la Ramée à Jauchelette (106 ha) (CDB, NM, n° 667).

24 Si on affine la vision par branche, cela donne en 1962 pour la branche d'Alfred : 553 ha pour sa petite-fille Marie-Thérèse Ganshof-Solvay, 453 ha pour sa fille Thérèse Tournay-Solvay et 333 ha pour son petit-fils Pierre Solvay. Du côté de la branche d'Ernest, cela donne : 415 ha pour sa petite-fille Lucille Hankar-Solvay, 242 ha pour son petit-fils Ernest-John Solvay, 225 ha pour sa petite-fille Simone Washer-van der Straeten et 157 ha pour son arrière-petit-fils Jacques Solvay (hit-parade 1962).

25 Marie-Thérèse Ganshof van der Meersch, née Solvay (petite-fille d'Alfred, et fille de Louis), détient pas moins de 679 ha, dont 237 ha sur Lillois, 295 ha sur Maransart et 147 ha sur Vieux-Genappe.

26 La fille d'Alfred, Thérèse, veuve d'Émile Tournay (1879-1958), possède 453 ha dont 308 ha sur Maransart, 93 ha sur Vieux-Genappe et 52 ha sur Ophain-Bois-Seigneur-Isaac.

27 La petite-fille d'Ernest Solvay, Lucille Hankar, vient en troisième position avec 415 ha dont 275 ha sur Thorembais-Saint-Trond, 98 ha sur Perwez et 42 ha sur La Hulpe.

28 En quatrième position, on retrouve le petit-fils d'Alfred, Pierre Solvay (1901-1989) qui totalise 333 ha, dont 250 ha sur Vieux-Genappe, 49 ha sur Ways, 16 ha sur Lillois et 18 ha sur Baulers.

29 En cinquième position, vient Ernest-John Solvay avec les 242 ha de son château de La Hulpe.

30 En sixième position, on retrouve les Washer avec 225 ha, dont 112 ha sur Ophain, 41 ha sur Lasne, 23 ha sur Nivelles et 34 ha (le Manoir) sur Waterloo.

31 En septième position, on aurait dû normalement trouver Maurice Solvay. Mais à son décès en 1960, ses terres de Grez (47 ha) et d'Ottignies (80 ha à la ferme du Biéreau) passèrent par héritage dans la famille Boël, tandis que ses 49 ha de Sart-Dames-Avelines furent vendus en 1962. Quant à son château du Long-Fond à La Hulpe, c'est Jacques, le fils d'Ernest-John qui en hérita. Depuis 1960, ce dernier possédait le château de Bousval (33 ha) qui avait appartenu jusqu'en 1956 à Maurice Delhaize.

CHAPITRE CINQUIÈME

La Hulpe, trois cent millions pour un château

« Mon père espérait que le château de La Hulpe qu'il aimait à la folie deviendrait un palais pour les grands de ce monde, une sorte de Val Duchesse consacré à la grande politique », déclarait Anne Solvay en mars 1993. Et elle ajoutait : « l'État n'a pas pu ou su respecter la volonté de mon père... Le château n'est devenu ni le Val Duchesse, ni le temple de la culture. » [1] Il est simplement devenu un magnifique lieu de promenade fréquenté par plus de deux cent cinquante mille visiteurs par an. Un lieu estimé aujourd'hui par le Comité d'acquisition à 306 millions de francs.

La privatisation de la forêt de Soignes

Pour comprendre l'histoire du château de La Hulpe, il faut remonter à l'indépendance de la Belgique.

Au lendemain de 1830, le domaine appartient à la forêt de Soignes et donc à la « Société Générale des Pays-Bas pour favoriser l'industrie nationale », du fait de son inclusion dans la dotation foncière accordée en 1822 par le roi Guillaume à la Société Générale.

La forêt de Soignes devint ainsi, en 1822, une forêt privée pour la seule et unique fois de son histoire. La Société Générale eut donc, pour une vingtaine d'années, la libre administration de la forêt. Et qui dit libre administration, dit aussi droit de la vendre, ce qui ne manqua pas de se produire : la moitié de la silve sonienne fut vendue à des particuliers [2], dont de nombreux aristocrates.

1 *La Libre Belgique,* 22 avril 1993, Suppl. « Les Nouvelles immobilières » : « Château de La Hulpe : la parole à la défense ».

2 Xavier MABILLE : « La Société Générale de Belgique. Eléments pour une histoire de la banque mixte 1822-1934 », *Courrier hebdomadaire du Crisp,* n° 1414-1415, 1993. La loi du 25 août 1822 attribue au roi en pleine propriété des dîmes et des pro-

Sur le territoire de La Hulpe, la Société Générale possédait pas moins de 850 ha de forêt [3], desquels il ne reste plus aujourd'hui que 245 ha [4]. Le solde a été grignoté au lendemain de l'indépendance par les « grands domaines » (Jolimont, Longue Queue...) constitués grâce aux ventes de la Société Générale [5].

Les quelques privilégiés, qui occupaient des fonctions importantes à la Société Générale à cette époque (1830-1842), vont réussir à se tailler de splendides propriétés. Qu'on pense à son gouverneur Ferdinand de Meeûs (domaine d'Argenteuil) [6], à son maître particulier des bois, Jacques-Joseph Baesen [7], ou encore à un de ses importants administrateurs : le comte Maximilien de Béthune.

Celui-ci devint, le 8 septembre 1833, propriétaire de 343 ha sur La Hulpe [8]. Le futur domaine Solvay était né. Béthune y fit élever un château, terminé en 1842, qu'il conservera jusqu'en 1871, date à laquelle il le vendit au baron Antoine de Roest d'Alkemade (1832-1909). Ce dernier le garda une vingtaine d'années avant de le vendre à son tour avec 347 ha à Ernest Solvay [9].

Idalie de Meeûs, qui était apparentée aux Roest, note à cette date dans son carnet : « Le marquis [de Roest] est venu à la chasse. Il m'a paru fort ému. Et c'est vrai qu'il avait le cœur gros d'avoir vendu La Hulpe. » [10]

priétés domaniales dont le revenu était estimé à 500 000 florins. En rémunération de l'apport du domaine public (28 108 ha de forêts dont celle de Soignes), la Société Générale s'engageait à verser au roi un intérêt annuel de 500 000 florins.

3 Société Générale à La Hulpe : 850 ha (CDB, VM, n° 299). Lieux-dits : Triage du Ticton (380 ha), Parc du Receveur (7 ha), la Ramée (1 ha), Triage de la Longue Queue (450 ha), Triage de Malaise (12 ha).

4 Gouvernement belge à La Hulpe : 245 ha en 1848 (CDB VM, n° 375).

5 MAZIERS Michel : « La Hulpe et le lotissement de la Forêt de Soignes par la Société Générale (1831-1836) », in *Un domaine entre forêt et village..., op. cit.,* p. 8.

6 MEUWISSEN Éric : « D'un château à l'autre à Argenteuil », *Brabant Tourisme,* n° 4, décembre 1992, pp. 23-28.

7 MEUWISSEN Éric : « Dames et seigneurs de la Queue à La Hulpe : une longue histoire... », *Brabant Tourisme,* n° 3, septembre 1992, pp. 3-9.

8 de Béthune Maximilien à La Hulpe : 343 ha en 1854 (CBB. VM, n° 260).

9 *Un domaine entre forêt et village, op. cit.*

10 Voir à ce sujet : *Un domaine entre forêt et village. Le château de La Hulpe* (ouvrage collectif), Catalogue de l'exposition des 19-20 juin 1993, Cercle d'histoire de La Hulpe, 67 pages.

Un beau domaine

La saga immobilière des Solvay à La Hulpe commence en 1893.

C'est cette année-là qu'Ernest Solvay acquit « un beau domaine, avec château, divers bâtiments pour orangerie, écuries et remises, grand parc, jardin potager emmuraillé, terres, fermes, maisons de jardinier et de garde contenant une superficie de 347 ha d'un seul bloc » [11].

Solvay ne résida pas au château de La Hulpe qui n'était que sa seconde résidence. Il habitait à Ixelles où il avait acquis, en 1883, un hôtel de maître avec grand jardin planté d'arbres fruitiers et de hautes futaies, serres, orangeries, écuries, remises, selleries... Le tout situé au n° 45 de la rue des Champs Elysées, au cœur d'un magnifique parc aux arbres centenaires, vestiges de la forêt de Soignes [12] qu'il traversait fréquemment à pied pour se rendre à son château de La Hulpe.

Ce dernier est entouré dans un premier temps d'un domaine de 347 ha. Mais ce n'était pas assez pour le nouveau maître de céans. Aussi Ernest Solvay n'eut de cesse que d'agrandir sa nouvelle propriété. La portant, en 1900, à 373 ha, en 1910 à 424 ha, et en 1920, à 490 ha [13]. Soit presque le double de l'actuelle propriété du château de La Hulpe (227 ha).

Mais ce bel ensemble de presque 500 ha aux portes de Bruxelles va être petit à petit morcelé. Et d'abord juste avant la mort de l'inventeur de la soude industrielle : en 1921, le domaine sera partagé entre trois de ses quatre enfants : Armand, Edmond et sa fille aînée Jeanne. La cadette (Hélène) recevra quant à elle des terres et des chasses dans la région de Gembloux (Thorembais, Grand-Leez...).

Le fils aîné, Armand (1865-1930), reçut bien entendu le château de La Hulpe. Ainsi en 1921, il est propriétaire de 283 ha à La Hulpe.

Cette première succession a fait subir une solide cure d'amaigrissement au domaine. Presque de la moitié. En 1930, au décès d'Armand Solvay, c'est son fils Ernest-John qui, selon la tradition, hérita du domaine. Mais un domaine encore amputé de 40 ha.

Et quand Ernest-John en fit don à l'État belge, en 1968, il ne restait plus que 227 ha.

Mais pourquoi cette fois-ci la tradition qui consistait à léguer le château au fils aîné ne fut-elle pas respectée ? Ernest-John Solvay n'avait pas l'in-

11 *Ibidem.*

12 FISCHER Gustave : *La vie prodigieuse d'Ernest Solvay..., op. cit.,* p. 22.

13 Ernest Solvay à La Hulpe : 351 ha en 1896, 424 ha en 1910, 490 ha en 1920 (CDB, VM, n° 1089). Lieux-dits : Etang du Gris Moulin, La Ramée, Triage du Ticton, Triage de la Longue Queue, Triage de Malaise, Au Pré Quinze, Derrière le Grand Etang, Village, Queue du Pigeon, Tienne à Béchet, Bruyères Guettres, Champ des Ravets, Drève des pigeons...

tention, dans un premier temps, de léguer son domaine à l'État. Il aurait préféré respecter la dévolution traditionnelle, en l'occurence à Jacques Solvay. Mais ce dernier, conscient de la charge que constituait un tel domaine, aurait fait comprendre à son père qu'en cas d'acceptation de l'héritage, il le morcellerait. Ce dont son père ne voulut surtout pas entendre parler.

Jacques Solvay refusa donc le « cadeau empoisonné » et le domaine aboutit contre la volonté de ses filles dans les mains de l'État.

Un homme de son époque

Jacques Solvay préférait habiter, depuis 1960, le château de Bousval [14]. Un château ancestral qui fut la propriété de la famille Delhaize et qu'il racheta avec une dizaine d'hectares au vicomte d'Hendecourt Waterloos. Il le restaura avec beaucoup de goût. Le château est entouré d'un mur de plus d'un kilomètre [15].

Après son refus d'hériter du château de La Hulpe, Jacques Solvay se contenta de l'héritage du cousin de son père, Maurice Solvay décédé en juin 1960 sans enfants à Paris en son superbe hôtel de la rue Albéric Magnard [16]. Maurice Solvay était homme bien connu des cinéphiles, puisqu'il avait épousé Josette Day, la première femme de Marcel Pagnol, une « immortelle du cinéma » qui incarna l'héroïne de *La Belle et la Bête* [17].

Jacques Solvay hérita donc du domaine du Long-Fond, qui jouxte l'actuel domaine Solvay. Son château avait été construit en 1894, mais Jacques

14 Jacques Solvay à Bousval (CDB, NM, n° 2070). Lieux-dits : Village, Rue du château, Baillerie, le Château... Le château de Bousval est entré en 1886 en possession de la famille Delhaize : Adolphe Delhaize d'abord, puis à partir de 1914 son fils Maurice Delhaize (1884-1956). En 1953, il est devenu une maison d'accueil pour enfants handicapés. Il a été vendu en 1960 à la famille Solvay.

15 DELTOUR : *Si Bousval m'était conté,* Cercle socio-culturel de Bousval, p. 126. Jacques Solvay fit procéder à une restauration intérieure et extérieure minutieuse et complète dans le plus grand respect du style primitif. Une nouvelle toiture en ardoises mauves de Ciney remplaça celle qui comptait plus de trois siècles. Le mur d'enceinte fut rejointoyé et consolidé sur plus d'un kilomètre... Voir aussi Guy DEPAUW : *Le château de Bousval au fil du temps. Son histoire, sa seigneurie,* Bousval, 1994. 250 pages.

16 Jacques Solvay à La Hulpe (CDB, NM, n° 1637) : 124 ha en 1962, 31 ha en 1972.

17 Josette Day, de son vrai nom Josette Dagory, était née en 1914. Elle épousa en premières noces Marcel Pagnol. Ensuite, elle se maria avec l'industriel milliardaire belge, Maurice Solvay. Il lui fera mener pendant dix ans une existence de reine dans le cadre du somptueux hôtel parisien de la rue Albéric Magnard à Paris. Veuve en 1960, elle se remaria avec l'armateur grec Dimitri Constantadopoulos.

Solvay s'empressa de le faire raser pour le remplacer par une villa moderne avec piscine couverte.

Sur les 130 ha que Jacques Solvay hérita, il en vendit, par la suite, 94 ha à IBM qui y installa, à partir de 1972, un centre de formation post-universitaire [18], appelé à l'époque Université de l'informatique européenne. Cela représenta un investissement d'un milliard et demi en francs de 1970. Le projet envisageait même d'y établir un terrain de golf ! Pour obtenir son permis de bâtir, IBM alla jusqu'à rétrocéder 14 ha à l'État pour y constituer une zone boisée. Une zone tampon à la lisière de la forêt de Soignes qui s'est ainsi agrandie. Cela ne s'était plus produit depuis Charlemagne !

Retenons pour la petite histoire que Jacques Solvay fit du château du Long-Fond une des exploitations les plus importantes d'Europe dans la culture d'orchidées. Les serres du Long-Fond étaient d'ailleurs célèbres et leur production annuelle atteignait, en 1968, cent mille catleyas, qui sont des orchidées rose mauve parmi les plus populaires [19].

Enfin, signalons que les dépendances du Long-Fond accueillirent tout un temps un hôte de marque, le prince Laurent. Un exemple de plus qui prouve les liens privilégiés des Solvay avec la famille royale.

S'il l'avait voulu, Jacques Solvay aurait pu reconstituer une partie de la propriété lahulpoise de son arrière-grand-père. Car si on ajoute les 227 ha du château de La Hulpe aux 130 ha qu'il avait hérités de Maurice Solvay, on serait arrivé à un bloc d'un seul tenant de 357 ha !

On le voit, Jacques Solvay n'est pas un adepte de la grande propriété. Il est le prototype même de l'homme fortuné de la fin du XXe siècle. Une homme que le foncier n'intéresse plus (sans doute n'aime-t-il pas la chasse) et qui préfère placer sa fortune ailleurs. Il faut dire qu'entre-temps, la terre a perdu de sa puissance symbolique. Nous ne sommes plus à l'époque de Mosselman où elle conférait prestige, puissance et considération.

La petite-fille du secrétaire de la reine Élisabeth

Ernest-John Solvay céda, en 1968, son domaine à l'État tout en gardant sa jouissance jusqu'en 1972, date de son décès. Mais avant de mourir, le petit-fils d'Ernest Solvay avait exigé que le domaine soit maintenu dans son intégrité.

18 Voir *Le Soir,* 10 septembre 1970, 23 juin 1972, 26 mai 1984.

19 STEENEBRUGGEN Geneviève : « À La Hulpe, l'exotisme en Roman Païs », *Brabant Tourisme,* n° 3, juin 1975, pp. 28-33. Voir aussi *La Lanterne,* 4 avril 1968.

Un testament que contestèrent ses deux filles, Christine et Anne Solvay qui stigmatisèrent, dans une interview, « l'État belge qui n'a pas respecté la volonté de leur père ».

Paradoxalement, elles déclarèrent qu'en 1973 elles « négocièrent avec l'État un arrangement transactionnel qui aurait comporté l'abandon par l'État d'une trentaine d'hectares sur lesquels nous aurions pu construire deux résidences familiales » [20]. Cette négociation est en totale contradiction avec la volonté du père qui exigeait que le domaine soit maintenu dans son intégrité !

Les négociations reprirent, entre 1985 et 1988, à l'époque où les libéraux étaient à la Communauté française. Le piquant de l'affaire fut le choix du négociateur : le ministre d'État PSC Arthur Gilson ! Ce dernier fut à deux doigts de réussir. Un accord fut finalisé sur le papier. Il prévoyait de céder à la famille une série de parcelles autour du potager pour y faire deux ou trois lotissements. S'ajoutaient aussi les bois du fond. Finalement, le ministre-président Philippe Monfils préféra attendre les résultats des élections avant de signer. Les libéraux passèrent dans l'opposition et les Solvay, à nouveau confrontés à l'intransigeance des socialistes, continuèrent la procédure devant les tribunaux.

La plus connue des deux arrière-petites-filles de l'inventeur de la soude est Anne Solvay. C'est elle qui a finalement obtenu gain de cause dans le procès en réduction de succession (annulation) qu'elle intenta en 1975 à l'État belge.

Anne Solvay habite au château de Sterrebeek, un magnifique château Louis XV entouré d'un parc de 9,5 ha. Ce château est situé à proximité immédiate de la place du village, non loin du château Ter Meeren [21]. Il fut, au début du XIXe siècle, propriété du banquier et échevin de la ville de Bruxelles, Daniel Patrice Hennessy (1780-1855), grand industriel qui donna un formidable essor à la papeterie de La Hulpe [22]. Anne Solvay a

20 *La Libre Belgique,* 22 avril 1993.

21 « Le Château de Sterrebeek », *Brabant Tourisme,* n° 9, septembre 1962, pp. 1-9. 9 ha en 1963 (CDB, NM, n° 3319).

22 Daniel Patrice Hennesy (1780-1855) était négociant, banquier (de la maison Danoot & Cie), industriel (il exploitait une fabrique de papier à La Hulpe), administrateur de la Société d'assurance mutuelle Sûreté et Repos. Cf. *Index des éligibles, op. cit.,* p. 286. Voir aussi MARTIN J. : « Les papeteries de La Hulpe », *Le Folklore Brabançon,* septembre 1985, n° 247. D.-P. Hennessy avait épousé Marie-Josephe Plovits (1780-1867), fille du grand acheteur de biens nationaux que fut Jean-Baptiste Plovits. Une famille qui se fixa dans notre pays vers 1800 et y acquit une fortune considérable. Jean-Baptiste Plovits était d'ailleurs propriétaire du château de Sterrebeek. Pour la petite histoire, son frère Maximilien était lui propriétaire de la ferme des Templiers à Wavre. Ferme qui passa par héritage aux Hennessy.

hérité du château par sa mère Marie-Hélène Graux (1901-1955). Le père de cette dernière, Charles Graux, était secrétaire de la reine Élisabeth et avait épousé Lucie Peltzer, une représentante des célèbres et richissimes lainiers de Verviers.

La mère d'Anne Solvay, Marie-Hélène Graux avait reçu le château de Sterrebeek de son oncle Maurice Despret, avocat à la Cour de cassation [23].

Maurice Despret, né à Binche en 1861, avait lui-même acquis le château en 1908. Il était, au début du siècle, une des personnalités les plus en vue du pays. Sénateur de Bruxelles et juriste réputé, il était présent dans le monde des grandes affaires. Président de la Banque de Bruxelles, président du conseil d'administration de la Sofina et de l'Arbed, de la Compagnie internationale des Wagons-Lits, de l'Union chimique belge...

Anne Solvay est aujourd'hui veuve du chevalier Ernest de Selliers de Moranville, un homme issu d'une grande famille de militaires (trois générations de généraux) et de royalistes. Le grand-père d'Ernest était le chef d'état-major de l'armée en 1914 et fut désigné par le roi Albert comme inspecteur général de l'armée. Et son père, Albert, décédé en janvier 1990 dans sa cent sixième année – après s'être remarié à cent et trois ans avec son ancienne infirmière et dame de compagnie – fut officier d'ordonnance de Léopold II et président fondateur du musée de la Dynastie [24].

Albert de Selliers réussit à marier ses deux fils à des arrière-petites-filles d'Ernest Solvay. L'aîné, Ernest de Selliers, épousa Anne Solvay et son frère, Philippe, épousa Nadine Hankar, la fille du baron Hankar, petite-fille d'Ernest Solvay.

Ernest de Selliers de Moranville, fut notamment chef de cabinet du ministre des Finances et ancien directeur du FMI. Il décéda dans un accident d'avion en 1964. Le couple eut six enfants : deux garçons, Charles et Jacques, et quatre filles. Et, parmi elles, Marie-Claire qui habitait jusqu'il y a peu au domaine du château de La Hulpe. Elle occupait les anciennes écuries et y dirige toujours un petit centre d'hippothérapie pour enfants autistes et handicapés. C'est son mari, Piet Vercruyse, un juriste

23 Ernest-John Solvay épousa Marie Graux, nièce de Maurice Despret. Un autre oncle, Lucien Graux, fut notamment administrateur de la Compagnie internationale pour la fabrication mécanique du verre. Lucien Graux fut le prédécesseur de Léon Guinotte à la FEB (voir chapitre Boël). Pierre Graux, frère de Lucien, donc un oncle par alliance d'Ernest-John, fut professeur à L'ULB et président de la Faculté de droit et, après la guerre, membre d'une commission qui étudia la « question royale » à la demande du roi lui-même. Voir René De Preter : *Les 200 familles les plus riches. L'argent et le pouvoir dans le monde des holdings et des millionnaires*, Epo, 1983, p. 97.

24 *Le Soir*, 12 janvier 1990, p. 8, « Mort d'Albert de Selliers, grand serviteur de la monarchie ».

spécialisé en matière immobilière, qui fut chargé par Anne Solvay de représenter la famille dans les négociations concernant le château avec la Communauté française.

Ces négociations, suite à la régionalisation du dossier, se poursuivent pour l'heure (en octobre 1994) avec la Région wallonne.

Ce « pauvre homme », vivant seul avec une domesticité nombreuse…

Ernest-John Solvay fut incontestablement le magicien du domaine de La Hulpe. C'est en tout cas lui qui lui donna la physionomie qu'on lui connaît aujourd'hui.

Son père, Armand, avait déjà entrepris quelques travaux, mais sans les mener à bien. Lui, par contre, n'eut pas peur de se lancer dans des travaux titanesques. On dit même que l'entrepreneur d'Ohain qui les réalisa lui dut sa fortune. Il faut savoir que, jusque dans les années 60, les bois étaient proches du château et entouraient une pelouse sans profondeur.

Ernest-John Solvay fit alors abaisser le terrain de quatre mètres. Ces travaux coûtèrent des dizaines de millions et se terminèrent à la fin des années 60. Le couronnement en fut l'établissement, à l'arrière du château, d'une perspective de 800 mètres de long, aboutissant à un obélisque de 36 mètres de haut. Des travaux colossaux que sa fille Anne ne manqua pas de critiquer vertement en janvier 1993, par l'intermédiaire de son avocat, au cours du procès en réduction de succession devant la cour d'appel de Bruxelles.

Avec ce procès, on assista à un véritable déballage de linge sale en public. L'avocat d'Anne Solvay, maître John Kirkpatrick, alla jusqu'à insinuer que « le père Solvay n'avait plus toute sa tête lorsqu'il légua son domaine à l'État ».

Écoutons maître John Kirkpatrick :

« Anne Solvay adorait son père. Mais son père à la fin de sa vie n'était plus lui-même. En 1955, il perd, à soixante ans, son épouse. Il a connu après cela la déception. Déception à laquelle s'ajoute le fait que son fils Jacques lui a fait comprendre qu'il ne pouvait reprendre le château. Imaginez alors ce pauvre homme vivant seul avec une domesticité nombreuse et un bataillon de jardiniers dans son immense domaine. Un domaine qui a pris – et c'est triste à dire – plus d'importance à ses yeux que sa propre famille. D'abord, il commence par faire classer le parc. Auparavant il a fait cette chose qui a consterné sa famille. Il massacre le parc anglais à l'arrière du domaine et en fait une morne plaine qui se termine par un obélisque haut de 36 mètres (celui de la place de la Concorde a Paris ne mesure que 23 mètres). Des travaux qui ont coûté une dizaine de millions. Ensuite il en fait donation à l'État. Et quatre ans plus tard, il décédait d'artériosclérose. »[25]

Après le décès d'Ernest-John, le 17 octobre 1972, l'État prit donc possession du domaine[26].

« A cette époque, explique Anne Solvay, ma sœur et moi-même étions très affectées. Nous aurions voulu garder dans la famille cet endroit où nous avions vécu et où nous avions tant de souvenirs. J'ai, pour ma part, vécu toute mon enfance à La Hulpe ainsi que quelques années après mon mariage. Deux de mes six enfants y sont nés. Nous regrettions tous de ne pouvoir conserver ne serait-ce qu'une partie de ce patrimoine familial transmis depuis trois générations. »[27]

En 1973, les deux sœurs soumettent donc à l'État un dossier qui tendait à démontrer qu'elles avaient droit à la restitution de la propriété sur base des dispositions du Code civil protégeant la « réserve » des enfants. Selon le principe de la réserve, lorsqu'un défunt laisse trois enfants, chacun de ceux-ci a droit à une part minimale, égale à un quart de la valeur totale de la masse successorale. Quant au quatrième quart, il représente la quotité disponible, c'est-à-dire la partie de ses biens dont le père de famille est libre de disposer par donation ou par legs[28]. Or explique Anne Solvay, « la quotité disponible était de toute façon épuisée avant la donation faite à l'État en 1968. »[29]

Certes elle était épuisée, mais ce n'était pas par des donations faites à des tiers, mais en grande partie au profit des enfants eux-mêmes !

« En mai 1975 après deux années de pourparlers infructueux, poursuit Anne Solvay, ma sœur et moi, nous nous sommes donc finalement résolues à assigner l'État en réduction de la donation pour dépassement de la quotité disponible. »[30]

25 *Le Soir,* 14 janvier 1993.

26 L'État fut remplacé, après la réforme de 1980, par la Communauté française à qui la Constitution confiait le contrôle du patrimoine culturel du sud du pays.

27 *La Libre Belgique,* 22 avril 1993.

28 La réserve, c'est la part d'héritage qui doit absolument revenir au conjoint survivant, aux descendants et, à défaut de descendants, aux parents. Le solde représente la quotité disponible, soit la part d'héritage qui n'est pas touchée par la réserve et qui peut être léguée à une ou plusieurs personnes (ou institutions) n'ayant aucun lien avec la famille.

29 *Ibidem.*

30 *Ibidem.*

Jacques Solvay ne s'associa pas à cette demande. Anne et Christine Solvay ne purent donc revendiquer que la restitution des deux tiers de la propriété. Une belle bataille juridique s'engagea alors entre les deux parties, représentées chacune par un avocat de grand renom, John Kirkpatrick pour les Solvay et Pierre Van Ommeslaghe pour la Communauté française, tous deux avocats à la Cour de cassation et professeurs à la faculté de droit de l'ULB.

On n'ose imaginer les frais qu'occasionna ce procès qui dura presque vingt ans.

La cause fut d'abord fixée devant le tribunal de première instance de Nivelles. Celui-ci ordonna, en 1990, la réduction en faveur d'Anne et Christine Solvay à concurrence des deux tiers indivis de la donation faite par feu Ernest Solvay en 1968 (Christine Solvay avait entre-temps cédé ses droits à sa sœur Anne qui devenait ainsi propriétaire des deux tiers indivis). Quant à la Communauté française, elle restait propriétaire du dernier tiers qui aurait dû revenir à Jacques Solvay. Et le tribunal ajoutait : « Pour le cas où les parties ne s'entendraient pas sur un partage en nature du domaine ou sur toute autre solution à l'amiable, le tribunal ordonnerait par ailleurs la vente publique en un seul lot du château et du domaine. »

Le 9 avril 1993, la cour d'appel confirma ce jugement et donna raison à la famille Solvay.

Et Anne Solvay de conclure : « Pourquoi devrions-nous aujourd'hui renoncer à un droit qui nous est reconnu par le Code civil lequel s'applique à tout le monde de façon égale et qui a de surcroît été reconnu par plusieurs décisions judiciaires successives ? » [31]

31 *Ibidem.*

CHAPITRE SIXIÈME

Washer lotit à Waterloo

Le 13 février 1994, s'éteignait dans la Villa Diodati à Cologny, près de Genève, la mère du célèbre joueur de tennis Philippe Washer.

Madame Jean Washer, née Simone van der Straeten, était le dernier petit-enfant encore en vie d'Ernest Solvay ! Et pour cause, elle allait bientôt fêter ses cent ans.

Elle avait passé une partie de sa vie en Brabant wallon, et plus précisément au Manoir. Qui ne connaît pas cette splendide propriété de Waterloo sise le long du Ring Est en face du domaine d'Argenteuil ? Un des derniers grands domaines privés de la Cité du lion. Une propriété entourée d'un magnifique parc de 34 ha, dont les abords viennent d'être lotis [1].

Cette propriété appartient maintenant à l'arrière-petit-fils d'Ernest Solvay, Paul Washer, président de la Fédération des industries chimiques de Belgique et frère du célèbre tennisman.

La grand-mère de Paul Washer s'appelait Hélène Solvay (1866-1938). Fille d'Ernest Solvay, elle épousa le baron Fernand van der Straeten, grand propriétaire à Beuzet. De cette union naquit une fille qui se maria avec Jean Washer. C'est elle qui vient de décéder dans sa centième année.

La famille Washer appartient à une dynastie d'industriels du textile de la région bruxelloise. Ferdinand Washer (1827-1893) était un important fabricant de tulle sur la place de Bruxelles. Les Washer ont une lointaine parenté avec le célèbre cotonnier gantois, Liévin Bauwens, un homme qui s'entourait d'un luxe inouï. Propriétaire de plusieurs hôtels à Paris et Gand, Bauwens menait une vie fastueuse. Ce qui le conduisit à la ruine en 1814 [2].

Jean et Simone Washer eurent quatre enfants.

1 MEUWISSEN Éric : « Waterloo, Washer lotit », *Le Soir,* 6 janvier 1992.

2 *La Belgique française..., op. cit.,* pp. 244-245.

LA DESCENDANCE D'HÉLÈNE SOLVAY

ERNEST SOLVAY
(1838 † 1922)

Hélène
(1866 † 1938)
ép. Fernand van der Straeten
(1856 † 1932)

Simone	Marthe	Ghislaine	Suzanne
(1894 † 1994)	(1892 † 1965)	(1890 † 1919)	(1889 †)
ép. Jean Washer	ép. R. Gendebien	ép. P. Descamps	ép. John Nieuwenhuys
(1894 †)	(1885 † 1964)		(1887 †)

Enfants de Simone :

Edouard	Paul	Philippe	Jacques
(Né en 1921)	(Né en 1922)	(Né en 1924)	(1929 † 1979)
ép. Ghislaine Halliez	ép. Colette Zurstrassen		ép. Guiliana Cleva

(Généalogie simplifiée)

Parmi eux, le plus connu est Philippe Washer, né en 1924. Il régna souverainement sur le tennis belge pendant une dizaine d'années, recordman des sélections en coupe Davis et même finaliste. Il avait une des meilleures volées du monde et un poignet d'acier. Avec son complice Jacky Brichant, ils firent les grandes heures du tennis belge dans les années 50. Philippe Washer arrêta sa carrière de tennisman en 1957. Depuis dix ans, il est le président du Royal Léopold-Club auquel il a donné des structures de gestion moderne. Célibataire, il partage son temps entre la Belgique et la villa genevoise où son père Jean Washer se retira au lendemain de la guerre. Il a aussi tâté des affaires et fut administrateur du commerce de bois Snauwaert. Mais de son propre aveu, « il s'ennuie mortellement derrière un bureau et préfère jouer au golf ».

Quant à ses trois frères, ils ont tous habité le Brabant wallon.

L'antiquaire Jacques Washer est décédé le 7 octobre 1979 à Athènes dans un accident d'avion qui fit quatorze morts. Il sacrifia sa vie pour sauver celle des autres. Sa femme, Juliane Cléva, allait d'ailleurs sortir indemne de cet accident. Domicilié en Suisse, il possédait une belle propriété de 40 ha à Renival (Lasne). Une propriété vendue, il y a quelques années, à un directeur pensionné de la banque Paribas [3].

L'aîné, Édouard, né en 1921, occupa de hautes fonctions chez Snauwaert. Il habite Ophain-Bois-Seigneur-Isaac où il détient une propriété qui faisait encore, en 1968, une petite centaine d'hectares [4]. Elle compte plusieurs fermes, dont celles de la Blanche Maison [5] et Delaleau [6].

Enfin, reste l'homme du Manoir, Paul Washer. Né en 1922, il épousa Colette Zurstrassen, une parente directe des industriels et banquiers liégeois Nagelmackers. Ingénieur civil, Paul Washer fut commissaire à la Société Générale jusqu'en mai 1986. Il y personnifiait le groupe Solvay. Actuellement administrateur chez Solvay, il y représente l'actionnariat familial regroupé autour de la SA Solvac, holding financier créé en 1983 par les familles actionnaires de Solvay pour consolider leur contrôle sur le groupe.

Dans un sens, il n'est pas étonnant que Paul Washer représente au conseil d'administration l'actionnariat familial. En 1967, au moment de

3 Lasne : Renival (lieux-dits : Baconval, Bois du Caillou, Hussière, Renivaux, Culot...).

4 112 ha en 1929, 92 ha en 1962 (CDB, NM, n° 882). Lieux-dits : Campagne des Hayettes, Hayettes, Pré du Bonnier, Pré du Village, Champ des Dix Bonniers...

5 La ferme de la Blanche Maison passa au début du siècle, via la douairière du baron Georges de Vink de Deux Orp, à Fernand van der Straeten. En 1932, Hélène Solvay, sa veuve, partage ses biens et la propriété échoit à sa fille Simone, épouse de Jean Washer qui, par donation en 1957, la passe à son fils Edouard Washer.

6 La ferme Delaleau aboutit en 1910 dans le patrimoine de Fernand van der Straeten-Solvay. La ferme passa à sa fille Simone qui, en 1957, l'a transmise à son fils Edouard.

la transformation en société anonyme, neuf pour cent et demi du capital étaient aux mains des descendants d'Hélène Solvay, épouse du baron Fernand van der Straeten [7]. Ces descendants ont pour noms : Nieuwenhuys, Descamps, Gendebien et Washer. Soit les maris des quatres filles d'Hélène Solvay. Une génération plus bas, on retrouve des Servagnat, Henry de Frahan, Rolin, de Blommaert de Soye, de la Barre d'Erquelinnes, de Lovinfosse...

Mais revenons au Manoir. Pénétrer dans l'avenue des Chasseurs et la drève de la Meute à Waterloo, c'est un peu pénétrer dans le *Beverly Hills* du Brabant wallon, le parc du Manoir ne faisant que rehausser la splendeur des lieux.

Ce parc fut acquis par les Washer, en 1928, auprès de l'industriel Étienne Delhoye. Aujourd'hui, il compte encore une trentaine d'hectares [8]. Comme de nombreux grands propriétaires en Brabant wallon, les Washer ont loti une partie de leurs terres, notamment celles qui ne se trouvaient pas en zone verte. Dans ce coin de Waterloo, le terrain frise les 4000 francs du mètre carré ! En phase finale, ce seront 80 000 m^2 qui auront été soustraits au Manoir. Une fameuse opération immobilière.

Swift rachète la propriété des Hankar à La Hulpe

Heureux employés de Swift ! Car ils ne doivent pas être nombreux ceux qui peuvent se vanter d'avoir à leur disposition un château et un parc de 35 ha. Un parc avec piscine en plein air (température maintenue à 24°), tennis et jardins d'entreprise parsemés d'arbres remarquables et d'étangs. Sans oublier le gibier (chevreuils, biches, faisans). Un magnifique parc sis juste en face du château de La Hulpe et qui appartenait jusqu'à la fin des années 70 à la famille Hankar.

Swift a racheté en deux temps une grosse partie de l'ancienne propriété Hankar-Solvay. D'abord le château et ses 12 ha pour 50 millions, puis, en 1985, une vingtaine d'hectares pour 82 millions. Ce qui mettait le mètre carré à 400 francs. Au total 132 milllions, une paille à côté du 1,4 milliard que coûta le palais Bofill.

Lucille, sœur d'Ernest-John Solvay, est née en 1898. Elle épousa en 1920 le baron Robert Hankar (1892-1963) qui devint ainsi, un petit-fils d'Ernest Solvay.

7 VINCENT Anne : *Les groupes d'entreprises en Belgique..., op. cit.,* p. 313.

8 Le Manoir à Waterloo : 38 ha en 1963 (CDB, NM, n° 6767). Lieux-dits : Vallée des As, Roussart, Chaussée de Tervuren, le Manoir, Avenue des Chasseurs...

Lucille Solvay était, en 1967, une des dix plus gros actionnaires de la société Solvay. Elle était à la tête de 125 000 actions d'une valeur comptable d'un demi-milliard en francs de l'époque ![9]

Robert Hankar était un banquier, tout comme son père, le baron (depuis 1931) Florimond Hankar (1861-1937) qui fut directeur régent de la Banque nationale de Belgique et surtout directeur général de la CGER.

La famille du baron Robert Hankar compte parmi les plus gros actionnaires des AG[10]. Et comme les AG sont un gros actionnaire de la Société Générale, il n'est pas étonnant de retrouver Robert Hankar commissaire de la Société Générale, jusqu'à sa mort en 1963. La famille Hankar, c'est aussi le holding Hankarsol (famille Hankar-Solvay), un important holding, actionnaire de la compagnie financière et de réassurance du groupe AG.

Lucille et Robert Hankar eurent trois filles : Nadine, Nicole et Josane.

Aujourd'hui, seule Nadine est encore en vie. Née en 1921, elle épousa en premières noces Philippe de Selliers de Moranville (1915-1958), frère d'Ernest de Selliers, feu le mari d'Anne Solvay.

En secondes noces, elle épousa le comte Yvan du Monceau de Bergendal (1915-1983). Ce militaire fut général-major d'aviation et commandant de la force aérienne tactique. Un homme à ne pas confondre avec son cousin Yves du Monceau de Bergendal qui fut, durant trente ans, le bourgmestre PSC d'Ottignies et dont le fils Diego est aujourd'hui à la tête du groupe GIB.

La comtesse Nadine du Monceau, née Hankar, vit toujours avenue Solvay à La Hulpe (au n° 106). Mais comme elle a revendu le domaine de ses parents à Swift, elle habite dans l'ancienne conciergerie, réaménagée pour la circonstance. Le domaine Hankar situé entre la chaussée de Bruxelles et l'avenue Solvay faisait une quarantaine d'hectares avant d'être revendu à Swift[11].

La sœur de Nadine, Nicole Hankar, vient de décéder le 30 avril 1994. Elle était l'épouse du baron Philippe Poswick, après avoir été veuve en premières noces du baron Tom van der Straeten Waillet (un oncle de Paul-Emmanuel Janssen). La fille issue de ce premier mariage épousa le comte Michel de Broqueville, petit-fils de l'ancien premier ministre, Charles de Broqueville.

9 *Moniteur belge*, 26 juin 1967, Annexes, *op. cit.*

10 Les principaux actionnaire des AG sont : la Société Générale de Belgique, An-Hyp, RT Holding et quelques familles actionnaires : t'Serstevens, Lippens, Solvay, de Jonghe d'Ardoye...

11 La Hulpe : 39 ha en 1931, 42 ha en 1970 (CDB, NM, n° 1974). Lieux-dits : Drève des Pigeons, Pré Quinze, Queue du Pigeon, Tienne à Béchet, Fosse à Cottes, Gris Moulin...

Quant au second mari de Nicole Hankar, Philippe Poswick, il est le frère du « ministre parachutiste » Charles Poswick, ancien vice-président du PLP et surtout ministre de la Défense (1966-1968 et 1980), qui vient de décéder le 28 juillet 1994, à l'âge de soixante-neuf ans [12]. Philippe Poswick est un important homme d'affaires, administrateur de toute une série de sucreries et du holding familial Hankarsol.

Le couple Hankar-Poswick résidait au Long Pont, à Thorembais-Saint-Trond, au sein d'une propriété acquise par l'arrière-grand-père de Nicole Hankar, Armand Solvay (le fils d'Ernest). Une propriété parsemée de belles fermes en carré. Qu'on pense à la ferme de Limelette et du Long-Pont...

Lucille Solvay-Hankar, ayant hérité des terres de La Hulpe à la mort d'Armand Solvay en 1930, les transmit à Nadine.

Quant à sa sœur Nicole, elle reçut celles de Thorembais. C'est ainsi que l'on retrouve Philippe Poswick, propriétaire de plus de 400 ha à Thorembais-Saint-Trond [13]. Parmi ses propriétés, il y a le bois de Buis. Un bois d'une centaine d'hectares sis de part et d'autre de la Nationale 29 Tirlemont-Gembloux, juste après l'échangeur de l'autroute E411 en direction de Gembloux. Ce bois n'est qu'un reste d'une forêt immense qui, d'après la carte de Ferraris au XVIIIe siècle, s'étendait de l'Entre-Sambre-et-Meuse à Louvain [14].

Mais revenons à La Hulpe et au domaine Hankar-Solvay. Petit-fils par alliance d'Ernest Solvay, le baron Robert Hankar fit construire dans les années 30 le château Hankar, en fait une immense bâtisse de vingt-six chambres sise le long de l'avenue Solvay à La Hulpe.

Ce château n'a rien d'extraordinaire. De la rue, l'ensemble ressemble plutôt à un bunker et il faut voir le bâtiment du parc pour vraiment l'apprécier. Un bâtiment sans grande valeur architecturale si ce n'est ses

12 *Le Soir,* 31 juillet 1994. Charles Poswick était né en 1924. Il était docteur en droit, licencié en sciences politiques et en sciences commerciales et financières de l'UCL. Il fut résistant civil avant de s'engager au bataillon parachutiste et de passer par la Brigade Piron. Il fut vice-président de la Chambre (1976-1980), vice-président du parti libéral (1960-1966 et 1968-1980), président du Conseil de la Communauté française (1984) et du Conseil régional wallon (1985-1987). Il était président du conseil d'administration de la Raffinerie Notre-Dame à Oreye. Il était également ancien administrateur des AG. Il était toujours président du conseil d'administration du Groupe ITB (Société d'imprégnation et transformation du bois).

13 Thorembais-Saint-Trond (CDB, NM, n° 1317) : 299 ha en 1927, 354 ha en 1949, 406 ha en 1962, 275 ha en 1967. Lieux-dits : Long Pont, Sart Pastiaux, Ruelle de Stade, Bois de Buis, Ferme de Limelette, Bois de Gonval, Station de Grand-Leez, Trois Frênes, Cinq Etoiles, Faucauval...

14 DELMELLE Joseph : *Les deux Thorembais (Perwez). La Hesbaye et la guerre de 200 ans entre le Brabant et Liège,* Éditions Oyer, Bruxelles, 1976, p. 24.

salons, boiseries et son immense salle à manger. Pas moins de trente-six personnes peuvent s'attabler à la grande table en bois, à laquelle aurait pris place l'ex-président américain Gerald Ford lors d'une de ses visites en Belgique. Le château n'a donc rien de bien fameux et la direction de Swift a pensé à un moment le faire raser. Finalement, elle a préféré le garder pour recevoir ses hôtes de marque lors des manifestations de prestige.

Reste le parc qui est assez fabuleux avec ses nombreuses sources et ses étangs qui ne gèlent jamais. Des terrasses du château, les perspectives sont magnifiques. Mais la vue était encore plus belle du temps des Hankar. Car la construcion de « Swift I », à ne pas confondre avec le palais Bofill, a nécessité de nombreux pompages d'eau qui ont coûté la vie à quelques arbres remarquables. Il en est ainsi d'un splendide hêtre pourpre qui ombrageait la terrasse du château et qu'il fallut abattre en 1990. Par contre, le grand cèdre et les hêtres devant le bâtiment ont pu être sauvés.

Avec la collaboration d'experts, les beaux arbres du parc ont été numérotés. On a ainsi répertorié cent cinquante sujets appartenant à cinquante espèces différentes. Le plus remarquable des arbres du parc est sans doute le *Pterocarya fraxinifolia* du Caucase. Cet arbre serait unique en Belgique quant à son volume et son tronc. Dans la partie la plus sauvage du parc, on a construit un mirador de 4,5 mètres de hauteur. Il permet d'observer la dizaine de chevreuils et de biches qui ont élu domicile dans le parc.

Signalons qu'aujourd'hui le parc est entretenu par une société privée pour la somme de 12 millions par an. Il faut, par exemple, deux jours pour tondre les pelouses [15].

Quand les agents des châteaux faisaient la pluie et le beau temps...

IBM, Swift, Dow Corning... ces trois grandes entreprises, qui portent désormais le nom de La Hulpe aux quatre coins du monde, sont toutes installées dans ce qui furent jadis les propriétés d'Ernest Solvay et de ses descendants. C'est assez dire si La Hulpe est un village dont l'histoire récente est intimement liée à la famille Solvay.

La famille y a débarqué un beau jour de décembre 1893. Depuis, elle ne l'a plus quitté, installant des « agents des châteaux », comme on appelait à La Hulpe les hommes liges d'Ernest Solvay qui possédait, en 1922, pas moins du tiers de la superficie du village, qu'il fallait bien gérer.

15 MEUWISSEN Éric : « Swift : son château, son parc et ses biches », *Le Soir,* 30 août 1992.

Dans une interview donnée à l'*Union libérale* en 1911, Ernest Solvay s'émouvait que son nom soit mêlé à la campagne électorale. Il déclara :

« Je me refuse à considérer les procédés de basse politique. Qui a fait plus que moi pour le bien public à La Hulpe ? »

« On dit que vous accaparez les terrains ! »

« J'ai acheté des terrains afin qu'on puisse transformer la rue des Pigeons et le sentier qui la relie à la chaussée de Malaise en une magnifique avenue qui, grâce à cela, a pu être réalisée et qui, grâce à mon active et pécuniaire intervention, a heureusement pu se prolonger le long du chemin de fer jusqu'à la gare, chose que l'on considérait comme impossible. J'ai aussi érigé un petit parc public contre le chemin de fer ».

C'est vrai qu'on ne compte plus les actes « désintéressés » de la famille Solvay en faveur du village. Toujours est-il que, jusqu'au lendemain de la guerre 40-45, La Hulpe fut une commune libérale. Solvay y veillait. La Hulpe connut ainsi une succession de régisseurs qui étaient en même temps tête de liste du parti libéral. Pierquin, le régisseur de Maurice Solvay (1898-1960), était par exemple le porte-parole du parti libéral au conseil communal. Et il était d'autant plus influent que son patron menait à Paris la grande vie, avec la célèbre actrice Josette Day. D'un côté la carotte – les dons de toute nature au village – et de l'autre le bâton pour ceux qui ne votaient pas comme il fallait !

On ne comptait plus au village les « obligés » des châtelains. Il y avait bien sûr le personnel des châteaux (domestiques, jardiniers, cochers, éleveurs de chiens...). Mais il y avait aussi les villageois qui travaillaient dans les usines de Solvay, les employés à l'UCB et à la Société belge de banque... et les adhérents à la Mutuelle Solvay. Au total, plusieurs centaines de Lahulpois dépendaient de l'empire Solvay. Et malheur à l'employé qui osait mettre son enfant à l'école catholique, le licenciement se faisait sur le champ. Par contre, tout enterrement civil à La Hulpe était pris en charge par la famille. Ce fut surtout vrai pour les deux premières générations de Solvay à La Hulpe.

La Hulpe bascule dans le camp libéral

Avant que les Solvay ne débarquent, La Hulpe était un village à majorité catholique. Après la Première Guerre mondiale, la commune bascula sous l'influence de la puissante famille d'industriels dans le camp libéral.

Selon que l'élection était législative ou communale, on assistait à un drôle de phénomène à La Hulpe. Aux législatives, les socialistes obtenaient toujours un meilleur score qu'aux communales. Jusque dans les années 70, on remarquait ainsi une différence d'un millier de voix. L'explication est simple. De crainte d'avoir des problèmes avec la famille Solvay, de nombreux socialistes votaient libéral aux élections communales. « Car pour travailler chez Solvay, nous a expliqué un Lahulpois, il fallait avoir sa carte de parti. Le régisseur passait chez les gens pour leur faire prendre une carte du parti ! »

La Hulpe connut donc, avant la Seconde Guerre mondiale, des majorités absolues libérales (sauf de 1920 à 1926).

Le bourgmestre Vandenbulcke, qui était secrétaire général des tramways bruxellois, occupa la charge de premier magistrat de la commune de 1926 à 1944, sans interruption. Il était le prototype même de l'agent des châteaux. Il faut dire qu'il avait épousé la sœur du baron Charles-Emmanuel Janssen. Pour les Solvay, c'était donc un parent par alliance qui dirigeait la commune. Et c'était très bien ainsi.

« Pour contrer ces gens-là aux élections, nous expliquait l'ancien maïeur Pierre Rouelle (1952-1982), c'était la course aux handicaps. Il fallait être très courageux pour ne pas être de leur bord. »

En 1960, le régisseur Pierquin se vantait de disposer de deux millions pour mener la campagne électorale. Ainsi, la famille Solvay savait se montrer généreuse pour les bons sujets. Les anciens combattants, les prisonniers de guerre, les déportés recevaient, le samedi midi avant les élections, un bon pour 300 kg de charbon. On leur apportait aussi des coquelets et deux bouteilles de vin. Sur un tract électoral de l'époque, on pouvait lire en réaction : « Pour contrer la politique du stère de bois et du sac de charbon, votez IC ».

Et malheur aux vaincus ! Le bourgmestre Bouffioulx en fit la cruelle expérience. Bouffioulx était ingénieur à l'UCB. Ses patrons, les Solvay et les Janssen, lui avaient octroyé trois jours par semaine pour s'occuper des affaires de la commune et exercer son mandat. Il faut dire qu'en 1946, les libéraux avaient perdu les élections, mais Bouffioulx n'en fut pas moins bourgmestre, même s'il était minoritaire tant au collège qu'au conseil ! Dès lors, en 1952, il s'agissait pour lui de ramener à tout prix la victoire libérale. Il échoua et fut tout simplement viré, les Solvay ne tolérant pas l'échec. *Dura lex, sed lex !*

L'heure de Pierre Rouelle allait sonner. Un Pierre Rouelle qui parvint à casser la logique libérale à La Hulpe et à bâtir sa carrière politique en s'opposant aux agents des châteaux. Et Rouelle de s'exclamer : « les régisseurs avaient trop longtemps mené la barque à La Hulpe. Il était temps que cela change ! »

LA DESCENDANCE D'ALFRED SOLVAY

ALFRED SOLVAY (1840 † 1894)
ép. Marie Masson (1851 † 1917)

Louis (1876 † 1952)
ép. Odile Fontaine
(† 1962)

Thérèse (1879 † 1972)
ép. Émile Tournay
(1878 † 1958)

Alice (1874 † 1931)
ép. Henri de Wangen
(1863 † 1923)

Anne Marie
ép. Philippe Aubertin

Christian
ép. Paquerette Vezy

Pierre
(1901 † 1989)

Marie-Thérèse (1901 † 1987)
ép. Georges Ganshof
van der Meersch (Né en 1898)

Denis

Patrick (Né en 1958)

Yvan (1924 † 1988)
ép. Nadine Ochs

Robert (1923 † 1948)

André (Né en 1927)
ép. Christine Verse
(Née en 1928)

(Photo Paul Joachim) Le Chenoy

(Coll. Georges Romain)

(Coll. Georges Romain)

(Coll. Georges Romain)

(Coll. Georges Arcq)

(Coll. Georges Arcq)

(Coll. Georges Arcq)

(Photo Paul Joachim)

(Coll. Georges Arcq)

(Coll. Georges Arcq)

(Coll. Georges Arcq)

(Coll. Georges Arcq)

(Coll. Georges Arcq) Château d'Argenteuil

(Coll. Georges Arcq)

(Coll. Georges Romain)

(Coll. Georges Romain)

(Coll. Georges Arcq)

(Coll. Georges Romain)

(Coll. Georges Romain)

(Coll. Georges Romain)

(Coll. Georges Arcq)

Ci-dessus à gauche : Armand Mosselman (Photo Paul Joachim) (Coll. Joseph Tordoir)

Ci-dessus : Théodore-Jean Mosselman (Photo Paul Joachim) (Coll. Joseph Tordoir)

Ci-contre : Laure Mosselman (1854-1925) et Henriette Mosselman (1855-1898). Laure est la grand-mère paternelle de la reine Paola. Elle-même était la petite-fille de notre premier ministre des Finances, le comte Coghen qui était un des plus grand propriétaires fonciers du pays. (Photo ANRB)

Eugène Goblet d'Alviella. (Coll. Duboisdenghien)

Ernest Solvay.

*François-Dominique Mosselman et son épouse Louise Tacqué (1776-1828) . Parmi leurs enfants de gauche à droite : Jenny Fontenillat (1798-1868), Émile (1801-1832), Lise Sauvage (1800-1862), Flore (1799-1836) , Achille (1804-1822), Alfred (1810-1867), Hippolyte, (1811-1871), Fanny M. C*tsse *Le Hon (1808-1880), ainsi que le neveu Théodore (1804-1876). Flore tient la partition. Sur ce document apparaît aussi Tante Fanny qui fut courtisée par les hommes les plus en vue de son temps. Le futur sénateur Thédore Mosselman est aux pieds de sa tante, un livre à la main. Il semble déjà amoureux de sa cousine Flore qu'il épousera plus tard. Ce tableau doit dater de 1811. (Photo ANRB)*

Comte Félix de Merode (1791-1857).

Ci-dessus à gauche : Alfred Solvay (1840-1894). À l'instar de son frère, Alfred Solvay réinvestit une partie de sa fortune dans la terre. À sa mort, sa veuve continue les acquisitions jusqu'en 1917. (Photo ANRB)

Ci-dessus : Ferdinand de Meeûs (1798-1861), premier gouverneur de la Société Générale, était parvenu à se tailler un splendide domaine de presque 800 ha autour de son château d'Argenteuil à Ohain. (Photo ANRB)

Ci-contre : Des quatre fils du très européen et très aristocratique Guillaume-Charles de Merode, c'est à Félix (1791-1857) qu'échut la propriété de Rixensart. Catholique fervant, il était aussi franc-maçon ! Il avait épousé une nièce de la Fayette. Sur les 852 ha que comptait le village de Rixensart, il possédait 550 ha en 1845 ! (Photo Paul Joachim)

Ci-dessus : Juliette Lippens (1879-1941). La sœur du fondateur de la « Compagnie du Zoute » détenait en Brabant wallon un domaine de plus de 900 ha qui s'articulait autour du château d'Ittre. (Photo ANRB)

Ci-dessus à droite : Gustave t'Serstevens (1809-1902), avec le château de Budenghien (Hal), dont hérita sa petite-fille Isabelle (1878-1961), épouse du vicomte Jean de Jonghe d'Ardoye. Gustave épousa la petite fille d'un important propriétaire terrien qui avait fait fortune à la tête de la plus grande distillerie de genièvre du pays. Son beau-père possédait 1 000 ha répartis sur 25 communes, dont principalement Lembeek. (Photo ANRB)

Ci-contre : Marie t'Serstevens (1850-1941). Fille de Gustave et épouse d'Auguste Lippens (1845-1904), auteur de la branche aînée des Lippens. Ce n'est pas pour rien que les t'Sertevens sont réputés pour être une des plus importantes familles actionnaires des AG. (Photo ANRB)

Ci-dessus à gauche : Ernest de Geradon (1871-1957) épousa Juliette Lippens. Ernest de Geradon était bourgmestre de Couthuin. Le couple de Geradon-Lippens était dans les années 30 à la tête d'une propriété de 1 000 ha aux alentours du château d'Ittre. (Photo ANRB)

Ci-dessus : Vicomte Hubert Jolly (1871-1940) ; Alexandrine (1868-1942) ; Émerence Jolly (1870-1955). Émerence Jolly était la petite-fille du lientenant-général baron Jolly qui s'illustra au lendemain de la Révolution belge. Elle épousa Georges t'Serstevens. (Photo ANRB)

Ci-contre : Le comte Arthur Cornet de Ways Ruart (1838-1890) était un des Belges qui menait un train de vie parmi les plus fastueux du pays. Son petit-fils est l'actuel propriétaire du magnifique château de Braine-le-Château. (Photo ANRB)

CHAPITRE SEPTIÈME

Alfred Solvay, successeur à Genappe des riches abbés d'Afflighem

Patrick Solvay, propriétaire du golf d'Hulencourt à Genappe, est décidément méticuleux. Arpentant les abords du green, le voilà qui se baisse pour ramasser un caillou. Se baisse encore, se rebaisse... et finit par s'excuser : « Ces cailloux ne sont pas bons pour les lames des tondeuses. Et, comme au bout du compte, c'est moi qui les paie... Vous comprendrez... »

Pourtant, Patrick Solvay est riche. Très riche même.

Âgé trente-cinq ans, il a hérité avec son frère Denis d'une fortune considérable. Son père, Pierre (1901-1989), était sans doute le plus fortuné des Solvay. En 1967, au moment où la firme passa en société anonyme, Pierre Solvay était le principal actionnaire individuel. Il possédait cinq pour cent du total des actions Solvay, d'une valeur comptable estimée à l'époque à 1,2 milliard ! [1]

Petit-fils d'Alfred, le célèbre frère d'Ernest, Pierre Solvay habitait à Tervuren dans une magnifique propriété sise avenue Notre-Dame au Bois, juste derrière le golf du Ravenstein [2]. Mais il était surtout connu en Brabant wallon pour être un important propriétaire foncier à la tête de nombreuses et opulentes fermes. Ces fameuses fermes carrées, aussi appelées gallo-romaines, qui sont tant présentes dans le paysage agricole brabançon.

Il faut imaginer avec Désiré Denuit « ces belles campagnes de la région de Genappe, Ways, Glabais. Ces immensités gagnées sur la forêt de Soignes. Des milliers d'hectares de terres riches sur lesquelles, l'été venu, une mer de blé doré étend ses vagues chaudes et odorantes. Des terres argilo-sablon-

1 *Moniteur belge,* 24 juin 1967, Annexes, Sociétés commerciales, Solvay et Cie : Pierre Solvay possédait 311 638 actions.

2 La maison de Pierre Solvay est un manoir classique dessiné par l'architecte français Pierre Barbe, qui a construit pour les Bekaert, les du Chastel et les Spoelberch (manoir familial de Wespelaar). Cf. *La Libre Belgique,* 24 octobre 1991.

neuses qui laissent subsister près des villages ou le long des cours d'eau des îlots boisés... »[3]

La ferme d'Hulencourt semble d'ailleurs avoir été déposée sur ce paysage bucolique. Mais aujourd'hui, au lieu des blés dorés, le vert gazon des *fairways* a remplacé les vagues chaudes et odorantes de jadis. Il faut aller un peu plus loin pour les retrouver. Et les terres des Solvay n'en sont vraiment pas dépourvues.

En 1962, Pierre Solvay se retrouva donc propriétaire de 333 ha de ces bonnes terres agricoles du Roman Païs, dont 250 ha sur Vieux-Genappe[4]. Une commune où se trouve précisément la magnifique ferme d'Hulencourt. Une ferme de 140 ha, dont 75 ha ont été affectés au golf, le reste (65 ha) étant toujours exploité.

La ferme d'Hulencourt vient d'être complètement rénovée par Patrick Solvay à coup de dizaines de millions. Elle accueille désormais, outre le *club-house* du golf, un restaurant gastronomique et un centre de rencontres-séminaires, en attendant d'y installer des chambres d'hôte dans l'ancienne chapelle de l'abbaye d'Afflighem. Un endroit devenu *select* et où, explique le petit prospectus, « le port des vêtements en toile de jeans est interdit ».

Quel curieux destin pour cette très ancienne ferme ! Sans doute la plus ancienne de Genappe.

Située sur la route de Promelles à Lillois, elle appartenait à la famille de Godefroy de Bouilllon, né à Baisy-Thy, le village juste à côté. Ce serait sa mère, Ide de Boulogne, qui l'aurait donnée à l'abbaye d'Afflighem en 1096. Afflighem fut sans conteste l'abbaye préférée des Croisés qui lui firent des dons considérables. Si considérables que, lors de sa supression en 1796, l'abbaye détenait 8262 ha de biens sur le territoire belge.

L'abbaye qui défricha tant et plus dans la région de Genappe, dès la première moitié du XIIIe siècle. Sur le sol de l'ancienne forêt, Afflighem établit ainsi aux environs de Vieux-Genappe ses grandes fermes. La ferme d'Hulencourt connut bien des aventures dont la moindre ne fut pas l'installation des bivouacs des brigades de cavalerie légère anglaise le soir du 18 juin 1815.

3 DENUIT Désiré : « Carnage en Brabant wallon », *Tous,* avril 1983, n° 9, 1984 p. 2.

4 Pierre Solvay à Vieux-Genappe : 340 ha en 1929 (CDB, VM, n° 125), 250 ha en 1962 (CDB, NM, n° 1833). Lieux-dits : Trou du Bois, Bois du Foriest, Champ Gobiet, Hulencourt, Pré d'Hulencourt, Champ du Prevost, Champ du Caillou, Fonteny, Champ de Chantelet, Passavant...

Tout cela avant d'aboutir dans les mains de l'arrière-grand-père de Patrick Solvay: Alfred Solvay [5].

Hulencourt étant la plus ancienne ferme de Genappe, son fermier était tenu pour un notable. Il fut d'ailleurs bourgmestre à plusieurs reprises de Vieux-Genappe et il était régulièrement invité aux chasses très courues dans les vastes propriétés des Solvay. Un ensemble de terres achetées à partir de 1887 par Alfred Solvay et dont la veuve poursuivra les acquisitions pour les porter au chiffre record de presque 900 ha avant la guerre 14-18 !

Cette politique foncière sera poursuivie par le fils d'Alfred, Louis Solvay (1876-1952). Il la continuera tellement bien qu'en 1927, il sera le Solvay possédant le plus de biens fonciers en Brabant wallon : 677 ha, dont 340 ha sur Vieux-Genappe et 255 sur Lillois [6].

Bref, un immense bloc parsemé de fermes opulentes. Qu'on pense à Hulencourt, mais aussi à la magnifique ferme du Chantelet flanquée de son églisette baroque. Cette ferme, acquise par Louis Solvay en 1930 [7], se trouve à six kilomètres du centre de Vieux-Genappe aux confins de Plancenoit, Maransart et Glabais. Ou, si vous préférez, en plein milieu du domaine des Solvay. Ceci fit dire à d'aucuns que l'on pouvait aller de La Hulpe à Lillois sans jamais sortir des terres des Solvay, ce qui n'est pas être loin de la vérité !

5 Alfred Solvay est mort en 1894. Sa veuve continua les acquisitions jusqu'en 1917. Ainsi, on la retrouve avec 892 ha en Brabant wallon dont 277 ha sur Maransart (CDB, VM, n° 415), 51 ha sur Ophain-Bois-Seigneur-Isaac (CDB, NM, n° 804), 202 ha sur Lillois (CDB, VM, n° 591) (lieux-dits : Bois Planté, le village...), 244 ha sur Vieux-Genappe (CDB, VM, n° 1036), 106 ha sur Jauchelette (CDB, NM, n° 667) et 12 ha à Ways (CDB, VM, n° 5). Les terres d'Ophain-Bois-Seigneur-Isaac furent acquises en 1905 du Prince Charles-Louis du Chatel de Tarente et de Talmont, duc de la Tremoëlle, propriétaire à Paris. Un duc qui possédait également 155 ha à Maransart en 1904 (CDB, VM, n° 65). Les terres de Maransart acquises par les Solvay proviennent de la famille du chevalier Jean-Lambert de Wouters d'Oplinter (lieux-dits : Bois de l'Empire, le Village, Campagne de Maransart, Colinet, Ferme d'Hubermont, Hanogrune, Bruyère du Croissant). Les terrres de Ways furent acquises de Justin Art, cultivateur. Les terres de Vieux-Genappe de la veuve de Joseph Colinet Vandevelde, rentière à Fontaine-l'Evêque.

6 Louis Solvay à Vieux-Genappe (CDB, NM, n° 125) : 340 ha en 1927 (lieux-dits : Pré d'Hulencourt, Hulencourt, Champ du Prévost, Bois du Foriest, Champ Gobiet, Taille d'Aulne, Trou du Bois, Champ du Caillou). À Lillois (CDB, NM, n° 912) : 261 ha en 1936, 223 ha en 1951 (lieux-dits : Village, l'Escavée, Bois Planté, Bois Amory, Champ du Bailly...).

7 Louis Solvay et son épouse Odile Fontaine acquirent le Chantelet par acte notarié passé le 14 janvier 1930 chez maître Goffin, notaire à Rebecq. Voir au sujet du Chantelet, Laurence DELHAYE : *Revue d'histoire religieuse du Brabant wallon,* 1993 t. 7, fasc. 4, pp. 250-257 et *Cercle d'histoire et d'archéologie du pays de Genappe,* 1993, Cahier n° 3, 100 pages. Voir aussi *Le Soir,* 15 février 1994.

Le magnifique patrimoine de près de 900 ha constitué par Alfred Solvay sera finalement partagé entre ses trois enfants et subira ainsi un premier morcellement. Mais, fait assez remarquable, les enfants parviendront, au cours de leur vie, à augmenter encore leur part respective. L'aînée, Alice (1874-1931), reçut la ferme de la Ramée à Jauchelette (Jodoigne). Louis (1876-1952) obtint les terres de Lillois (200 ha) et de Vieux-Genappe (250 ha). La cadette Thérèse (1879-1972) reçut, pour sa part, les terres de Maransart (280 ha) et d'Ophain-Bois-Seigneur-Isaac (50 ha).

La nièce du ministre de la Justice reçoit la plus grande grange de Belgique

Ce fut le record en Brabant wallon. Plus de trois mille visiteurs, lors de la Journée du patrimoine en 1992, vinrent admirer la plus grande et sans doute la plus belle ferme du Brabant wallon : la ferme de la Ramée à Jauchelette (Jodoigne). 10 000 m^2 de toits, une grange de 49 mètres de long et 22,5 mètres de large, une cour de plus d'un hectare...

Cette ferme fabuleuse fut acquise au début du siècle par la veuve d'Alfred Solvay, Marie Masson (1851-1917), qui avait pour frère Fulgence Masson, ministre de la Guerre, en 1918, et puis de la Justice.

Alice, la fille de Marie Masson et d'Alfred Solvay, hérita de la Ramée. Elle avait épousé le baron Henri de Wangen de Geroldseck aux Vosges (1863-1923). Leur fils Christian allait se révéler, en 1967, le deuxième plus gros actionnaire individuel de la société après son cousin Pierre Solvay [8].

Alice Solvay fit encore parler d'elle en 1927 en acquérant un magnifique domaine de 600 ha sis en dehors du Brabant wallon.

À la mort d'Alice Solvay en 1931, ses deux enfants qui résidaient à Paris, Christian de Wangen et Anne-Marie Aubertin, héritèrent de la ferme et de sa centaine d'hectares. La propriété allait ainsi rester dans la famille jusqu'en 1953, date à laquelle elle fut rachetée par la société en nom collectif « Joseph Aerts et fils » des célèbres brasseurs de Saint-Josse.

De la période où la ferme appartint à la famille Solvay et à ses descendants (Aubertin-de Wangen), il faut surtout retenir l'incendie de la grange, en 1932, qui fut entièrement reconstruite [9].

8 *Moniteur belge,* Annexes, *op. cit.* Christian de Wangen de Geroldseck, demeurant à Thiancourt (France), possédait en 1967 205 915 actions.

9 MEUWISSEN Éric : « La plus grande ferme du Brabant wallon », *Brabant Tourisme, op. cit.*

Alice achète le domaine du frère de Léopold II

« Heureux temps où n'existaient ni la chèreté de la vie, ni la... crise des domestiques. Deux ou trois équipes procédaient à la toilette des chemins, le moindre sentier forestier était soigneusement débarrassé des feuilles mortes. Pendant ce temps, les jardiniers aménageaient le parc proprement dit. De merveilleuses corbeilles de fleurs étaient dessinées et exécutées à l'aide des innombrables plantes ornementales cultivées dans les sept grandes serres du domaine. Un train spécial débarquait à Florenville-station le personnel subalterne, le matériel et les chevaux. Le lendemain un autre train spécial amenait la famille... » [10]

Nous sommes aux « Amerois », en pleine forêt de Muno près de Bouillon, au début du siècle. La famille qui arrive en train spécial n'est pas la famille Solvay, mais la famille... royale. Car avant d'être la propriété de la famille Solvay, le magnifique domaine des Amerois (600 ha), ancienne propriété communale de la ville de Bouillon, fut celui du comte de Flandre, Philippe de Saxe-Cobourg-Gotha (1837-1905), frère de Léopold II et père du roi Albert [11].

Léopold II, la reine du Portugal, Philippe d'Orléans, le comte de Paris... apprécièrent chacun à leur manière le charme des Amerois.

Le comte de Flandre, membre du « club des seize Belges les plus fastueux », l'avait acquis en 1869 auprès d'un autre membre de ce « club », le comte van der Noot, marquis d'Assche (1818-1889). À la mort de la comtesse de Flandre en 1912, le domaine passa à ses trois enfants dont le roi Albert. Pour sortir d'indivision, le domaine des Amerois fut vendu à un marchand de bois, avant d'aboutir en 1927 entre les mains d'Alice

10 FAVRESSE M : « Le domaine des Amerois », BSCF, 1925, p. 284. Jadis propriété des ducs de Bouillon, le domaine fut racheté en 1847 par le comte de Maisnel demeurant à Wattignies près de Lille. D'une superficie de 210 Ha, il réussit à porter le domaine à 439 ha. En 1858, le comte vander Noot, marquis d'Assche demeurant rue de la Science au quartier Léopold (hôtel de maître où est installé aujourd'hui le Conseil d'État) achète le domaine pour 500 000 francs. Le comte van der Noot réussit encore à accroître son domaine d'une centaine d'hectares. En 1869, il le vendit au comte de Flandre moyennant la somme de 1 million (170 millions actuels). Le « château aux 365 fenêtres » fut construit en 1875 sur les plans de l'architecte Saintenoy. En 1924, les enfants du comte de Flandre vendirent leur domaine pour sortir d'indivision.

11 Signalons que la contribution foncière du comte de Flandre s'élevait en 1885 à 11 070 francs pour des terres possédées à Bruxelles, Mol et Bouillon. Pour point de comparaison, Théodore-Jean Mosselman payait dix ans plus tôt pour ses immenses possessions en Brabant wallon 10 264 francs. Voir *Index des éligibles au Sénat...*, *op. cit.*, p. 188.

Solvay. Cette dernière le sauva des terribles coupes sombres qu'y avait entreprises le peu scrupuleux marchand de bois [12].

Après la mort d'Alice Solvay en 1931, le domaine passa à sa sœur Thérèse, épouse Tournay (1879-1972), qui le transmit ensuite à son neveu Pierre Solvay. C'est l'aîné des deux fils de ce dernier qui est aujourd'hui propriétaire du château, à l'abandon depuis la mort de Pierre Solvay. Il n'est plus fréquenté que pour les parties de chasse auxquelles se joignent aussi les Aubertin (descendants d'Alice Solvay), propriétaires de la partie nord du domaine, la partie sud étant aux mains des Solvay.

Émile Tournay (1878-1958) fut un important mécène qui fit notamment un important legs au musée d'art ancien de Bruxelles. Cet homme appartenait, pour reprendre l'expression du conservateur de l'époque, « à la bonne race des amateurs d'art ». Il fut vice-président de la Société des amis des musées royaux de l'État, à Bruxelles [13].

Le parc Tournay-Solvay à Boitsfort

Le nom de Thérèse Tournay-Solvay est surtout célèbre aujourd'hui grâce au parc régional qui porte désormais son nom : le parc Tournay-Solvay à Boitsfort. Cette propriété de 7 ha est enclavée entre le chemin de fer Namur-Bruxelles et le chemin des Silex, à côté de la gare de Boitsfort.

Elle fut acquise à la fin du siècle dernier par les deux frères Ernest et Alfred Solvay. En 1922, elle passa à leur nièce et fille respective, Thérèse Solvay, devenue entretemps madame Tournay-Solvay.

À la mort de cette dernière en 1972, la propriété fut vendue par ses héritiers à une société immobilière en vue d'y construire des bureaux pour le compte de l'Union chimique belge. Une immobilière derrière laquelle on retrouvait la famille Janssen, mais c'était sans tenir compte de la commune de Boitsfort qui s'y opposa.

Après bien des péripéties, le ministère des Affaires bruxelloises racheta le domaine pour 80 millions et l'ouvrit au public en 1985. Voilà pourquoi on parle aujourd'hui du parc régional Tournay-Solvay.

Ernest Solvay y fit construire en 1878 un château dans le style néo-renaissance flamand. Ce château fut l'objet d'un incendie criminel en 1982, ce qui explique qu'il est aujourd'hui colonisé par la végétation [14].

12 Sur l'histoire du domaine des Amerois, voir BSCF, 1927, pp. 139-140 ; 1932, pp. 466-470 ; 1933, p. 102. Voir aussi *Le Soir* , 5 janvier 1921.

13 CASO Paul : « Le legs Tournay-Solvay au musée d'Art ancien », *Le Soir,* 9 mars 1973.

14 Sur le parc Tournay-Solvay, voir BOULANGER Jacques : *Parc et jardins de Bruxelles..., op. cit.,* pp. 131-133. Ainsi que le Livre blanc du patrimoine architectural de Bruxelles (1985-1986).

Par contre, ce que le grand public sait moins, c'est que le couple Tournay-Solvay possédait d'importantes propriétés en Brabant wallon. Soit, en 1927, 380 ha qui deviendront, en 1962, 453 ha, dont 308 ha à Maransart (les trois cinquièmes du territoire) et une centaine à Vieux-Genappe [15].

Les Ganshof, propriétaires des trois cinquièmes de Maransart

« Quatorze Primitifs flamands », tel est le butin estimé entre 20 et 30 millions qu'ont réussi à emporter des voleurs en pénétrant par effraction dans un appartement de l'avenue Jeanne (n° 33) à Bruxelles, en septembre 1993.

Cet appartement n'était autre que celui de l'ancien procureur général à la Cour de cassation, le vicomte Walter J. Ganshof van der Meersch [16]. Magistrat de très haut rang, âgé de nonante-trois ans, il n'allait survivre que quelques jours à la disparition de ses « chers primitifs ». Il faut dire que les tableaux n'étaient pas assurés !

Le 12 septembre 1993, le surlendemain du vol, « la terreur des étudiants en droit de l'ULB » expirait dans sa seconde résidence située à Tintange (Fauvillers), dans la province de Luxembourg.

Walter J. Ganshof van der Meersch, « le plus grand juriste que la Belgique ait jamais connu », l'homme qui au lendemain de la libération incarna le pouvoir judiciaire en Belgique avait un frère qui nous intéresse particulièrement [17].

15 Tournay-Solvay Émile à Maransart (CDB, VM, n° 440) (CDB, NM, n° 440) : 322 ha en 1927, 324 ha en 1932, 309 ha en 1962 (lieux-dits : Campagne de Maransart, Bois de l'Empire, Champ de Maransart, Hanogrune, le Village, bois de Hubermont, rue des Eperonniers, Moulin de la rivière, bois des Massennerées, Ferme d'Hubermont, Bruyère du Croissant, Croissant, Bois Impérial, Pecket...). Une partie de ces terres ont été rachetées en 1918 à Delstanche-Demaret Félicien, journalier à Maransart. À Vieux-Genappe (CDB, NM, n° 899) : 17 ha en 1929, 91 ha en 1936, 93 ha en 1963. (lieux-dits : Maison du Roi, Bois du Chantelet, Champ Passavant, Taille d'Aulne...). À Ophain-Bois-Seigneur-Isaac (CDB, NM, n° 804) : 51 ha en 1926, 52 ha en 1962.

16 Il était le fils d'Arthur Ganshof, avocat près de la cour d'appel de Bruxelles et de Louise van der Meersch. Il obtint par arrêté royal, en 1927, autorisation de joindre à son nom celui de van der Meersch (nom de sa mère). En 1974, il obtint concession de noblesse et du titre de vicomte. Il épousa, en 1923, Élisabeth Orts, la fille de l'ancien secrétaire général du ministère des Affaires étrangères.

17 Dès le 6 septembre 1944, le vrai pouvoir en Belgique s'appelle Ganshof Van der Meersch, estime l'historien José Gotovitch. Il est aussi l'homme qui a conçu à Londres la répression de la collaboration. Il s'agit d'un magistrat auquel la Belgique fera appel chaque fois qu'un problème grave se posera (répression, question

Georges, né en 1898 et cavalier réputé du régiment des Guides, épousa Marie-Thérèse Solvay (1901-1987), fille de Louis Solvay (1876-1952) et sœur de Pierre Solvay.

Les Ganshof, avec Thérèse, furent incontestablement de grands propriétaires fonciers. En 1962, elle était à la tête de 679 ha en Brabant wallon, dont 237 ha sur Lillois [18], 295 ha sur Maransart et 147 ha sur Vieux-Genappe [19].

Le cas du petit village de Maransart est plus que symbolique. Depuis le début du siècle, les trois cinquièmes de Maransart appartiennent à la même famille. D'abord à Alfred Solvay, puis à sa fille Thérèse qui les transmit à sa nièce Marie-Thérèse qui, elle-même, les transmit à ses fils, André et Yvan Ganshof van der Meersch, arrière-petits-fils d'Alfred Solvay.

Marie-Thérèse Solvay avait trois fils dont deux sont décédés: Robert (1923-1948) et Yvan (1924-1988).

Yvan, dont sa veuve Nadine Ochs réside à la villa Le Cèdre dans le canton de Vaud en Suisse, détenait, avant son décès en 1988, 159 ha à Maransart [20]. Il avait aussi dans son patrimoine, depuis le décès de sa mère en 1986, la magnifique ferme du Chantelet à Vieux-Genappe. Cette ferme est historique puisque le « brave des braves », le maréchal Ney, y passa la nuit précédant la bataille de Waterloo.

Depuis le décès d'Yvan Ganshof dans un accident d'avion, le bien est géré par son épouse Nadine Ochs.

Quant à André, il est né en 1927 et fut marié à une Américaine, Michael Ann Denton (1945-1994). Il résida au pavillon Le Croissant, à Maransart. Ce pavillon, bâti par son père, est niché dans les bois et ouvert seulement vers le hameau de Colinet. Par la suite, le frère du procureur s'installa aux États-Unis, tandis que Marie-Thérèse Solvay résidait dans son hôtel de maître de l'avenue de Tervuren (n° 196). André Ganshof possède encore 155 ha à Lasne, dont 144 ha à Maransart et 11 ha à Couture [21].

royale, Congo...). Cf. l'interview de José Gotovitch, in *Le Vif l'Express,* 26 août 1994, p. 28. Voir aussi *Le Soir,* 11 septembre 1993 et 15 septembre 1993.

18 Lillois (CDB, NM, n° 162) : 237 ha en 1962.

19 Ganshof van der Meersch Georges à Vieux-Genappe (CDB, NM, n° 1635) : 147 ha en 1969 (lieux-dits : Taille d'Aulne, champ du Chantelet, Promelles, Champ Gobiet, Ferme du Chantelet...). À Maransart (CDB, NM, n° 744 et n° 745) : 295 ha en 1966. À Lillois (CDB, NM, n° 162) : 233 ha en 1966, dont 212 ha ont été achetés en 1956 à la fabrique d'église de Nivelles (lieux-dits : Bois Planté, Escavée, Bois Amory, Champ de l'Epine, Wisterzée, L'Epine Pucelle, Bois des Déportés...).

20 Yvan Ganshof à Maransart (CDB, NM, n° 744) : 154 ha en 1966, 159 ha en 1988 (lieux-dits : Eperonniers, Village, Hanogrune, Croissant, Campagne de Maransart, Bois Impérial, Hubermont).

Neveu de feu le procureur général, André Ganshof est un homme bien connu des milieux économiques. D'abord parce qu'il est administrateur de Solvay et Cie, ensuite parce qu'il est le fondateur-administrateur délégué et actionnaire principal de la célèbre société de taxis aériens Abelag, la société « numéro un » de l'aviation d'affaires belge, fondée en 1965. Cette société emploie septante personnes et a ses quartiers à l'aéroport de Bruxelles-National. Son capital libéré s'élève à 423 millions et, en 1991, Abelag annonçait un chiffre d'affaires de 400 millions. Cette société qui avait dégagé, en 1988, un bénéfice de 25 millions, vient de voir arriver deux nouveaux actionnaires à l'occasion d'une augmentation de capital de 175 millions. Les nouveaux s'appellent... Patrick et Denis Solvay, les cousins d'André Ganshof van der Meersch [22].

21 André Ganshof à Maransart (CDB, NM, n° 745) : 141 ha en 1966, 144 ha en 1988, auxquels il faut ajouter 11 ha à Couture-Saint-Germain (lieux-dits : Sauvagemont et Binette) (lieux-dits à Maransart : Colinet, Bois de l'Empire, Campagne de Maransart, Bois Impérial, Bois d'Hubermont...). À Vieux-Genappe (CDB, NM, n° 1784) : 86 ha en 1962 (lieux-dits : Champ Gobiet, Trou du Bois, Foriest, Grand Foriest...).

22 Sur Abelag, voir *La Libre Belgique,* 15 décembre 1990 ; 30 avril 1992. Voir aussi *Le Soir,* 24 mai 1991.

CHAPITRE HUITIÈME

Janssen, un des quarante patrons les plus importants d'Europe

Il y a quelques années, une drôle d'aventure est arrivée au fermier Claus, propriétaire de la célèbre ferme de Mont-Saint-Jean à Waterloo. Ce fermier exploite une partie des terres de la société immobilière qui gère les biens de la famille Janssen [1], apparentée aux Solvay et aux Boël. Une famille dont l'arrière-arrière-petit-fils d'Ernest Solvay est aujourd'hui un des cinq plus grands patrons belges et qui fait même partie du petit cercle fermé de la « Table ronde des industriels » qui regroupe les quarante patrons les plus importants d'Europe [2].

Mais revenons au fermier de Mont-Saint-Jean. Comme ses confrères des environs qui exploitent eux aussi les terres de la famille Janssen, le fermier Claus reçoit un beau matin un bristol l'invitant au mariage d'une des filles Janssen. Une telle tradition remonte aux années 50 lorsqu'il n'y avait pas moins de 104 fermiers qui travaillaient pour les Janssen. Aujourd'hui, il en reste une trentaine.

Le fermier Claus et sa femme regardent le magnifique bristol et se demandent, quelque peu inquiets, s'ils ne vont pas trop dénoter lors de la réception. Un coup de téléphone aux voisins, qui entretiennent autour du champ de bataille plus ou moins 500 ha de chasse pour la famille Janssen, les rassure. Eux aussi sont invités. Notre fermier est donc tout

1 Jan Claus exploite, en plus de ses terres, 18 ha appartenant à Imbra.

2 La « Table ronde des industriels européens » regroupe une quarantaine de patrons d'entreprises de premier plan dont cinq Belges : François Cornélis (Petrofina), Étienne Davignon (Société Générale), Daniel Janssen (Solvay), Yves Boël (Sofina), André Leysen (Gevaert) (Cf. *Le Soir,* 5 décembre 1993). Signalons pour la petite histoire que trois de ces cinq patrons appartiennent au même cercle familial. Yves Boël et Daniel Janssen sont cousins germains. Étienne Davignon est le frère de la belle-sœur d'Yves Boël ; il est aussi le neveu de la mère de Daniel Janssen.

heureux. On s'endimanche à qui mieux mieux, on sort les souliers vernis des grands jours et on se dirige tout guilleret vers La Hulpe.

Les voilà au carrefour des « Trois colonnes » à La Hulpe et ils empruntent la chaussée de Bruxelles en direction de Bruxelles. Arrivé à hauteur de l'étang du Gris-Moulin, le fermier Claus, apercevant de petites torches sur le bord de la route et un majordome en gants blancs, croit qu'il est arrivé. Au lieu de bifurquer à droite vers la propriété des Janssen, il bifurque à gauche vers le château de La Hulpe où se tient aussi un grand mariage.

Et voilà notre « paysan » et son épouse perdus dans les salons du château de La Hulpe, cherchant désespérément des têtes connues à défaut de leurs voisins agriculteurs. Des voisins qu'ils maudissent, persuadés d'être victimes d'une grosse blague. Après avoir déposé leur cadeau de mariage, ils attrapent une coupe de champagne et filent prudemment de cette cérémonie où ils ne connaissent rigoureusement personne. Même la mariée qu'ils vont féliciter ne leur dit rien ! Que s'est-il passé ? Les Claus ont tout simplement confondu le château Solvay avec le château Janssen !

Cette anecdote révèle à quel point, dans l'esprit du public, Janssen et Solvay, c'est du pareil au même. Surtout depuis que le baron Daniel Janssen est devenu président du Comité exécutif de Solvay.

L'empire Solvay en de bonnes mains

Au départ, les Janssen sont des banquiers et des industriels. Et cela depuis le milieu du XIXe siècle. Si un Janssen fut directeur de la Société Générale au début de ce siècle [3], les choses sérieuses commencèrent avec le baron Emmanuel Janssen (1879-1955) qui épousa la fille de Jeanne Solvay et devint par la même occasion le petit-fils par alliance d'Ernest Solvay [4].

3 Léon Janssen (1849-1923) est le grand-père d'Adrienne Janssen qui épousa son cousin sous-germain, Emmanuel Janssen (1879-1955). Ce dernier était veuf de Paule Van Parys (1885-1913), fille de Jeanne Solvay. Il fut directeur de la Société Générale à partir de 1905 et vice-gouverneur de 1913 à 1923. Voir à ce sujet René De Preter : *Les 200 familles les plus riches., op. cit.*, p. 114.

4 Il épousa Paule Van Parys (1885-1913). Elle était la fille de Jeanne Solvay (1864-1947) et de Jean-Edouard Van Parys. Une avenue porte son nom à La Hulpe, l'avenue Paule. Cette voirie fut baptisée ainsi en souvenir de la fille de Jeanne Solvay, décédée prématurément en 1913. La rue comptait 16 maisons toutes pareilles qui étaient réservées aux employés de Jeanne Solvay. Construites en 1927, ces maisons existent toujours, mais ont été vendues individuellement par Imbra à partir de 1961. Beaucoup d'anciens d'Imbra les ont alors achetées. Pour la petite histoire, précisons que l'avenue Paule était privée jusqu'il y a peu. Et qu'elle était, en 1927, la seule rue de La Hulpe totalement égouttée.

Une « pièce rapportée » de toute première valeur pour la famille Solvay car le baron Emmanuel Janssen allait devenir un grand industriel et un grand financier !

Ainsi participa-t-il, de 1916 à 1931, à la gérance de la société Solvay & Cie. Il occupa aussi le poste d'administrateur délégué de la Mutuelle Solvay – la banque des Solvay – et il fut parmi les fondateurs de la Société belge de banque, dont il prit la tête en 1932. Cette société contrôlée jusque-là par les familles Solvay, Janssen et Boël allait être absorbée en 1965 par la Société Générale de banque [5]. Bref, le gendre de Jeanne Solvay occupait, dans l'entre-deux-guerres, une situation de premier plan dans le monde industriel et financier. Pour ne donner qu'un exemple, Fabelta fut une création du baron Emmanuel Janssen en 1932.

Emmanuel Janssen était également président du conseil d'administration de l'Union chimique belge qui a la famille Janssen au nombre de ses fondateurs [6].

Aujourd'hui, l'UCB emploie 7900 personnes et son bénéfice s'est élevé, en 1992, à 2 247 millions. Autant de bénéfices pour la famille Janssen qui contrôle l'UCB [7], indépendamment de Solvay.

Quant à Solvay, c'est le baron (depuis 1985) Daniel Janssen, arrière-arrière-petit-fils d'Ernest Solvay, qui préside actuellement aux destinées du deuxième groupe industriel belge et premier groupe chimique du pays

5 En 1965, la banque de la Société Générale de Belgique absorba la Banque d'Anvers et la Société belge de banque (contrôlée par les familles Solvay, Janssen et Boël) et devint la Société Générale de banque. Cette fusion eut pour effet d'accentuer l'interpénétration des intérêts de la Société Générale de Belgique et de ceux des familles Solvay, Boël et Janssen. Voir Anne VINCENT : *Les groupes d'entreprises en Belgique..., op. cit.*, p. 74.

6 UCB est une entreprise issue, en 1928, de la fusion d'une série de sociétés anonymes, qui allait développer ses activités autour des secteurs pharmaceutiques, chimiques et films d'emballage, les trois métiers de base de la société. L'Union chimique belge est issue de la fusion de la société anonyme des Fours à coke Semet, Solvay et Piette, de la Société générale belge de produits chimiques, de la Société des produits chimiques de Drogenbos et de la Société des produits chimiques et pharmaceutiques Meurice. L'Union chimique belge devait rapidement consolider ses positions par l'absorption dès l'année suivante de sept nouvelles sociétés et, quelques années plus tard, de la Compagnie chimique et industrielle de Belgique (Chiminbel). Lorsque l'Union chimique belge fut fondée, la famille Janssen en était le principal actionnaire. En 1961, eut lieu la fusion d'où naquit l'actuelle UCB. Elle groupait 14 usines et environ 10 000 personnes. Il y a donc des liens évidents entre l'actionnariat familial d'UCB et celui de Solvay. Cependant, les deux vedettes chimiques belges ont des vies tout à fait séparées. UCB emploie 8 104 personnes (fin 1993). Sur un total de 2,3 milliards, le bénéfice courant avant impôts du secteur pharmaceutique était de 1,53 milliard.

qui emploie quarante mille personnes dans trente-trois pays. Dans la bonne tradition familiale, il a succédé à son petit cousin Jacques Solvay. On pourrait compter sur les doigts de la main les entreprises qui, pendant cinq générations, furent capables de fournir des « grands patrons » issus du même giron familial.

Ceci dit, l'arrière-arrière-petit-fils d'Ernest Solvay n'a pas la tâche facile. En 1993, Daniel Janssen a dû faire face à ce que la Fédération des industries chimiques a appelé « l'année la plus sombre depuis la fin du dernier conflit mondial ». Cette année s'est traduite, pour le groupe Solvay, par une perte de 7 milliards ! Une contre-performance pour le premier groupe familial belge qui avait fait un bénéfice de 10 milliards en 1992.

« Mais si Solvay souffre, explique le baron Janssen, la société tient le cap et prépare l'avenir. Après le déclin enregistré à partir de 1992, le pire serait enfin passé. » Un pire qui s'est soldé par la perte de neuf pour cent de l'emploi au sein du groupe [8].

Et effectivement, le pire semble passé puisque, pour le premier semestre 1994, Solvay a réalisé un bénéfice net consolidé de 2,9 milliards, incluant, il est vrai, 1 milliard de francs dégagés par la vente d'activités « ne faisant pas partie des axes stratégiques du groupe » et la fermeture de plusieurs unités d'exploitation [9]. Mais qu'à cela ne tienne. Le dividende est maintenu, ainsi que la confiance dans les capacités de redressement du groupe. Un défi de plus pour le baron Janssen.

Tout ceci explique que, pour l'heure, les petits-fils d'Emmanuel Janssen (Paul-Emmanuel, Daniel et Éric) sont tant à la tête de Solvay que de l'UCB et de la Générale de Banque.

L'aîné des Janssen, Paul-Emmanuel, préside le conseil d'administration de la Générale de Banque. Il y détient un demi pour cent du capital de la première banque du pays [10] ou, si vous préférez, de la nonante-neuvième banque du monde [11].

7 Il faut savoir que 31 % du capital d'UCB sont détenus par les holdings familiaux : Financières d'Obourg et de Tubize. Deux holdings cotés en bourse et contrôlés par la famille Janssen. Cf. *La Libre Belgique,* 8 janvier 1994, p. 14.

8 *Le Soir,* 7 juin 1994.

9 *Le Soir,* 20 mai 1991.

10 *Le Soir,* 28 juillet 1994.

11 *Le Soir,* 20 août 1994. Dix Belges dans le Top 1000. En 1993, la première banque belge dans le top 1000 reste la Générale de Banque (99e), suivie par la Kredietbank (130e), le Crédit communal (149e), la BBL (150e) et Cera (190e). Signalons au passage que la Générale de Banque est contrôlée à 23,2 % par la Société Générale. La Générale de Banque a réalisé, au cours du premier semestre 1994, un bénéfice net de 6,3 milliards, en hausse de 8,6 % par rapport au premier semestre 1993. Cf. *Le Soir,* 7 septembre 1994.

Le cadet, Daniel, est un peu le *wonder boy* de la famille. Non seulement président du comité exécutif de Solvay, il est aussi présent au Comité exécutif d'UCB.

Quant à Éric Janssen, outre ses activités d'administrateur de la société d'agents de change Puissant-Baeyens-Poswick, il est administrateur d'UCB.

On le voit, les frères Janssen tiennent dans leurs mains plusieurs leviers de l'économie belge.

Tous trois habitent à La Hulpe dans un splendide domaine de 205 ha, qui se situe en face du château de La Hulpe, de l'autre côté de la chaussée de Bruxelles. L'aîné, le baron Paul-Emmanuel, réside au Bonnier, avenue Gaston Bary. Le baron Daniel est à La Roncière, avenue Ernest Solvay, et Éric à La Garenne. Reste le château de Claires Collines où vit leur mère, Marie-Anne Boël (née en 1909), veuve du député de l'arrondissement de Nivelles, Charles-Emmanuel Janssen (1907-1985) [12] qui fut vice-président de la Société générale de banque et président du conseil d'administration de l'Union chimique belge et de Glaverbel [13].

Le golf de Waterloo installé sur les terres des Janssen

Le golf de Waterloo-Ohain, le *Fifty One* et l'*Impala TC* à Lasne, le bois d'Ohain, une partie des terres du champ de bataille de Waterloo, le fabuleux domaine en face du château de La Hulpe... tout le monde connaît. Et pourtant tout le monde ignore que cela appartient à une seule et même famille : la famille Janssen.

La saga foncière des Janssen a commencé avec Jeanne (1864-1947), la fille d'Ernest Solvay.

Des quatre enfants de l'inventeur de la soude industrielle, c'est incontestablement elle qui a marqué l'évolution de la grande propriété foncière à La Hulpe. En effet, le magnifique domaine qui se trouve en face du château de La Hulpe a été constitué au départ de l'héritage de Jeanne Solvay. Un héritage qui a été considérablement étoffé. On est ainsi passé d'un domaine de 29 ha, en 1915, à 133 ha, en 1920 (juste après

12 Il siégea de 1936 à 1946 comme député libéral pour l'arrondissement de Nivelles.

13 Signalons au passage qu'il fut administrateur de la Royale belge dont la famille est également actionnaire. Nous n'avons pas parlé du château du Val-Riant qui se trouvait en face de la Ferme rouge (à hauteur du n° 110 de la chaussée de Bruxelles). En effet, ce château qui appartenait à l'assureur Georges de Moerloose a été racheté par Imbra en 1960 avec son domaine de 28 ha (CDB, NM, n° 1669) (lieux-dits sur lesquels s'étend la propriété de Moerloose : Sur le Bois, Malaise et Triage de la Queue). Le château a été rasé en 1961, il ne reste aujourd'hui que l'appellation Val-Riant.

l'héritage), pour arriver aujourd'hui à un ensemble de 205 ha. Le même phénomène s'est aussi produit à Ohain, Lasne et Plancenoit.

En 1931, Jeanne Solvay comparut devant le notaire Valentin Delwart avec notamment son beau-fils, le baron Emmanuel Janssen (1879-1955), et deux de ses petits-enfants : le baron Charles-Emmanuel (1907-1985) et le baron Roger Janssen (1908-1975). L'objet était de fonder la SA Immobilière du Brabant, plus connue sous le nom d'Imbra [14].

La société avait pour but de gérer 806 ha de terres réparties sur toute la Wallonie, dont 426 ha en Brabant wallon. Il y avait ainsi, en 1931, pas moins de 245 ha à Ohain, 133 à La Hulpe, 30 à Lasne, 10 à Waterloo, 6 à Maransart et 2 à Plancenoit. En trente ans, Imbra réussira à doubler sa superficie en Brabant wallon, passant de 426 ha en 1931 à 812 ha en 1962 [15].

Trente ans encore plus tard, en 1992, la superficie détenue par Imbra en Brabant wallon s'est quelque peu réduite. Toute une série de terrains ont été lotis, qu'on pense par exemple au lotissement entre le Vieux chemin de Wavre et le Tri-Bara à Ohain. Ceci dit, Imbra aimerait encore lotir (50 ha pour cent cinquante habitants entre le Vieux chemin de Wavre et la route des Marnières), mais le bourgmestre de Lasne, Thierry Rotthier, s'y oppose, ces terres étant en zone d'extension d'habitat.

D'ailleurs, le projet ne devrait plus se réaliser, depuis que le ministre socialiste de l'aménagement du territoire, André Baudson, a décidé de geler les zones d'extension d'habitat en Wallonie, par une décison parue au *Moniteur* du 1er août 1994 ! Une circulaire aujourd'hui suspendue.

Depuis sa fondation, le capital social d'Imbra est passé de 25 millions à 310 millions, ce qui est peu compte tenu de la valeur des bâtiments. Aujourd'hui, Imbra possède 205 ha à La Hulpe, 359 ha à Lasne... [16] Soit un total de 700 ha dans le Brabant wallon auxquels s'ajoutent encore quelques centaines d'hectares en Flandre.

14 *Moniteur belge,* 11-12 mai 1931, Annexes, Acte n° 7204, pp. 2703-2709 : Immobilière du Brabant, en abrégé Imbra – Société annonyme établie à Bruxelles – Statuts.

15 En 1962, 812 ha dont 494 ha à Ohain (CDB, NM, n° 2453), 72 ha à Waterloo, (CDB, NM, n° 3311), 32 ha à Lasne (CDB, NM, n° 2215) et 214 ha à La Hulpe (CDB, NM, n° 1522).

16 En 1992, sur Lasne 263 ha à Ohain, plus 18 ha pour le Fifty One, 28 ha à Lasne-Chapelle et 48 ha à Plancenoit. Voici quelques lieux-dits où Imbra possède des terres : Grande Sévière, Champ des Fosses, Petite Hussière, Bois Lagasse, Champ du Catamoreau, Champ Nicaise, Fond Smohain, Le Biamont, Champ d'Hannonsart, Les Marnières, Vieux chemin de Wavre, Haut-Ransbeek, Marache, Champ de la Boule, Chemin du Peque, Chemin de Bas-Ransbeek, Champ du Peuthy, Colombier, Bois Eloy, Général Cambronne...

La politique foncière de Jeanne

Jeanne Solvay (1864-1947) a obtenu, du vivant de son père, plusieurs propriétés.

À Bruxelles, elle a notamment hérité d'un splendide hôtel de maître, avenue Louise au n° 140 (façade de 12 mètres). Un hôtel dont elle fit d'ailleurs sa résidence. Elle a aussi reçu une propriété rue de la Montagne au n° 86, ayant issue cochère rue t'Serclaes, en contrebas de la place Royale.

Outre cela, elle a hérité de plusieurs fermes sur les communes de Cambron-Casteau, Hoves-lez-Enghien, Vedrin, Wansin ainsi que des terres à Thisnes, Merdorp et Petit Hallet. Enfin en Brabant wallon, elle a hérité, à Ohain, de quelques parcelles sans oublier les terres de La Hulpe.

Avant son héritage, elle possédait déjà quelques dizaines d'hectares à La Hulpe (29 ha en 1915 qui deviendront 51 ha en 1919) (CDB, NM, n° 1522).

On sait que grâce à son héritage et à ses acquisitions successives, Jeanne Solvay se trouva au début des années 30 à la tête de cent et onze parcelles représentant au total 133 ha. Quarante-huit de ces parcelles provenaient de l'héritage de ses parents. Le reste fut acquis auprès de particuliers à La Hulpe, soit sous forme de rachat, soit sous forme d'échange de parcelles.

Jeanne Solvay racheta notamment en 1914 onze parcelles à Englebert Lauwers. Un homme dont un parent du même nom réussit (alors qu'il ne faisait pas partie du petit noyau gravitant autour de la Société Générale) à acheter lors de la mise en vente publique du Triage de Malaise entre 1831 et 1835, une cinquantaine d'hectares à La Hulpe. Englebert Lauwers (1788-1872) était un entrepreneur de messageries qui fut sénateur libéral de Bruxelles de 1851 à 1870. C'est donc un de ses descendants Lauwers Englebert François qui vendit en 1914 une trentaine d'hectares à Jeanne Solvay.

Par ailleurs, elle racheta, en 1917, 27 parcelles à Félicie Debecker, veuve de Fréderic Deschamps, propriétaire à Malaise sous La Hulpe (Ezelveld, Bakenbos). Il y eut encore six parcelles (Pangaren) acquises auprès d'Octavie Dansaert, veuve de Jules-Joseph Mention, propriétaire à Grand-Bigard.

Des 133 ha sur La Hulpe en 1931, le domaine passa à 186 ha en 1948 et 206 ha en 1973. Le domaine s'étend sur les lieux-dits suivants : Pré des Pigeons, Triage de la Longue Queue, Roode Klooster, Bonneveld, Sur le Bois, Tienne à Béchet, Pangaren, Drève des Pigeons, Triage de Malaise, Onder de Hazendreef....

Daniel Janssen ou l'une des figures industrielles belges

Le plus connu des frères Janssen est indubitablement le baron Daniel Janssen, ce manager hors pair qui n'a pas hésité à fermer le siège historique fondé par son arrière-arrière-grand-père, même si ce fut fait « la rage au cœur ».

Né en 1936, Daniel Janssen a très tôt emprunté la voie qui devait le conduire, à terme, à la tête de l'un des fleurons familiaux. Dans l'industrie chimique, les chemins pouvaient mener tant à Solvay qu'à UCB, deux bastions du giron familial. Daniel Janssen a connu les deux.

Ingénieur civil de l'ULB, Daniel Janssen est un des rares Belges à avoir décroché un MBA à Harvard avant d'entrer chez UCB où il passera plus de vingt ans. Jeune directeur des recherches, il y finira président du comité exécutif qu'il quittera pour succéder à son cousin Jacques Solvay (la troisième branche) à la tête de l'entreprise du même nom.

Numéro un de l'exécutif chez Solvay – où le président du conseil d'administration est son cousin Yves Boël, l'équilibre entre deux des principales branches de la famille étant ainsi préservé –, il est toujours vice-président d'UCB.

Amateur de chasse et de ski, Daniel Janssen cultive l'esprit de famille au point de refuser de prendre l'avion (même le sien) avec l'un de ses parents et codirigeants du groupe... pour qu'en cas d'accident la société ne soit pas décapitée.

Laïque réputé, droit et remarquablement intelligent, il prend en effet l'avion chaque semaine. Car, selon la tradition, les membres du comité exécutif doivent se rendre au moins un fois l'an dans chacun des pays d'activité et visiter chaque usine du groupe au moins tous les deux ans.

Auparavant, Daniel Janssen avait déjà fait parler de lui en tant que président de la FEB [17].

Voilà brossé à gros traits le portrait « d'une des figures les plus éminentes du paysage industriel belge de cette fin de siècle », pour reprendre l'expression du journal *Le Soir* lors de son élection comme Manager de l'année 1991 [18].

17 Philippe BERKENBAUM : in *Le Soir,* 11 juin 1993.

18 Marc VANESSE, *Le Soir, op. cit.*

Fait peu connu, Daniel Janssen commença sa carrière comme secrétaire du ministre d'État Albert-Édouard Janssen (1883-1966), représentant de l'aile catholique de la famille, banquier et expert financier de tout premier plan. Professeur à l'UCL, Albert-Édouard Janssen devint par trois fois ministre des Finances.

Albert-Édouard Janssen était aussi le propriétaire, depuis 1919, du domaine de l'ancienne abbaye de Valduc à Hamme-Mille (Grez-Doiceau), un magnifique domaine avec château et parc sis à la limite sud de la forêt de Meerdael. Ce domaine d'une centaine d'hectares appartient maintenant à la fille unique du ministre, la comtesse Grocholski, veuve en premières noces du comte Plater Zyberk [19]*. Il est revenu à la une de l'actualité depuis que des rumeurs font état d'un prochain mariage entre Anna Plater Zyberk et le prince Philippe de Belgique* [20].

Mais revenons à Daniel Janssen. Le manager à la moustache grisonnante et à la chevelure argentée est un homme doté d'une solide fortune. Elle lui vient des activités des branches Solvay-Janssen-Boël, mais aussi de celles moins connues liées à la famille de sa femme. Daniel Janssen épousa en effet, en 1970, la fille d'un des industriels les plus riches de la métropole, le baron Bracht. Ce qui met la famille non seulement au croisement des branches Solvay et Boël, mais aussi de la famille du célèbre et richissime baron anversois, Charles Bracht.

Détail piquant, le couple Janssen-Bracht est un couple mixte : libre penseur – catholique. Un journaliste de *Trends* lui faisant la remarque, le baron Janssen déclara : « Je ne suis pas franc-maçon, malgré mes relations avec l'ULB. Mon épouse est catholique pratiquante et mes enfants sont éduqués à l'école catholique. »

Décidément, elle est lointaine l'époque où un mariage mixte dans ce genre de famille était considéré comme la pire des mésalliances. Aujourd'hui, dans les milieux d'affaires, les vieux clivages n'ont guère plus

19 54 ha en 1928, 111 ha en 1962 (CDB, NM, n° 1059). Sur ce sujet voir GUYOT Gladys : « L'abbaye de Valduc à Hamme-Mille », *Brabant Tourisme,* septembre 1983, n° 4, pp. 14-17. Voir aussi Albert-Edouard Janssen raconté par sa fille la comtesse PLATER ZYBERK, Edition Oyez, Beauvechain, 2 vol., 1978.

20 Le cousin d'Anna Plater Zyberk vit d'ailleurs à Hamme-Mille. Il est marié avec la comtesse Diane de Liedekerke-Beaufort. Il est le fils du comte Tadeuz Plater Zyberk (1906-1978) qui épousa en secondes noces Élisabeth, fille d'Albert-Edouard Janssen. La jeune femme propriétaire du château du Valduc et de la demeure de Valberk adopta alors le fils issu du premier mariage de son mari. C'est ce dernier qui est le cousin d'Anna Plater Zyberg, peut-être la future reine des Belges.

cours. À notre époque, les Solvay ne financent plus comme jadis les enterrements civils à La Hulpe. Ne dit-on pas aussi qu'à la fin de sa vie Ernest-John Solvay s'est converti à la religion catholique, se faisant baptiser à plus de septante ans ?

Héritier de deux dynasties, les Solvay-Janssen-Boël et les Bunge-Bracht, le couple Janssen-Bracht se trouve à un carrefour crucial d'arbres généalogiques et d'intérêts.

Les Bracht, une belle famille prestigieuse

Le mardi 7 mars 1978 devait être, pour le baron Bracht, un jour ordinaire. Comme chaque matin, il quitta le château de Calesberg à Schoten, près d'Anvers, pour se rendre, au volant de sa Jaguar, à ses bureaux anversois de la Lange Nieuwstraat dans le centre de la Métropole.

Vers midi, son fils Théo, ne le voyant pas rentrer, commença à s'inquiéter. Dans l'après-midi, l'inquiétude grandit et, en fin de journée, il fallut bien se rendre à l'évidence : le baron Bracht avait disparu. Pour sa fille, épouse du baron Daniel Janssen, un long calvaire commença. Il durerait plusieurs semaines et se terminerait, à la mi-avril, par la découverte du corps de son père à Oelegem.

Le baron Bracht avait été enlevé et abattu, le 7 mars, d'une balle dans la tête. Son ravisseur, Marcel Van Tongelen, dit *Dexter*, n'en avait pas moins continué à négocier le versement d'une rançon. Arrêté, il fut condamné à mort.

Les Bracht appartiennent à une famille de riches industriels. Les ancêtres du baron (depuis 1967) Charles Bracht (1915-1978) ont constitué leur fortune grâce à la vente de produits tropicaux, à l'immobilier et aux assurances. Les Bracht avaient ainsi des intérêts dans l'agence Bracht-Aegis, filiale de droit belge du groupe Kreglinger [21].

Avant sa mort, le baron Bracht présidait plusieurs sociétés dont la Sipef qui contrôle l'exploitation d'huile de palme, de café, de caoutchouc et de thé en Australie, Malaisie, Indonésie, Brésil, Zaïre... C'est un véritable

21 Groupe Kreglinger : les principaux actionnaires sont des banquiers suisses. Comme nous l'avons vu précédemment (cf. le chapitre consacré à Goblet d'Alviella), l'activité du groupe Kreglinger est principalement dirigée vers le négoce de la laine. Un groupe qui possède des intérêts dans les Groupes Trigano et Club Mediterranée. C'est la banque du même nom qui en 1966 servit de support à la constitution de la banque du Benelux. Nous avons vu précédemment que Claudine, la sœur de feu le maïeur de Court-Saint-Étienne, Jean Goblet d'Alviella, épousa un Kreglinger.

empire agricole qui emploie quarante mille personnes dont une trentaine seulement en Belgique [22].

La Sipef, ex-société internationale de plantations et de finances est, aujourd'hui comme hier, un groupe particulièrement discret, présent sur les cinq continents mais surtout en Asie avec plus de septante pour cent de son chiffre d'affaires. Un chiffre d'affaires qui s'élève à 3 milliards en 1993 !

Le baron Bracht était le fils de Victor-Théodore, ancien bourgmestre de Schoten, près d'Anvers, et fondateur de l'Institut Bunge (clinique modèle), ainsi que de Dorothée Emilie Bunge, fille d'Édouard Bunge (1851-1927) qui appartenait à une très célébre famille de négociants anversois qui firent fortune dans le commerce colonial.

Le grand-père par alliance du baron assassiné, Édouard Bunge, était d'ailleurs un proche collaborateur de Léopold II [23]. Il fonda avec succès plusieurs plantations caoutchoutières et organisa les échanges commerciaux entre la Belgique et l'État indépendant du Congo, accumulant un fortune considérable, dont le château de Calesberg.

GASTON DE PRET-ROOSE DE CALSBERG, UN HOMME SOMPTUEUX...

La seigneurie de Calesberg appartint à la famille Pret à partir de 1739. Cette famille, originaire de Saint-Trond en la principauté de Liège, était venue se fixer à Anvers à la fin du XVIe siècle. Les Pret furent avant tout de grands financiers. À l'instar des Fugger, ils ouvrirent la voie aux Dormer et aux Cogels. Le nom de Pret a marqué de son empreinte toute l'activité économique du XVIIIe siècle [24].

Le sénateur Gaston de Pret-Roose de Calesberg (1839-1918), grand-père de la tante de madame Daniel Janssen, fut l'un des Belges qui menaient le train de vie le plus fastueux [25]*. On le sait grâce au montant de sa contribution personnelle (CP), qui était une imposition sur les signes extérieurs de richesse (la valeur locative des bâtiments, la domesticité, les chevaux de luxe...).*

22 Voir Marc CHARLET : *Le Soir,* Suppl. « Éco-Soir », 25 mars 1994, p. 8.

23 VAN DER STRAETEN E : « Bunge Edouard », *Biographie coloniale,* t. 1948, pp. 180-182.

24 Moretus PLANTIN DE BOUCHOUT : « Revue onomastique : de Pret Roose de Calesberg », *Le Parchemin,* n° 10, mars 1937, pp. 127-134. On retrouve un Pret comme premier directeur de la Compagnie d'Ostende en 1722. On en retrouve un autre bourgmestre d'Anvers.

25 Gaston de Pret Roose de Calesberg (1839-1918) fut sénateur catholique d'Anvers de 1884-1900. Il fut bourgmestre de Schoten de 1884-1893. Il se signala surtout par la défense des revendications flamingantes (sic !).

Dans le club restreint des Belges ayant le train de vie le plus somptueux, on trouvait seulement seize personnes dont neuf appartenaient à la noblesse. Il y avait le comte de Flandre, frère du Roi, le prince Charles de Ligne, les marquis de la Boëssière-Thiennes, vander Noot d'Assche, les comtes Cornet de Grez d'Elzius, de Rouillé, Adhémar d'Oultremont, Octave d'Oultremont de Duras et du Chastel de la Howarderie. À cette liste s'ajoutaient un négociant anversois : Meeus ; deux industriels : Montéfiore Levi de Liège et Rey de Bruxelles ; et trois banquiers : Victor Allard, Léon Lambert et Jules Matthieu[26]*. Tous possédaient au moins un château et un hôtel en ville.*

La seigneurie de Calesberg aboutit finalement aux mains d'Antonine de Pret de Calesberg qui hérita aussi du domaine. Un domaine entouré de 300 ha !

Peu après la mort d'Antonine en 1890, ses enfants vendirent le domaine à Édouard Bunge, beau-père de Victor-Théodore Bracht. Et c'est ainsi que le château de Calesberg passa aux mains du grand-père de madame Daniel Janssen.

Ce château, doté d'une imposante façade en briques, est situé le long de la voie rapide Schoten-Brasschaat. En plus du château proprement dit et d'un ensemble de bâtiments du même style, le domaine compte plusieurs conciergeries et une chapelle ainsi que, plus loin vers le centre de Schoten, une grosse villa blanche, la résidence de Théo Bracht, le fils aîné du baron et actuel dirigeant de la Sipef.

En ce qui concerne cette dernière, elle est propriétaire de plusieurs immeubles à Knokke et au Coq (De Haan) et son siège est établi au château de Calesberg.

Quant au baron, il était propriétaire de chasses en Campine et en Espagne.

Signalons encore que le baron assassiné était l'oncle de madame Arthur Cornet de Ways Ruart, propriétaire du château de Braine-le-Château[27].

Éric Janssen épouse la fille du dernier marquis du nom

Comme son frère Daniel, Éric Janssen épousa une descendante du club des seize, ce fameux club des gens les plus fastueux de Belgique. En 1965,

26 *Index des éligibles..., op. cit.,* p. 38-39.

27 MEUWISSEN Éric : « Braine-le-Château : son château et ses familles aristocratiques », *Brabant Tourisme,* mars 1994, pp. 41-48.

il se maria avec la comtesse Michèle de la Boëssière-Thiennes (1944-1993), fille de Marc, dernier marquis du nom (1911-1962).

Cette famille appartient à la noblesse la plus fortunée du pays. Leur fortune remonte à l'époque où le marquis Marc-Antoine de la Boëssière épousa la fille du comte de Thiennes de Lombize, qui lui-même avait épousé une Merode. Ce mariage lui apporta un véritable pactole de châteaux ainsi que le fameux hôtel de Thiennes, rue aux Laines à Bruxelles. Ce magnifique hôtel de maître, construit en 1844 et qui jouxtait celui des Merode, est aujourd'hui démoli.

Pour l'anecdote, jusqu'à la guerre 14-18, le marquis de la Boëssière-Thiennes, vêtu d'élégantes toilettes du XVIIIe siècle, les cheveux poudrés, une épée battant son mollet couvert d'un bas rose, et son épouse, une canne enrubannée à la main, assistaient à la procession précédant la kermesse de la Marolle ! [28]

L'arrière-grand-père de l'épouse d'Éric Janssen était un des plus importants propriétaires fonciers du pays [29]. Dans l'arrondissement de Mons, le comte de Thiennes possédait la majorité des terres de Lombize, dont la seigneurie était occupée depuis le XVe siècle [30]. Il en fut d'ailleurs bourgmestre de 1872 à 1931, tout comme son petit-fils Marc-Antoine, dernier marquis du nom de 1946 à 1962. À sa mort, c'est son épouse, la comtesse Renée Carton de Wiart (née en 1918) qui reprit l'écharpe maïorale jusqu'en 1976. C'est dire la toute puissance de la famille au village [31].

28 *Le Soir,* 24 août 1992.

29 Le marquis de la Boëssière-Thiennes possédait des terres non seulement à Lombise mais aussi à Brugelette, Bruxelles, Woluwe-Saint-Lambert, Barry, Thoricourt, Lessines, Ronquières et Faurœulx. Sa contribution foncière était parmi les plus élevées du pays. Il payait ainsi, en 1884, 10 519 francs de contribution foncière, soit l'équivalent de ce que payait en 1874 Théodore-Jean Mosselman. C'est tout dire.

30 La maison de Thiennes est originaire du comté de Flandre (XIIe siècle). Elle a possédé les seigneuries de Lombise (dès le XIVe siècle), Beaurepaire, Arquennes, Rebecque, Castres, Oedelem, Montigny, les baronnies de Brouck, d'Heuckelom et Ere, la terre de Rumbeke, celle de Claerhout et de Berthe. Tandis que la ligne cadette des comtes de Thiennes de Lombise s'est éteinte en 1881 dans les marquis de la Boëssière, la ligne aînée des comtes de Thiennes de Leyenburg et de Rumbeke s'est éteinte en 1909 dans les comtes de Limburg Stirum. Voir Xavier DE GHELLINCK VAERNEWYCK : *Le Parchemin,* n° 109, octobre 1965.

31 Le grand-père de madame Éric Janssen était non seulement le frère de l'ancien premier ministre et ministre Henri Carton, mais il fut aussi un des proches collaborateurs de Léopold II dont il fut secrétaire. Signalons au passage que la famille Carton est un des plus importants actionnaires de la compagnie d'assurances la Royale belge.

Une propriété bien plus belle que celle du château de La Hulpe !

Avec les trois frères Janssen, nous en sommes à la cinquième génération de grands patrons. Il y a en effet cent trente ans que deux frères de vingt-cinq et de vingt-trois ans se lançaient dans une entreprise titanesque. Les signes concrets de leur réussite parsèment le Brabant wallon.

Là où cette réussite a laissé ses signes extérieurs de richesse les plus manifestes, c'est à La Hulpe où on ne compte plus les châteaux ou les grosses demeures bourgeoises appartenant à la famille.

Des châteaux dont un possède même une piscine particulière, construite selon le procédé Krupp. Dans la grande salle du château, on ne remarque rien au premier abord. Et puis, le plancher muni de vérins hydrauliques descend soudain et la cavité se remplit d'eau. Nous voilà au bord de la piscine. Une piscine dont il n'y aurait que quelques exemplaires au monde. Ce n'est qu'un exemple parmi d'autres de la magnificence des lieux.

La propriété des Janssen à La Hulpe est une des plus belles propriétés de Belgique. Merveilleusement vallonnée, elle est agrémentée d'une magnifique chaîne d'étangs. Grande comme quatre cents terrains de football, elle est entretenue par dix jardiniers attachés à chacun des châteaux qui s'y trouvent. L'ensemble constitue un domaine avec jardins à la française et à l'anglaise, parcs, étangs, vergers et arbres multi-centenaires... Bref, un endroit de toute beauté.

Si l'on en croit l'architecte de jardin Jacques Boulanger, qui y travailla jadis, « Il n'y a pas de comparaison possible entre le parc Janssen et le parc Solvay qui lui fait face. Le premier est beaucoup plus beau que le second. Il faut admirer le fameux "canal indien" qu'y a construit René Péchère. Il y a aussi réalisé entre les différents châteaux des "points d'intérêt" avec partout des aménagements de haute qualité. Il faut dire que de Claires Collines, on aperçoit une vallée de rhododendrons et d'azalées. Une vallée de toute beauté qui doit être vue en avril. Alors, c'est comme une véritable coulée de couleurs. »[32]

Si les trois frères Janssen apparaissent comme de remarquables propriétaires fonciers, la question est de savoir si la génération qui suit aura encore l'envie de s'occuper et de sauvegarder un si magnifique patrimoine aux portes de la capitale de l'Europe.

32 *Le Soir,* 28 décembre 1993.

Actionnariat du groupe Solvay

En 1967, au moment de la transformation en société anonyme, la répartition du capital entre les différentes branches familiales se présentait comme suit [33] :

30 pour cent des parts aux descendants d'Ernest Solvay, dont :

- *13 pour cent aux descendants de son fils Armand (branches Solvay de La Hulpe, Boël-Solvay, Hankar-Solvay)*
- *9,5 pour cent aux descendants de sa fille Hélène, épouse du baron van der Straeten (branches Nieuwenhuys, Descamps, Gendebien, Washer)*
- *7,5 pour cent aux descendants de sa fille Jeanne épouse Van Parys (branche Janssen)*

17,5 pour cent des parts aux descendants d'Alfred Solvay, dont :

- *8,6 pour cent aux descendants de son fils Louis (branche Ganshof van der Meersch et Solvay)*
- *8,4 pour cent aux descendants de sa fille Alice, épouse du baron de Wangen de Geroldseck aux Vosges (branche Aubertin et de Wangen)*
- *0,5 pour cent à sa fille Thérèse, épouse Tournay*

8,5 pour cent des parts aux descendants des filles d'Alexandre Solvay, dont :

- *4 pour cent aux descendants d'Aurélie, épouse Querton*
- *2,5 pour cent aux descendants d'Élise, épouse Semet*
- *2 pour cent aux descendants d'Alphona, épouse Delwart*

21 pour cent des parts aux descendants et ayants droit d'Eudore Pirmez, Léonard et Hyacinthe Pirmez qui figuraient parmi les fondateurs de la société

- *7,5 pour cent aux descendants des ayants droit de Guillaume Nelis*
- *6,2 pour cent aux descendants de Valentin Lambert*
- *2,3 pour cent aux descendants de Gustave Sabatier*
- *2 pour cent aux descendants de Prosper Hanrez*
- *5 pour cent à des très nombreux autres parents et alliés des familles des anciens associés*

33 VINCENT Anne : *Les groupes d'entreprises en Belgique..., op. cit.*, pp. 312-313.

TOP 30 DES PLUS GROS ACTIONNAIRES DE SOLVAY EN 1967 [34]

1. *Pierre Solvay*	*311 638*
2. *Christian de Wangen de Geroldseck aux Vosges*	*205 915*
3. *Simone van der Straeten (épouse Jean Washer)*	*204 415*
4. *André Janssen*	*163 728*
5. *Armand de Laguiche*	*146 074*
6. *Indivision entre les héritiers de Mme René Boël*	*133 600*
7. *Roger Janssen*	*132 320*
8. *Charles-Emmanuel Janssen*	*126 285*
9. *Lucille Solvay (veuve du baron Robert Hankar)*	*125 620*
10. *Ernest-John Solvay*	*120 568*
11. *André Ganshof van der Meersch*	*115 365*
12. *Yvan Ganshof van der Meersch*	*114 380*
13. *Safas SA (Bâle)*	*97 984*
14. *Paul Mondron*	*78 385*
15. *Léon Mondron*	*68 041*
16. *René Boël (mandataire de l'indivision Boël)*	*60 312*
17. *Marie-Thérèse Solvay*	*52 060*
18. *Paul Hanrez*	*51 600*
19. *René Boël*	*51 540*
20. *Jacques Solvay*	*50 781*
21. *Pierre Casimir Lambert*	*50 000*
22. *Michel Querton*	*48 585*
23. *Christine Solvay (épouse Pierre Mairesse-Lebrun)*	*46 928*
24. *Anne Solvay (veuve Ernest de Selliers de Moranville)*	*46 747*
25. *Adeline de Fabriebeckers (épouse Paul del Marmol)*	*46 340*
26. *Nadine Hankar (épouse Yvan du Monceau de Bergendal)*	*45 978*
27. *Nicole Hankar (épouse Philippe Poswick)*	*45 904*
28. *Henri Delwart*	*44 155*
29. *Yves Boël*	*42 252*
30. *Thérèse Solvay (veuve Émile Tournay)*	*35 800*

34 *Moniteur belge,* 24 juin 1967, Annexes, Sociétés commerciales, 1560-1 : Solvay et Cie – Société en commandite simple à Ixelles-Bruxelles – Transformation en société anonyme – Adoption de statuts, pp. 12473-12497.

CHAPITRE NEUVIÈME

Argenteuil, d'un château à l'autre

« Il serait difficile de trouver dans notre pays un parc qui put rivaliser en beauté avec celui d'Argenteuil », déclarait Émile de Damseaux, en 1872, dans un livre consacré aux châteaux de Belgique.

Il faut dire qu'au siècle dernier, le domaine d'Argenteuil avait plutôt fière allure. C'était l'époque où toute la vallée de l'Argentine appartenait à la famille de Meeûs d'Argenteuil. Au total, plus de 1000 ha d'un seul tenant, répartis sur les communes de Waterloo, Ohain et La Hulpe. Un magnifique domaine qui s'articulait autour des châteaux d'Argenteuil à Ohain et de la Longue Queue à La Hulpe. Un domaine aujourd'hui morcelé.

Argenteuil prête toujours à confusion, on confond souvent les deux châteaux. Or si l'un est un véritable castel (l'ancien château de Meeûs), l'autre s'apparente plutôt à un gros manoir (le château Tuck). L'un abrite désormais une école, l'autre une princesse. Mais tous deux ont une histoire riche de multiples péripéties.

Avec son mur de plusieurs kilomètres et ses gendarmes perpétuellement de faction, Argenteuil intrigue. Mais Argenteuil, c'est aussi une ferme-modèle, la chapelle Reine Élisabeth, le monastère-école du Berlaymont, le couvent du Carmel et la nouvelle église construite durant la guerre pour remplacer l'ancienne église de fer le long de la chaussée de Louvain. Enfin, ce sont encore quelques propriétaires privés qui ont eu le privilège de pouvoir s'y établir. Autant de composantes issues de l'ancien domaine du comte Ferdinand de Meeûs, l'un des hommes les plus puissants du royaume en son temps.

Ferdinand de Meeûs, audacieux et avide de domination

« Est-ce la faute de la Chambre si la France n'a pas d'hommes comme monsieur Meeûs ? », se demandait Stendhal dans ses *Mémoires d'un touriste*[1]. Et de poursuivre : « L'ignorance à l'égard des chemins de fer est générale en France, tandis qu'à Liège et à Bruxelles tout le monde comprend cette question ». Et de mettre en exergue « les qualités du gouverneur de la Société Générale, Ferdinand de Meeûs »[2].

Au départ, Ferdinand Meeûs était un banquier de la capitale. Il appartenait au même milieu de négociants bruxellois que notre premier ministre des Finances, Jacques Coghen. L'un et l'autre étaient liés aux fondateurs de la Société Générale.

Ferdinand Meeûs allait connaître en quelques années une ascension fulgurante[3]. Gouverneur de la Société Générale à trente-deux ans, il le resta jusqu'à sa mort en 1861. Il était aussi riche que puissant, et détenait un nombre impressionnant de mandats dans tous les secteurs importants de l'économie[4].

« Animé de beaucoup de présomption, avide de domination et audacieux », pour reprendre les termes d'un banquier de l'époque (François de Pouhon, 1796-1872), Meeûs fut l'homme de Léopold Ier. C'est d'ailleurs Ferdinand Meeûs qui fit du roi le principal actionnaire de la Société Générale. Pour le remercier, Léopold Ier l'anoblit en 1836. Il devint dès lors le comte Ferdinand de Meeûs d'Argenteuil. Le comte avait réussi à concentrer sur sa personne un pouvoir immense à la direction de la Société Générale. Et François de Pouhon d'écrire en 1844 : « L'établissement de la Société Générale a marché depuis que de Meeûs est à sa tête comme si une seule volonté personnelle dirigeait ses actions et ses destinées. »[5]

1 STENDHAL, *Voyages en France,* Bibliothèque de la Pléiade, p. 277.

2 Ferdinand de Meeûs fit notamment construire les chemins de fer du Haut et du Bas-Flénu et, quelques années plus tard, le chemin de fer de Saint-Ghislain.

3 Au lendemain de la révolution belge de 1830, il sera désigné conseiller communal de la ville de Bruxelles, puis par le Gouvernement provisoire, membre de la toute puissante Commission des Finances. Une commission chargée d'organiser les finances du nouvel État. Et quelques jours plus tard, c'est le poste de gouverneur de la Société Générale qu'il recevra. De 1832 à 1845, il sera en outre député de Bruxelles.

4 Il détient une série impressionnante de mandats dans tous les secteurs clé de l'industrie belge : charbonnages, forges, verreries, compagnies de chemin de fer... Il participe à la gestion de 21 sociétés au capital de plus de deux millions de francs. Voir Paul WYNANTS : « Une fondation du comte Eugène de Meeûs : l'école Notre-Dame de La Hulpe (1879-1910) », *Revue d'histoire religieuse du Brabant wallon,* 1990, t. 4, fasc. 1, p. 17.

Au total, on estime qu'une quarantaine de personnes détenaient en 1848 l'immense empire de la Générale, soit en fait l'essentiel de l'industrie belge. Une poignée de membres des mêmes familles (frères, beaux-frères...) ainsi que les plus proches collaborateurs du comte de Meeûs avaient ensemble établi leur emprise sur la quasi totalité de la vie industrielle en Belgique [6].

Un bel exemple de cette mainmise est la construction en 1836 de la Sucrerie de Waterloo, aujourd'hui reconvertie à coups de centaines de millions en centre hôtelier et d'affaires. Ce fut une sucrerie particulièrement importante et audacieuse pour l'époque, du moins si l'on en juge par l'ampleur de ses bâtiments (un rectangle de 220 mètres sur 80 mètres) et le capital investi (4 millions). Un capital derrière lequel on retrouvait la famille de Meeûs, et plus exactement le frère du gouverneur de la Société Générale, Pierre J. Meeûs. Il en était d'ailleurs le président du conseil d'administration [7].

Un million et demi de briques pour Argenteuil

Comme tout homme d'affaires qui se respecte et réussit, de Meeûs se mit à acheter des terres. Il cherchait alors un grand domaine qui concrétiserait sa réussite sociale.

Dans un premier temps, il pensa jeter son dévolu sur le domaine de Braine-le-Château, qui deviendrait la propriété du comte de Robiano (voir le chapitre sur les Cornet de Ways-Ruart).

Finalement, il préféra s'installer en forêt de Soignes. Et pour cause, la Révolution belge avait déclenché la vente massive du capital foncier de la Société Générale pour financer l'industrialisation de la Belgique naissante. Un capital constitué notamment de la forêt de Soignes.

Plus de 6500 ha furent vendus à des particuliers, de 1831 à 1836. Et parmi ceux qui acquirent la forêt de Soignes, il faut bien entendu citer le gouverneur de la Société Générale, Ferdinand de Meeûs.

5 Cité par Walter De Bock : « Rothschild et la Société Générale aux origines de l'État et de la dynastie belges », *Contradictions,* n° 23-23, 1980, p. 107.

6 J. Laureyssens cité par W. De Bock, *op. cit.,* p. 115.

7 Sur la « Raffinerie nationale de sucre indigène et exotique » : voir Éric Meuwissen : « La sucrerie de Waterloo, sucre lait, astrakan et cinéma... », *Brabant Tourisme,* septembre 1993, n° 3, pp. 29-33. Et « Willemart » article consacré à Waterloo, in *Le patrimoine du Brabant wallon,* ouvrage collectif édité à l'initiative du Centre culturel du Brabant wallon, Court-Saint-Étienne, 1994.

Très rapidement, il fit défricher ses 300 ha et construire un château auquel il donna le nom d'Argenteuil [8]. Petit à petit, il y arrondit ses possessions. En 1848, on le retrouve avec 445 ha [9]. En 1870, la veuve de Ferdinand possédait en indivision pas moins de 784 ha de terres, répartis sur les communes de La Hulpe (226 ha), Ohain (435 ha) et Waterloo (124 ha) [10].

Autre indice de puissance, Ferdinand de Meeûs et ses cinq fils payaient suffisamment d'impôts pour être tous éligibles au Sénat. Six électeurs sur six, c'est incontestablement une des plus fortes images qu'on puisse tracer de la puissance foncière au XIXe siècle [11].

À peine fût-il installé à Argenteuil que la Société Générale décida, en 1832, de construire aux frais de la banque, la chaussée dite de Mont-Saint-Jean (Waterloo – Quatre-Bras de Tervuren). Ce qu'on appela à l'époque *la route de la banque,* devenue aujourd'hui le Ring Est. Elle fut percée à travers la forêt de Soignes pour faciliter le transport de charbon des mines de Charleroi. Officiellement du moins car, comme par hasard, la chaussée qui avait coûté la somme de 800 000 francs desservait très opportunément le château d'Argenteuil.

On ne sait pas grand-chose de ce château, si ce n'est qu'il brûla en 1847. Un château avec pavillon, bibliothèque, salle de billard, chapelle, orangerie, sellerie, écuries... Il était garni d'un grand nombre d'objets d'art, de meubles magnifiques qui ont tous été détruits [12].

Après l'incendie, de Meeûs fit appel au célèbre architecte Cluysenaer (1811-1880) qui recontruisit, de 1856 à 1858, un nouveau château pour la somme de 300 000 francs. Un château où la pierre bleue de Feluy s'allie avec la pierre blanche des carrières voisines. Les frères Jacquet, briquetiers

8 La famille Meeûs était déjà établie de longue date à Glabais et à Ohain. Elle y possédait l'ancienne seigneurie de Schoonhovens et la ferme de Carloo (130 ha). Si l'on en croit Michel Maziers, le gouverneur n'acheta pas directement Argenteuil dans un premier temps. Il acheva de payer les lots achetés au Triage du Coucou par son frère Joseph qui avait interrompu ses paiements après le 28 février 1839. Il devint ainsi acquéreur d'environ 265 ha, berceau du domaine d'Argenteuil.

9 Ohain (CDB, VM, n° 149) : 311 ha en 1848 (lieux-dits : Grande Closière, Hameau de Ransbeek, Champ Derrière le Mont, Champ du Bosquet, Champ des Fosses, Bois Lagasse, Biamont, au Pachy, Triage du Coucou...). Waterloo (CDB, VM, n° 679) : 88 ha en 1848. La Hulpe (CDB, VM, n° 271) : 46 ha en 1845 (lieux-dits : Bois Jacobs, Pré de Gaillemarde, Triage du Ticton...).

10 La Hulpe (CDB, VM, n° 271) : 226 ha en 1870. Ohain (CDB, VM, n° 149) : 435 ha en 1870. Waterloo (CDB, VM, n° 422) : 124 ha en 1869.

11 *Index des éligibles, op. cit.,* p. 119.

12 *Moniteur belge,* 12 et 15 janvier 1847.

sur le territoire d'Ohain, fournirent un million et demi de briques pour Argenteuil. De grandes lucarnes, un large perron, une galerie de onze arcades en plein cintre sont autant d'éléments qui firent du château une résidence peu ordinaire.

En ce qui concerne l'intérieur du castel, on note un escalier d'honneur en marbre blanc, une chapelle, un grand salon et une salle à manger dont les dimensions dépassent 100 m^2.

Tarlier et Wauters précisent en 1865 : « Autour d'Argenteuil sont groupés une vaste ferme dont le comte [le fils de Ferdinand] dirige lui-même l'exploitation, une église [la fameuse église de fer] et deux couvents ».

À la mort de la veuve de Ferdinand en 1874, le domaine fut dévolu, afin de ne pas être morcelé, à leur dixième enfant : la comtesse Henriette (1838-1907). Elle hérita non seulement du château mais aussi des terres jouxtant les murs du domaine, y compris l'autre versant de l'Argentine, de l'église de fer et des couvents adjacents.

Henriette, morte jeune fille et donc sans descendant, légua en 1906 sa part d'héritage au comte Louis de Meeûs (1857-1924). À son décès, ce dernier fit don à son épouse de l'usufruit de la moitié de ses biens, et à son fils Ludovic du domaine d'Argenteuil. C'est donc la veuve de Louis de Meeûs, née Martini, qui fut la dernière châtelaine d'Argenteuil.

En 1927, les descendants de Louis de Meeûs, (dont le comte Ludovic), se débarrassèrent d'une partie du domaine. Ils vendirent 240 ha sur Ohain (dont 165 boisés) qui furent rachetés en 1929 par une société immobilière dénommée « SA Domaine d'Argenteuil » [13].

Le comte Ludovic de Meeûs ne se retrouva pas dans le besoin pour autant. Il avait épousé la fille cadette du comte Stanislas de Robiano, châtelain de Braine-le-Château, et était aussi président du conseil d'administration des papeteries Intermills à La Hulpe.

Reste qu'avec la vente en 1929 du domaine d'Argenteuil, prenait fin l'aventure foncière de la famille de Meeûs à Ohain, qui avait débuté presque un siècle auparavant. Si, à la mort du patriarche en 1861, les héritiers parvinrent à maintenir le domaine encore pendant soixante-huit ans, à partir de 1929, on allait assister à son démembrement.

Les revers de fortune d'Eugène

Auparavant, on assista au démembrement du domaine lahulpois d'Eugène de Meeûs, le cinquième fils du gouverneur. Eugène de Meeûs avait acquis, en 1870, les terres de la Longue Queue à la Hulpe, soit 173

13 Ohain (CDB, NM, n° 1958) : 240 ha en 1926, 94 ha en 1930. La vente à la société civile Domaine d'Argenteuil eut lieu le 24 juillet 1929.

ha[14]. Comme il possédait déjà 56 ha à La Hulpe, le voilà désormais à la tête de 229 ha, un peu moins du cinquième de la superficie du village. Son domaine lahulpois touchait le domaine d'Argenteuil en possession de sa mère, si bien que toute la vallée de l'Argentine, avec ses bois, son Gris Moulin, son chapelet de mares forestières et d'étangs sombres ne formait qu'une seule et même propriété d'environ 1000 ha !

C'est Eugène de Meeûs qui fit construire le château de la Longue Queue, aujourd'hui en passe d'être démoli. Il n'en profita pas beaucoup, car suite à un revers de fortune, il fut bientôt obligé de vendre peu à peu toutes ses possessions à La Hulpe. En 1882, il y possédait encore 150 ha. Il vendit le domaine vers 1885 au chevalier Charles-Marie de Bosschaert (1813-1892).

Pour Eugène de Meeûs, c'était la fin des vaches grasses. Des vaches qui le furent particulièrement puisqu'en 1883, Eugène payait une contribution personnelle (impôt sur les signes extérieurs de richesse) de 1786 francs. Or on sait qu'à partir de 1000 francs, on a affaire à des gens qui mènent un train de vie fastueux.

En 1890, de Meeûs n'était même plus éligible au Sénat. Il ne possédait plus que... 56 ares à La Hulpe et était hébergé dans une petite maison que sa sœur lui avait fait construire dans le parc d'Argenteuil[15].

Grandeur et décadence !

Le démembrement du domaine

En 1930, la société civile Domaine d'Argenteuil vendit, d'une part, 150 ha à l'ambassadeur américain Tuck. Et d'autre part, le château et 20 ha à l'ASBL « Les Carmélites », qui le transforma en couvent.

En 1937, le château fut acquis par la Compagnie mobilière et immobilière liégeoise (Comil), représentée par les barons Paul de Launoit et Arsène de Launoit.

Et c'est finalement la société Comil qui vendit, en 1949, à l'État belge le château et 20 ha de terrains pour la somme de 12 millions[16]. L'État

14 Lieux-dits : Village, Longue Queue, Champ des Mottes, Fond du Graine, Champ de la Ramée, Bois Notre-Dame....

15 Les meilleures parts du domaine de la Longue Queue sont alors acquises par la famille de Bosschaert qui, en 1898, détient ainsi 187 ha. Voir Éric MEUWISSEN : « Dames et seigneurs de la Queue à La Hulpe : une longue histoire... », *Brabant Tourisme,* septembre 1992, n° 3, pp. 3-9.

16 Acte de vente fait et passé à Bruxelles, le 25 juin 1949, devant Jules Pinchart, directeur de l'enregistrement (Répertoire n° 11820 du ministère des Finances, administration de l'Enregistrement et des domaines, comité d'acquisition à Bruxelles, acte d'acquisition d'immeubles).

y installa alors un institut d'enseignement technique (Institut normal ménager de l'État).

Aujourd'hui, le château d'Argenteuil et ses 13,4 ha de parc ont été rachetés pour la somme de 184 millions par la Scandinavian School [17].

De l'ancien domaine des comtes de Meeûs, ce sont finalement l'ambassadeur Tuck et le comte de Launoit qui en ont recueilli les meilleurs morceaux. 150 ha pour Tuck, tandis que le comte de Launoit en acquit le reste (via la société Comil).

En 1960, le monastère et l'école du Berlaymont quittèrent le Rond-Point Schuman pour s'installer à Argenteuil sur un terrain d'une dizaine d'hectares, vendu par Ludovic de Meeûs [18].

Elle est désormais lointaine l'époque où la famille de Meeûs (le père et le fils Eugène) possédait « toute la vallée de l'Argentine ». Émile Vandervelde parlait alors d'un grand parc de cinq kilomètres de long sur trois de large [19].

de Launoit, généreux mécènes...

Peu de cartes de visite dans notre pays sont aussi étoffées que celle de Jean-Pierre de Launoit.

Président de la Royale Belge, il figure ou a figuré parmi les principaux dirigeants de la Petrofina, de la Compagnie internationale des Wagons-Lits, de la Gaumont et du Groupe Bruxelles-Lambert dont il est actuellement administrateur délégué. Jean-Pierre de Launoit est aussi depuis plus de vingt ans président du comité de direction de la Compagnie Luxembourgeoise de Télédiffusion et bien sûr président du conseil d'administration de RTL-TVi. Mais il est surtout connu du grand public pour être le président du conseil d'administration du concours Reine Élisabeth.

17 Le château, la conciergerie et 4 ha de terrains avaient été estimés par un expert-géomètre pour la somme de 92 millions ; l'école, le pavillon et 2 ha de parc et jardins à 96 millions ; le bois de 6 ha à 2 millions. Le total représente, en lots, 190 millions et, en masse, 160 millions (rapport d'expertise du 7 juillet 1992 de Georges Gaillard, géomètre expert immobilier).

18 Voilà pourquoi le célèbre bâtiment emblématique de l'Europe s'appelle le Berlaymont. (Jusque-là, le monastère et l'école se trouvaient en bordure de la rue de la Loi sur un terrain de 2 ha appartenant aux religieuses du Berlaymont. Après de longues tractations, l'État racheta, le 25 mai 1960, la propriété aux religieuses qui s'installeront à Argenteuil dans un immeuble promptement mis en construction sur un terrain appartenant à Ludovic de Meeûs.

19 Émile VANDERVELDE : *La grande propriété...*, p. 17.

Et pour cause, c'est avec les deniers de son père, Paul de Launoit, que fut érigée, sur un terrain de 3 ha, la chapelle musicale Reine Élisabeth.

Paul de Launoit, décédé à l'âge de septante-neuf ans en 1981, était un industriel célèbre qui fut notamment président de Brufina, de la société Cockerill-Ougrée, d'Electrobel et, bien entendu, du concours musical international Reine Élisabeth [20].

En 1972, la SA Comil (changement de dénomination en 1968) possédait encore 130 ha à Argenteuil.

Suite au décès de Paul, la famille de Launoit commença à s'en débarrasser pour sortir d'indivison. Elle vendit d'abord, à un fermier, la ferme modèle (l'une des premières exploitations du pays à stabulation libre où toutes les activités sont pratiquement automatisées) et son moulin (le dernier moulin en bois subsistant en Brabant wallon). Ensuite, elle céda une vingtaine d'hectares à Jean de Sejournet de Ramegnies. Par ailleurs, Michel de Pret Roose de Calesberg reprit l'ancienne maison du comte de Launoit et quelques hectares de terre.

Aujourd'hui, la famille de Launoit n'est plus propriétaire que d'une quinzaine d'hectares sur le site. La famille de Meeûs, elle, n'y possède plus rien.

Une princesse au milieu d'un parc de 143 ha

C'est après 1959 que le gouvernement décida d'offrir Argenteuil et ses 143 ha de parcs et de bois à Léopold III [21] qui ne pouvait continuer à vivre à Laeken puisque le roi Baudouin allait se marier.

Le domaine royal, c'est d'abord le château Tuck. Il doit son nom au richissime diplomate américain qui le fit construire. L'ambassadeur avait acquis en 1930 environ 150 ha du fameux domaine d'Argenteuil.

Après la seconde guerre mondiale, Tuck rentra aux État-Unis et vendit son domaine. Finalement, il aboutit en 1950 entre les mains de l'État belge. Le domaine royal d'Argenteuil se profilait.

Dans un premier temps, on le destina au prince Charles, le frère de Léopold III. Mais ce dernier n'en voulut point, préférant la mer ou la Suisse. Le château servit alors à recevoir des hôtes de marque. On y organisait

20 Sur le groupe de Launoit, voir VINCENT Anne : *Les groupes d'entreprises en Belgique. Le domaine des principaux groupes privés,* Crisp, 1990, pp. 199-201. Le groupe de Launoit structuré autour de trois sociétés – Brufina, Cofinindus et Banque de Bruxelles – était traditionellement la deuxième puissance financière du pays.

21 Domaine de l'État (biens gérés par l'administration des bâtiments, travaux publics) à Ohain (CDB, NM, n° 2431) : 122 ha en 1973 (lieux-dits : Triage du Coucou, Gaillemarde, Triage du Roussart...).

parfois aux chandelles des « ministres parties ». La dernière réception y fut offerte par le ministre Gilson.

La suite, on la connaît. On fit d'un bâtiment qui servait d'hôtel, une résidence privée. Il fallut pour cela plus de six mois de travaux, tant les murs érigés selon une technique importée d'Amérique étaient d'une épaisseur peu courante. Les caves, par exemple, ressemblaient à de véritables bunkers. De plus, la demeure occupée uniquement à la bonne saison n'avait qu'un chauffage d'appoint, fourni par les cheminées à bûches. Autant d'inconvénients auxquels il fallait remédier au plus vite pour y accueillir le couple royal.

Aujourd'hui, le château s'apparente à une gentilhommière de style Louis XIV. Fumoir, murs lambrissés, appartements privés meublés en Louis XVI et Napoléon III, parquet en carré et cheminées en marbre, escalier monumental, boudoir et salle de bain au sol couvert de marbre rose poli... le château est pourvu d'une quinzaine de chambres et de garages. Il est meublé et décoré grâce à des tableaux et du mobilier provenant de Laeken. Le rez-de-chaussée renferme des pièces de collection qui appartiennent soit à la famille royale, soit à l'État. Il s'agit notamment de meubles précieux et de toiles.

Le château, le bloc administratif et le pavillon ont une superficie d'environ 90 ares. Le tout est entouré de 2,2 ha de pelouses, le reste du domaine étant essentiellemement boisé (prolongation de la forêt de Soignes).

Comme il s'agit d'un domaine de l'État, l'entretien du château et du parc incombe à l'administration des bâtiments (Travaux publics, régie des bâtiments à Nivelles). Rien que la tonte des 2,2 ha de pelouses et l'entretien des bordures coûtent la somme de 2,5 millions par an. Sans parler de l'entretien du château, de ses dépendances et des bois.

Si pour la poste, l'enlèvement des immondices et l'entretien des routes, le domaine royal est du ressort de la commune de Waterloo, pour la paroisse il est de celui de Ransbèche (Ohain).

Depuis la fusion des communes, le domaine royal se trouve entièrement sur la commune de Waterloo. Auparavant, les 143 ha de la propriété s'étendaient sur les communes d'Ohain (quatre-vingts pour cent), de Waterloo (quinze pour cent) et de La Hulpe (cinq pour cent).

Constitué en 1832, le domaine d'Argenteuil fut démembré un siècle plus tard, en 1929. Un domaine magnifique qui atteignit, à son apogée, 785 ha. Mais il ne résista au morcellement que pendant deux générations. La troisième s'en sépara. Argenteuil est un bel exemple d'une famille qui, pour toute une série de raisons, ne pût pas conserver son patrimoine.

CHAPITRE DIXIÈME

Les Merode ou l'art de conserver des propriétés d'origine médiévale

D'un côté « Château d'Yquem », de l'autre « Pommard et Corton » ! Ou, si vous préférez, d'un côté la famille Lur-Saluces, et de l'autre la famille Clermont-Tonnerre. Et au milieu de ces deux illustres dynasties, les Merode. Autant dire que la cave à vin de la célèbre famille princière ne doit pas manquer de grands crus.

L'explication est simple et tient aux alliances matrimoniales et aux aléas successoraux. Le châtelain de Rixensart, Félix de Merode (1882-1943), avait neuf enfants. Parmi eux, Henri et Florent épousèrent chacun une sœur de Lur-Saluces [1]. Or qui dit Lur-Saluces dit « Château d'Yquem », la source bénie du pays de Sauternes, un des plus prestigieux vins de la planète ! Un vin qui s'est négocié dernièrement en vente publique entre 5000 et 26 000 francs la bouteille [2].

Mais l'alliance des châteaux ne s'arrête pas là. Car, aujourd'hui, le prince Florent (né en 1927) réside non loin de Beaune au domaine de Serrigny en Côte-d'Or. Ce domaine de 300 ha, couvert de prestigieuses vignes, a été hérité de sa mère, née Clermont-Tonnerre. Et de ce vignoble, sortent chaque année les meilleures bouteilles de Pommard et Corton [3].

Cette anecdote révèle à quel point la famille de Merode est parvenue à réussir de prestigieuses alliances matrimoniales qui lui ont permis de regrouper des domaines que les successions avaient éparpillés. Se mariant entre cousins et cousines, ils ont sauvegardé à travers l'histoire une série de fiefs d'origine médiévale.

1 Le domaine du Château d'Yquem appartient, depuis deux siècles, à la famille de Lur-Saluces. Feu le châtelain de Rixensart, le prince Henri de Merode (1919-1962), avait épousé Jeanne de Lur-Saluces. Cette dernière réside d'ailleurs toujours au château de Rixensart.

2 *La Libre Belgique,* 19 septembre 1993.

3 Le frère cadet du prince Henri, Florent de Merode (1927), s'est marié en 1951 avec Françoise de Lur-Saluces (née en 1931), sœur de l'actuelle châtelaine de Rixensart.

DE MERODE

(Généalogie simplifiée)

GUILLAUME-CHARLES (1762 † 1830)

Branche aînée (Westerloo)	2e branche (Rixensart) Trelon	3e branche (Everberg)
Henri[1] (1782 † 1847)	Félix (1791 † 1857)	Werner[5] (1797 † 1840)
Charles[2] (1824 † 1892)	Ch. Werner (1816 † 1905)	Louis[6] (1821 † 1876)
Henri[3] (1856 † 1908)	Herman (1853 † 1924)	
Ch. Werner[4] (1887 † 1977)	Félix (1882 † 1943)	
	Henri (1919 † 1962)	
Werner[7] (1855 † 1914)		Jean[9] (1864 † 1933)
Louis[8] (1882 † 1949)	Amaury[10] (1902 †)	Frédéric (1911 † 1958)
Werner (Né en 1914)	Jean (Né en 1927)	Alexandre[11] (Né en 1934)

1. Sénateur (1831-1847), épouse la dame d'honneur de la reine Marie-Louise.
2. Président du Sénat (1885-1892) et bourgmestre de Westerlo jusqu'en 1892.
3. Président du Sénat (1903-1908) ; ministre d'État ; bourgmestre de Westerlo.
4. Bourgmestre de Westerlo.
5. Député et bourgmestre d'Everberg.
6. Sénateur (1870-1876).
7. Sénateur et grand maître de la Maison de S.M. la Reine.
8. Sénateur.
9. Grand maréchal de la Cour.
10. *Idem.*
11. Président du Comité olympique international.

Alliés aux grandes familles qui ont fait la France

« Merode. Issus des rois d'Aragon, ils sont aujourd'hui les plus grands en Belgique et princes de Merode », ainsi s'exprime le célèbre généalogiste Armand Chaffanjon dans son livre consacré aux *Grandes familles qui ont fait la France*[4].

Les Merode qui occupent aujourd'hui les châteaux de Rixensart, Westerloo, Everberg, Neffe... se sont alliés à tout ce que l'Europe comptait comme grandes familles.

En France, ils épousèrent des Lévis-Mirepoix, Laguiche, Grammont, Montalembert, La Rochefoucauld, Clermont-Tonnerre, Gontaut-Biron, Lur-Saluces, Moustier, Rochechouart, Bearn, Villefranche, Guébirant, de Vogüé... Autant de familles françaises particulièrement prestigieuses.

Werner de Merode (1787-1840), frère du propriétaire du château de Rixensart, fut par exemple le père d'une princesse de Monaco et le grand-père d'une reine d'Espagne[5]. C'est ainsi que la comtesse Antoinette de Merode fut la trisaïeule de Rainier III de Monaco[6]. D'autres épouseront des princes de Croy, d'Arenberg, Massimo, Lancelloti. Le mariage du châtelain de Neffe (Namur), le prince Jean (1864-1933), avec la princesse Marie de Bauffremont (1874-1955), fille d'un Bourbon d'Espagne, en fit des descendants de Louis XIV[7]. De même que l'alliance du grand-père de la châtelaine de Rixensart avec une La Rochefoucauld donna Louis XIV pour ancêtre à ses représentants actuels.

4 CHAFFANJON Arnaud : *Les grandes familles qui ont fait la France..., op. cit.,* pp. 231-234.

5 La fille de Werner, châtelain d'Everberg, a épousé un Pozzo di Cisterna dont la fille Marie sera la femme d'Amédée d'Italie, duc d'Aoste, roi d'Espagne en 1870. La maison d'Aoste est une branche cadette de la maison de Savoie (famille qui régna sur l'Italie jusqu'en 1946), issue d'Amédée Ier, duc d'Aoste, deuxième fils de Victor-Emmanuel II (1848-1878).

6 L'autre fille de Werner, Antoinette, comtesse de Merode, épousa en 1846 Charles III Honoré Grimaldi, prince régnant de Monaco qui fut pour la petite histoire, fondateur de la ville de Monte-Carlo ainsi que du casino. La princesse de Monaco s'éteignit dans le palais ancestral des Grimaldi en 1864. Son mari lui survécut jusqu'en 1889.

7 Le château de Neffe, non loin de Saint-Gérard dans le Namurois, a été acquis par le prince Jean (1864-1933), grand maréchal de la Cour. Il est aujourd'hui aux mains de son petit-fils, le prince Alexandre de Merode (né en 1934). Un prince bien connu pour être le président de la commission médicale du CIO (dont plus de 180 pays sont membres), mais aussi le président de l'Office généalogique et héraldique de Belgique ainsi que le président de l'Association royale des demeures historiques de Belgique.

Ils ont aussi réussi à s'allier aux « grandes dynasties bourgeoises du monde des affaires », pour reprendre l'expression d'Henri Coston [8].

Ainsi, par le mariage du sénateur Louis de Merode (1882-1942) avec Élisabeth de Moustier dont la mère était une vicomtesse de Curel, on retrouve les Merode apparentés aux Wendel, la célèbre famille des maîtres de forges lorrains. Cette famille rivalisa longtemps avec l'autre grand magnat de l'acier, Schneider.

Sans être des industriels, voilà donc les Merode gros actionnaires d'un des plus importants groupes sidérurgiques européens d'avant-guerre. Aussi, n'est-il pas étonnant de retrouver, parmi les quatre-vingt-quatre membres de l'assemblée générale des actionnaires du 20 juin 1939, Louis de Merode et ses cinq enfants. Quatre-vingt-quatre personnes dont la liste ne manque pas d'intérêt, tant elle montre les alliances et les parentés entre les descendants de l'illustre magnat de l'acier lorrain. On y voit ainsi que les Merode sont alliés avec une série de familles de l'aristocratie française qui occupent une place enviée dans la haute société et dans le monde des affaires.

Ce n'est qu'un exemple de plus pour démontrer, si besoin en était encore, que la famille Merode a toujours su pratiquer l'art des unions matrimoniales. Ce qui leur permit d'augmenter considérablement leur domaine et leur pouvoir.

Des vastes domaines qu'ils accumulèrent au cours des siècles, les Merode ont pu, malgré les révolutions et les difficultés de toutes sortes, sauvegarder quelques ensembles remarquables, même si, aujourd'hui, ils sont considérablement réduits. Qu'on pense à Westerlo, Rixensart, Everberg...

Le très européen Charles-Guillaume, maire de Bruxelles

Un des plus beaux exemples d'alliance matrimoniale date de 1778, année où Charles-Guillaume de Merode – quadriaïeul de la princesse Henri, actuelle châtelaine de Rixensart – épousa Marie d'Ongnies de Mastaing. Cette alliance, à l'origine de nombreuses possessions foncières de la famille en Belgique, est d'ailleurs la source des trois branches actuelles de la famille de Merode [9]. Et parmi elles, de la branche de Rixensart qui nous intéresse particulièrement.

8 COSTON Henri : *Dictionnaire des dynasties bourgeoises et du monde des affaires,* Paris. Voir le chapitre consacré aux Wendel, pp. 578-587. Signalons qu'aujourd'hui les Wendel ont gardé une considérable fortune, même s'ils n'ont plus un sou dans la sidérurgie. Les rois de l'acier ont su opérer une habile reconversion.

9 Les descendants du comte Henri (1782-1857) auteur de la branche aînée (Westerlo), du comte Félix (1791-1857) auteur de la deuxième branche (Rixensart) et du comte Werner (1797-1840) auteur de la troisième branche (Everberg).

Charles-Guillaume (1762-1830) devint chef de la maison de Merode à l'âge de dix ans. Il le resta pendant quarante-sept ans.

Il était le petit-fils du célèbre feld-maréchal Eugène-Philippe de Merode (1674-1732) qui épousa en secondes noces la princesse Charlotte de Nassau Hadamar (1704-1740), laquelle perdit la raison après la mort de son mari. Les Merode actuels descendent tous de ce second mariage avec Charlotte, morte folle à l'âge de trente-six ans.

La figure du feld-maréchal est assez exceptionnelle. Homme de guerre et homme de cour, il était chevalier de la Toison d'Or [10]. Son fils cadet, Philippe-Maximilien, lui succéda dans l'ensemble de ses biens et titres. Sa fortune subit plus tard un accroissement considérable du fait de son mariage avec sa cousine, la princesse de Rubempré et d'Everberg, comtesse de Merode Montfort. Ce fut le premier regroupement de biens.

Le second regroupement important fut l'œuvre de son fils, le très aristocratique Charles-Guillaume de Merode (1762-1830).

C'est un véritable citoyen européen que ce Charles-Guillaume Ghislain, comte de Merode et du Saint-Empire, marquis de Westerloo, prince de Rubempré et d'Everberg, grand d'Espagne de première classe, chambellan impérial et royal ambassadeur à La Haye, chambellan du roi de Prusse, membre du sénat impérial de France, grand maréchal de la Cour des Pays-Bas et maire de Bruxelles en 1805 ! Il fut successivement Autrichien, Belge, Prussien, Français, Belge et Néerlandais [11].

Par son mariage avec la dernière héritière de la maison d'Ongnies, Marie-Josephe, princesse de Grimberghe et fille d'un des plus grands seigneurs de son temps, la maison de Merode acquit les biens d'Ongnies-Grimberghe ainsi que les biens d'une branche éteinte, les Merode-Deinze.

Parmi les propriétés des Merode-Deinze cédées en 1804 par le dernier descendant, le comte Balthazar de Merode Montfort, à sa cousine Marie-Josephe d'Ongnies, il y avait Ham-sur-Heure, Solre-sur-Sambre, Rixensart, Duffel...

Par le mariage de Charles-Guillaume et Marie-Josephe, qui réunit les deux branches de la maison de Merode séparées depuis des siècles, se produisit une véritable concentration de châteaux et de fiefs.

À tel point qu'à l'aube de notre indépendance, les Merode ne comptaient plus ni leurs châteaux, ni leurs forêts, ni les frontières qui les séparaient. Certains évoquent une trentaine de châteaux. Il faut dire que le comte Charles-Guillaume de Merode était immensément riche. Le recensement de ses biens en Belgique est impressionnant. Il y possédait notamment les terres de Grimbergen, Westerlo, Everberg et Rixensart.

10 Duchesne Eugène : *Biographie Nationale,* t. XIV, 1897, col. 539-545.

11 *Ibidem,* col. 533-539.

Cet ensemble fut partagé, en 1830, entre ses trois fils (Henri, Félix et Werner), le quatrième (Frédéric) étant décédé pour l'indépendance de la Belgique en septembre 1830.

L'aîné, le sénateur Henri de Merode (1782-1847), hérita d'une partie des domaines grandioses relevant des branches éteintes de la famille. Il reçut ainsi les domaines de Merode et Westerlo (occupé par la famille depuis le XVe siècle) ainsi que, du côté maternel, Grimbergen et Solré [12].

Werner (1797-1840), le plus jeune, succéda à son père comme châtelain d'Everberg [13].

Les biens de Rixensart échurent à celui qui aurait pu devenir notre premier roi, le comte Félix (1791-1857) [14].

Au début de ce siècle et malgré les morcellements successifs, les Merode possédaient encore : 1600 ha dans la province de Brabant (Everberg, Grimbergen, Rixensart...) ; 500 ha en Flandre orientale (Buggenhout) ; des milliers d'hectares en Campine, dont 886 ha à Petersheim (Lanaken) et 3000 ha à Westerlo ; sans oublier les 1200 ha de terres à Loverval en Hainaut [15]. À cela, on pourrait encore ajouter le magnifique domaine de Trelon (2000 ha) sis non loin d'Avesnes dans le Nord de la France.

Cinq générations après la mort de Charles-Guillaume, ses descendants, sans être dans le besoin, ont juste réussi à maintenir vaille que vaille quelques châteaux. Et encore !

Grimbergen, laissé à l'abandon après avoir brûlé en 1944, a été cédé à la commune en 1978 [16]. Le plus ancien domaine de la famille, Petersheim à Lanaken, a été vendu par le chef de la maison de Merode... De même que le château de Ham-sur-Heure qui leur appartint de 1456 à 1941. Rixensart est dans un piteux état et le domaine est réduit à sa portion congrue... À Westerlo, des 3000 ha qui constituaient le domaine au début du siècle, il en reste seulement quelques dizaines.

Les descendants de la branche aînée en sont même réduits à louer à une société l'ancestral château de famille, ainsi que le magnifique hôtel

12 *Ibidem,* col. 563-566.

13 OP DE BEECK Evrard : « Everberg, une visite au château princier », *Brabant Tourisme,* n° 4, 1967, pp. 12-16. Voir aussi du même auteur : « Everberg et ses seigneurs », *Brabant Tourisme,* novembre 1979, n° 5, p. 39. En 1928 le domaine d'Everberg faisait 227 ha (CDB, NM, n° 1293).

14 DUCHESNE Eugène : *Biographie Nationale,* t. XIV, 1897, col. 545-556.

15 GILLIAUX J : « Le domaine de Loverval. Excursion forestière en 1908 », BSCF, 1909, pp. 278-292. Le domaine était propriété du comte Werner de Merode (1855-1914). Il était d'ailleurs bourgmestre de Loverval. Il avait hérité le domaine de son père, le sénateur Louis de Merode (1821-1876). Le domaine a une étendue boisée de 1200 ha. Il s'étend sur le territoire des communes de Loverval, Couillet, Bouffioulx, Acoz, Gerpinnes, Jamioulx et Marcinelle.

16 *Le Soir,* 4 décembre 1991.

de maître de la rue aux Laines non loin du palais de Justice. Un hôtel dont le grand salon décoré en 1780 est un des plus vastes de Bruxelles [17]. Il faut dire que pour éviter de payer des droits de succession trop importants, les Merode-Westerloo ont été parmi les premiers grands propriétaires, en 1950, à mettre leur patrimoine en société.

Aujourd'hui, il ne reste plus autour du château de la famille princière qu'un parc de 62 ha. Plus qu'un symbole, la fin d'une époque. Reste qu'au milieu de toutes ces mutations foncières, il existe toujours dans l'Eiffel le *Schlosz Merode*. C'est un phénomène unique en Europe puisque les aïeux de la famille princière l'ont édifié au XIe siècle !

Rixensart : quand les Merode détenaient deux tiers du village !

Deux cent trente hectares, voilà tout ce qu'il reste des gigantesques possessions que les Merode eurent jadis autour du château de Rixensart. Ces possessions s'étendaient, en un seul bloc, sur les communes de Rixensart, Limal, Bierges et Rosières.

Aujourd'hui, il n'y a plus que 128 ha sur Rixensart, 14 ha sur Rosières et... une centaine sur Bierges, qui sont en passe d'être transformés en un des golfs les plus somptueux d'Europe. Il ne reste rien des terres que la famille posséda jadis à Corroy-le-Grand, Vieusart et Corbais [18]. Il en va de même pour celles de Geest-Gerompont à Ramillies [19].

On ne retrouve même plus, dans le patrimoine des Merode, la splendide ferme de Mellemont sise à Thorembais-les-Béguines, une des plus importantes de l'arrondissement de Nivelles avec 178 ha en 1865, qui est passée par héritage dans le patrimoine de la famille du duc d'Aoste [20].

17 Comte J. DE BORCHGRAVE D'ALTENA : « L'hôtel Merode-Westerloo », *Maisons d'hier et d'aujoud'hui,* mai 1969, pp. 4-6. Voir aussi Evrard OP DE BEECK : « L'Hôtel Merode-Westerloo », *Brabant Tourisme,* n° 1, 1969, pp. 14-17. Ainsi que Joseph DE GHELINCK : « L'hôtel Merode-Westerloo », Maisons d'hier et d'aujourd'hui », mai 1969, n° 2, pp. 7-10.

18 Devenue chanoinesse du Chapitre de Sainte-Waudru à Mons, Marie de Merode Montfort (décédée en 1787) va agrandir le domaine de Rixensart par l'achat de biens dans les environs de Corroy-le-Grand, Vieusart et Corbais. En 1864, on retrouve ainsi la ferme du Mont à Corroy (77 ha) en possession de la comtesse Françoise Louise Ghislaine de Merode (née en 1787). Selon Tarlier et Wauters *(op. cit.,* p. 279), la cense du Mont « sous le Neufsart » fut vendue en 1740 par Jamin, curé d'Opprebais, à la dame de Rixensart. Mademoiselle de Montfort, dame de Rixensart, acquit le 20 novembre 1738 des terres s'étendant sur Corroy et Nil-Saint-Martin. Telle est l'origine du domaine que les Merode possèdent à Corroy.

19 Geest-Geronpont (CDB, VM, n° 1480) : 73 ha appartenant au marquis Amedée de Clermont-Tonnerre (beau-frère de Félix de Merode).

20 Ancienne dépendance de l'abbaye de Villers, la ferme d'Emellemont (aujourd'hui

LES CHÂTELAINS DE RIXENSART

(Généalogie simplifiée)

GUILLAUME-CHARLES DE MERODE (1762 † 1830)
ép. Marie d'Ongnies (1760 † 1842)
4 enfants dont

|

Félix (1791 † 1857)
ép. Rosalie de Grammont († 1823)
5 enfants dont

|

Werner (1816 † 1905)
ép. Thérèse de Merode-Everberg (1823 † 1901)
5 enfants dont

|

Herman (1853 † 1924)
ép. Amélie de La Rochefoucauld (1861 † 1943)
4 enfants dont

|

Félix (1882 † 1943)
épouse Françoise de Clermont Tonnerre (1885 † 1957)
9 enfants dont

|

Henri (1919 † 1962)
ép. Jeanne de Lur Saluces
4 enfants dont

|

Antoine et Geoffroy

Enfin, dernier exemple, les biens de la belle-sœur du châtelain de Rixensart, la comtesse de Merode, née Louise de Spangen (1799-1845), sont passés via sa fille Marie (1830-1892) dans le patrimoine des princes d'Arenberg. La comtesse Marie de Merode avait en effet épousé Antoine d'Arenberg (1826-1910), propriétaire, en 1893, de 436 ha à Perwez [21]. Ces biens furent dévolus, après son décès, à son mari qui les transmit à ses enfants. Le patrimoine est donc passé de la famille de Merode à celle d'Arenberg.

Mais revenons à Rixensart et à son château qui appartint aux célèbres familles de Croy et Spinola avant d'aboutir par succession, en 1715, dans la famille de Merode qui le fit rebondir, par Ongnies interposés, jusqu'à la branche de Westerloo [22 23].

Mellemont) et le prieuré qui lui était annexé avaient été vendus comme biens nationaux à la famille de banquier d'origine française, Plovits. Par succession, elle passa dans le patrimoine du banquier bruxellois Daniel-Patrice Hennessy (voir chapitre Solvay). En 1833, la ferme fut vendue avec 154 bonniers de terres, pour 222 766 francs, à Louise-Victoire comtesse de Spangen (1799-1845), épouse du comte Werner de Merode (frère de Félix, châtelain de Rixensart). À la mort de la comtesse de Spangen, la ferme devint la propriété de sa fille Louise de Merode, épouse du prince de la Cisterna. À son décès survenu en 1868, ce fut sa fille unique Marie, née princesse de la Cisterna et épouse d'Amédée de Savoie, duc d'Aoste (qui occupa un temps le trône d'Espagne en 1870-1873) qui hérita de la propriété. Décédée en 1876, elle laissa la ferme à ses trois enfants, les princes Emmanuel, Louis-Amédée et Victor Emmanuel de Savoie. Depuis 1986, elle est passée dans le patrimoine de Casimir Bourbon-Lubomirsky de Savoie. Un prince qui habite Sao Paulo au Brésil. (CDB, NM, n° 199) 161 ha en 1925, *idem* en 1969. Voir TORDOIR Joseph : *Auguste Boucher (1853-1918) Député du Brabant wallon,* Beauvechain, 1994, p. 10.

21 Perwez (CDB, VM, n° 180) : 169 ha en 1855, 386 ha en 1875, 436 ha en 1893, 337 ha en 1907. Signalons au passage qu'en Brabant wallon la famille d'Arenberg a acquis, souvent par la voie du mariage, près de 900 ha répartis sur les communes actuelles de Jodoigne, Perwez, Incourt et Ramillies. Ainsi la princesse Pauline, principale héritière des biens de la famille, possédait dans les cantons de Perwez et de Jodoigne en 1893 environ 850 ha (Geest-Gérompont, Glimes, Opprebais, Perwez, Thorembais-les-Béguines...). On estime qu'en 1820, la famille d'Arenberg possédait en Belgique 11 000 ha, compte non tenu des parcs d'Enghien, d'Heverlee, des terres de Neufchâteau, Beveren et des polders waesiens. En 1877, le prince Pierre d'Arenberg (1790-1870) détenait en Belgique 6 817 ha.

22 Sur le château de Rixensart, voir notamment Evrard OP DE BEECK et Françoise BOUQUIAUX : *Brabant Tourisme,* n° 1-2, avril 1976, pp. 98-103. Georges-Marie FOURNIER : *Brabant Tourisme,* octobre 1977, n° 5. Raymond POREYE : *Brabant Tourisme,* mai 1965, n° 5, pp. 21-14. Sander PIERRON : *Histoire illustrée de la forêt de Soignes,* t. III, Bruxelles, 1973, pp. 463-467.

23 Sur la succession des différents propriétaires de Rixensart, voir DE VOS Ch : « Les seigneurs de Rixensart », *Wavriensia,* t. XIX, 1970, n° 1, pp. 11-25.

Ce château fut qualifié, par Arthur Cosyn, en 1911, « d'un des plus beaux du Brabant » [24]. Aujourd'hui encore, ce domaine d'origine féodale appartient – bien que considérablement réduit – aux descendants plus ou moins directs des anciens seigneurs.

Des quatre fils du très européen et très aristocratique Guillaume-Charles de Merode, c'est à Félix (1791-1857), le fondateur du rameau de Merode-Trelon, qu'échut la propriété de Rixensart [25].

Le comte Félix joua un rôle éminent dans la politique nationale du jeune royaume. Catholique fervent, il était aussi franc-maçon [26]. Et pourtant, c'était l'époque où l'abbé Vrindt n'hésitait pas à dire que « les ateliers maçonniques sont le repère de la crapule et la lie de la scélératesse et du libertinage ». Plus tard ennuyé par les révélations quant à son appartenance maçonnique, il prétendit « n'être entré en maçonnerie qu'à la suite d'une mystification ».

Le comte Félix ne résidait pas au château de Rixensart. Jusqu'en 1830, il habitait surtout en France où il occupait le château de Trelon, non loin d'Avesnes, faisant de courts séjours chez son père à Bruxelles ou au château d'Everberg.

Il avait épousé en premières noces une nièce de La Fayette, Rosalie de Grammont qui, une fois décédée, fut tout simplement remplacée par sa sœur Philippine. Du premier mariage naquirent deux fils : Werner (1816-1905), naturalisé français, devint député puis sénateur en France ; Xavier (1820-1874) fut d'abord officier, puis se voua au sacerdoce [27], devenant camérier secret et ministre des armes du pape. Une de leurs sœurs, Marie-Anne, épousa en 1836 le comte de Montalembert, académicien, célèbre polémiste et écrivain français (1810-1870).

L'héritage de Rixensart échut au camérier secret du pape, Xavier. Mais celui-ci le légua assez rapidement à son frère Werner (1816-1905), époux depuis le 30 mai 1843 de sa cousine, la comtesse Thérèse de Merode-Everberg (1823-1901). Leur fils Herman (1855-1924) et son épouse Amélie de La Rouchefoucauld furent les parents du prince Félix de Merode et aussi de la princesse Thérèse (1885-1962) qui avait dans son patrimoine, jusqu'en 1919, la très belle ferme de Woo à Rosières [28].

24 COSYN Arthur : *Brabant inconnu..., op. cit.,* p. 223.

25 Félix de Merode, membre du gouvernement provisoire, député, fut tour à tour ministre de la Guerre, des Affaires étrangères, des Finances et ministre d'État.

26 Félix de Merode fut initié à la loge l'Union des peuples, en novembre 1830. Une loge fondée par les plus fervents maçons révolutionnaires. Piet VAN BRABANT : *Les francs-maçons,* Hadewijch, 1990, p. 105.

27 Sur Xavier de Merode, voir T.-J. LAMY : Biographie Nationale, t. XIV, col. 581-590.

28 Thérèse de Merode avait épousé Henri de Tulle de Villefranche (1880-1946). Ils

Jusqu'en 1925, les Merode n'habitèrent pas Rixensart. Ce qui explique que le domaine était plutôt négligé, si l'on en croit Tarlier et Wauters : « le carillon de la tour carrée est détraqué. Les trois côtés du château qui donnent sur la parc sont d'une architecture plus négligée encore que la façade. À l'ouest, les murs sont lézardés et n'ont point de fenêtre. Le parc qui s'étend au pied du château a dû être fort beau, lorsqu'il était moins négligé. Les pièces d'eau s'envasent de jour en jour. » [29]

Il fallut qu'un beau jour le plus ancien domaine des Merode, le château de Petersheim sis à Lanaken non loin de Maëstricht, brûlât pour que le comte (et prince à partir de 1930) Félix de Merode se souvienne qu'il possédait un grand et majestueux édifice de briques roses, non loin de Bruxelles. Cet édifice était occupé jusque-là par son régisseur.

De retour à Rixensart, Félix de Merode résista à son architecte qui lui conseillait de raser le château pour y bâtir une grande villa. Le prince préféra s'engager dans une restauration grandiose du bâtiment et du site.

Avec l'aide de son épouse, la duchesse Françoise de Clermont-Tonnerre, il transforma complètement l'intérieur pour lui donner une décoration à la française : boiseries venant du château de Nérac (Lot-et-Garonne) et du château de la duchesse à Ancy-le-Franc (Yonne), meubles précieux et portraits de personnages liés à l'histoire des deux grands noms européens. Car à côté des Merode, la famille de la duchesse n'était vraiment pas en reste, les Clermont-Tonnerre représentant « dix siècles d'histoire ». Ce qui explique qu'une rue porte leur nom illustre à Rixensart.

Ancy-le-Franc, encore plus beau que Rixensart

> *« Seigneur, ayez pitié de ma grandeur », disait déjà en l'an mille François de Clermont-Tonnerre, évêque et comte de Noyon, lorsqu'il priait Dieu.*
>
> *La châtelaine de Rixensart appartient à une célèbre famille féodale du Dauphiné : quatorze générations qui ont donné des préfets, des abbés et des abbesses, des chevaliers de Malte, des grands maîtres des eaux et forêts, des connétables et – à l'époque moderne – des évêques, un maréchal de France, des pairs de France, un ministre de Charles X, des généraux, des députés... et plus récemment un PDG des Éditions Mondiales (Antoine de Clermont-Tonnerre).*

revendirent en 1910 la ferme de Woo (aussi appelée de Rosierbois) au comte Juan d'Alcantara de Gand (CDB, VM, n° 705) : 86 ha en 1908, 123 ha en 1924.

29 TARLIER et WAUTERS, cité par SANDER Pierron : *Histoire illustrée..., op. cit.*, p. 466.

Grâce à son mariage, Félix de Merode n'était donc pas vraiment dépourvu de moyens pour entreprendre les grandioses restaurations du château de Rixensart.

Sans compter que la duchesse de Clermont-Tonnerre avait amené dans son héritage la merveille des merveilles, le château d'Ancy-le-Franc. Ce fantastique palais du XVIe siècle, qui subsiste toujours, est à la fois une création artistique et une action d'éclat. Appartenant aux Clermont-Tonnerre, vendu à Louvois au XVIIe siècle, le château d'Ancy-le-Franc retourna dans la famille Clermont-Tonnerre en 1845. Depuis, celle-ci n'a cessé d'habiter le château de ses ancêtres. La seule différence, c'est qu'aujourd'hui, par voie de succession, il est la propriété des princes de Merode [30]. Ce château s'ajoute ainsi aux cinq châteaux que le couple possédait en France (Trelon, Serrigny...).

De retour à Rixensart, Félix de Merode restaura non seulement le château, mais ressuscita aussi les jardins en terrasse, réaligna les toits et les tours, consolida les clochetons et raffermit les grilles rouillées. Il agrandit aussi le domaine par l'achat du château de l'Étoile, situé sur le territoire de Bierges. À sa mort en 1943, le marquis de Trazegnies écrit que « Rixensart était devenu le plus beau miroir d'une famille chargée de siècles et de souvenirs ».

Un demi-siècle plus tard, le château est toujours occupé par les brus de celui qui rendit à Rixensart sa splendeur : la princesse François, née en 1917, et la princesse Henri, née en 1920. La princesse François (née Klinenberger) occupe le pavillon de droite. La princesse Henri (née de Lur-Saluces) a le pavillon de gauche. L'une ne possède rien, l'autre possède tout. Du moins à Rixensart.

En effet, le château et le parc de Rixensart échurent en héritage au prince Henri, né à Pertersheim en 1919, et qui racheta les parts de ses frères et sœurs dans les terres du domaine. Aujourd'hui, la princesse Henri est usufruitière du château dont les véritables propriétaires sont trois de ses quatre enfants. Le quatrième enfant, suite à un différend sur l'opportunité d'y installer un golf, a préféré du « cash », selon l'expression imagée de son frère, le prince Antoine [31].

Actuellement, le domaine qui entoure le château de Rixensart n'est plus qu'un reliquat de ce qu'il fut jadis. De son temps, le comte Félix de Merode (1791-1857) possédait soixante-trois pour cent de la superficie du village,

30 La princesse de Merode hérita du château, en 1940, à la mort de Philibert (1871-1940) le huitième duc de Clermont-Tonnerre. Sur la famille de Clermont-Tonnerre, voir Armand CHAFFANJON : *Les grandes familles qui ont fait la France..., op. cit.*, pp. 61-67.

31 *Le Soir*, 4 avril 1991.

soit 537 ha en 1834. Ceci faisait de Rixensart un véritable îlot féodal au lendemain de l'indépendance belge.

Aujourd'hui, la famille Merode ne détient plus que quinze pour cent des 852 ha de Rixensart (avant fusion). Sur le village de Rixensart, les possessions des Merode ont évolué comme suit : 537 ha en 1834 [32], 550 ha en 1845 [33], 543 ha en 1861 [34], 552 ha en 1898 [35], 409 ha en 1927 [36], 169 ha en 1962 [37], 128 ha en 1990 [38].

Le phénomène d'érosion est particulièrement impressionnant. Il se répète d'ailleurs dans les communes avoisinantes où la famille possédait également des biens : Bierges [39], Rosières [40], Limal [41]. Les Merode ont cédé beaucoup de terres à une série de sociétés immobilières. Ces ventes ont commencé au début du siècle. Le Villagexpo, le Beau Site, le Quartier royal,

32 CDB, VM, n° 61 (lieux-dits : Landelutte, Pré du Château, Château, Bois de Rixensart, Froidmont, Village, Cortil Jérome, Vieille Taille, Bourgeois, Caillou, Moulin de Genval, Grande Bruyère, le Héron, Sept Bonniers, Marie Monseu, Glain...).

33 CDB, VM, n° 61.

34 Au décès de Félix de Merode en 1857, le patrimoine familial est fractionné en trois lots : François-Xavier (camérier secret du pape Pie IX) reçoit le château et les terres environnantes, soit 251 ha en 1861 (CDB, VM, n° 696). Albertine, religieuse au couvent du Sacré-Cœur de Rome, hérite de la ferme de Froidmont. (CDB, VM, n° 697) : 176 ha en 1861 (lieux-dits : Bois de Rixensart, Fond Marie Monseu). Et Marie-Anne, épouse du célèbre académicien et homme politique français, Charles de Montalembert reçoit les biens de Bourgeois (CDB, VM, n° 698) : 116 ha en 1870. Par la suite, François-Xavier de Merode lègue sa part à son frère aîné Werner (1816-1905) (CDB, VM, n° 697) : 430 ha en 1876. Les descendants de ce dernier conservant le château jusqu'à nos jours.

35 Herman (fils de Werner) : 430 ha (CDB, VM, n° 697). De Montalembert, veuve Marie-Anne (CDB, VM, n° 698).

36 Les 409 ha se répartissent comme suit : 280 ha pour Félix (le fils d'Herman) (CDB, NM, n° 1894), 100 ha pour Frédéric, Thérèse et Albertine (les frères et sœurs de Félix) (CDB, NM, n° 1892) et 29 ha pour Amédée de Clermont-Tonnerre (le mari d'Albertine de Merode) (CDB, NM, n° 2240).

37 Henri (le fils de Félix) ne détient plus que 160 ha (CDB, NM, n° 1894). La succession d'Amédée de Clermont-Tonnerre : 9 ha (CDB, NM, n° 2240).

38 CDB, NM, n° 1894.

39 Bierges : entre 1926 et 1962, les biens des Merode sur Bierges passent de 88 ha à 44 ha (CDB, NM, n° 1503) (lieux-dits : Champ de la Justice, Bois de Bierges, les Bruyères, Angoussart...).

40 En 1845, les Merode ont 35 ha sur Rosières. Ils n'en ont plus que 14 en 1990 (lieux-dits : Ferme du Plagniau, Pré de Rosières, Boerenbosch).

41 Limal : les biens des Merode passent à Limal de 143 ha en 1927 à 42 ha en 1951 (CDB, NM, n° 1433) (lieux-dits : Beau-Champ, Ferme de la Bourse, Fond du Fletry, Bois de Limal, Cortil Riquet, Les chaudières, Barivaux...).

le Fond Marie Monseu... sont autant de lotissements installés sur les anciennes terres de la famillle princière.

Un îlot féodal en plein XIXe siècle

Rixensart est un magnifique cas pour analyser l'influence du grand propriétaire foncier sur la vie du village.

Dans son étude sur l'évolution de la grande propriété foncière au XIXe siècle [42], Émile Vandervelde explique que la section tout entière de Rixensart Village appartenait aux Mérode. Les propriétaires absents avaient délégué tous leurs pouvoirs à un régisseur, avocat et bourgmestre (Paul Terlinden, 1884-1917) qui tenait tout le village dans sa main.

« Les éléments étrangers suspects de libéralisme sont écartés avec un soin jaloux. Pour obtenir la moindre parcelle de terre... il faut montrer patte blanche. Les pauvres vivent sous la perpétuelle menace de se voir fermer, s'ils votent mal, l'accès des bois de Monseigneur. Par contre, ceux qui sont bien notés jouissent de certains avantages. Quand ils se bâtissent une maison, on leur fournit le bois de charpente gratuitement ou à très bon compte. On occupe dans les bois ou dans les champs, à travailler aux chemins ou à étendre les bouses de vache sur les pâtures, assez bien de vieux ouvriers repoussés de partout ailleurs. Quand ils sont tout à fait impotents, on leur donne des secours, voire même une petite pension. »

Émile Vandervelde conclut (en 1898) : « Nous trouvons en action sur les terres de Rixensart le système de protection et de dépendance... contre lequel les populations tendent de plus en plus à s'insurger. »

Ce qui fit dire à un ouvrier qu'ils étaient littéralement « attachés par la patte » [43].

« Un cas comme celui de Rixensart est évidemment un cas particulièrement accentué, écrit Jean Stengers. Mais à des degrés divers, le poids majeur politique, économique et social du grand propriétaire foncier constitue certainement une des caractéristiques générales du XIXe siècle belge. » [44]

Il est intéressant de suivre l'évolution de l'influence de la famille de Merode sur les rapports sociaux de la commune.

Au siècle dernier, les choses étaient claires. La famille de Merode exerçait une influence indéniable sur les autorités communales. En 1863-64, le bourgmestre de Rixensart était un de ses principaux fermiers, il résidait

42 VANDERVELDE Émile : *L'évolution de la grande propriété foncière..., op. cit.*

43 *Ibidem,* p. 40.

44 *Index des éligibles au Sénat..., op. cit.,* p. 108.

d'ailleurs à la ferme de la Basse-Cour appartenant à Xavier de Merode et qualifiée par Tarlier et Wauters « d'une des plus belles du canton » [45]. Par la suite, les premiers magistrats de la localité, Jules Bosquet et Paul Terlinden, furent également régisseurs du domaine.

Des pressions étaient couramment exercées sur les fermiers, qui craignaient de se voir retirer leurs terres s'ils ne mettaient pas leurs enfants à l'école catholique.

Ce contexte de paternalisme outrancier fit dire à un conseiller communal, en 1908, ce que beaucoup pensaient tout bas sans jamais avoir osé le formuler : « Il y a trop longtemps que nous dépendons du comte de Mérode. Nous ne voulons plus de ses classes, ni de son église. » [46]

« Bourgmestre et régisseur, j'avais tout le pouvoir »

Pour comprendre comment les choses ont évolué au XXe siècle, nous avons rencontré, en 1990, le dernier régisseur-bourgmestre de la famille de Mérode : Léopold Gilson. Pendant quarante-trois ans, il fut le successeur d'une dynastie de régisseurs-bourgmestres catholiques à Rixensart.

Alors âgé de quatre-vingt-cinq ans, il racontait :

« Jusqu'en 1920, les Merode ne résidaient pas au château de Rixensart. Ils avaient délégué leurs pouvoirs à leur régisseur. Il y eut toute une série de régisseurs qui cumulèrent souvent leurs fonctions avec celle de bourgmestre. Ainsi, au XIXe siècle, le bourgmestre était un des principaux fermiers de la famille de Merode. Au siècle suivant, le régisseur-bourgmestre habitait carrément le château et tenait ainsi tout le village dans sa main. Il était le châtelain par substitution en quelque sorte. Quand le comte Félix de Merode est revenu de son château de Lanaken pour vivre à Rixensart, il a cherché un nouveau régisseur. Suite à une recommandation du curé, le comte choisit mon père qui était instituteur en chef. Par la suite, mon père est devenu échevin des Finances et de l'Instruction. »

Léopold Gilson se rappelle la date à laquelle il a succédé à son père.

« C'était en 1927. J'étais alors secrétaire du parti catholique local, le comte Félix en était le président. En 1946, j'ai été élu et suis devenu échevin des Finances et de l'Instruction, tout comme mon père. À partir de 1952, je suis devenu bourgmestre. Et je le suis resté pendant dix-huit ans. J'étais donc régisseur et bourgmestre. Autant dire que j'avais tout le pouvoir. »

45 TARLIER et WAUTERS : *Histoire et géographie des communes belges..., op. cit.,* p. 51.

46 CLAES-PINSON Colette et WYNANTS Paul : « Une fondation de la famille de Merode : l'école des filles de Rixensart », *Revue d'histoire religieuse du Brabant wallon,* 1988, n° 4, t. 2, pp. 254-282.

Si l'influence de la famille princière a longtemps perduré, elle est, pour l'heure, nulle, comme on a eu l'occasion de s'en rendre compte lors de l'affaire du golf de Merode. Il faut dire qu'entre-temps la fusion des communes est intervenue et que les Merode ont encore beaucoup vendu.

Léopold Gilson se rappelle que la famille a commencé à vendre en 1930. « Surtout de la rue de l'Église à la gare. Le café de la gare appartenait au prince Félix [1882-1943]. Après la guerre, on a continué à beaucoup réaliser. On n'a rien vendu de 1943 à 1951, la succession du prince Félix n'étant pas terminée. En 1950, les bénéfices de la vente du quartier du Beau Site à une société de lotissement ont notamment servi à payer les droits de succession. De l'autre côté de l'avenue Royale, le Quartier royal a été grignoté petit à petit à partir de 1951. Il y a eu aussi 22 ha qui furent vendus à Smith-Kline-Rit. Mais les Merode eurent encore à faire face à deux successions. En 1957, celle de la duchesse Françoise de Clermont-Tonnerre [l'épouse de Felix] et, en 1962, celle du prince Henri [un des neuf enfants du prince Félix]. Trois successions en vingt ans ont presque eu raison de la fortune immobilière des Merode à Rixensart. Cela a coûté des sommes folles. C'est pourquoi ils ont tant vendu. »

Un golf en échange du sauvetage du château

Avec le retrait de Léopold Gilson en 1970, les Merode perdirent leur dernier régisseur-bourgmestre et leur pouvoir sur la commune. Depuis, les choses se sont encore plus dégradées pour la famille. Les bois ne sont plus entretenus et le château menace de s'effondrer.

Les Merode, pour le moins impécunieux, ont placé tous leurs espoirs dans la constitution du « Golf des Princes ».

La société américano-suisse, qui a l'ambition de faire de ce golf le plus somptueux d'Europe, s'est engagée à rétablir dans leur splendeur originale les terrasses du château et à verser plusieurs millions à un fonds destiné au bâtiment lui-même. Bref, les bénéfices de ce golf serviraient à payer les cinq pour cent non subsidiés pour restaurer le château et entretenir le domaine. Comme le château est classé sur la liste du « Patrimoine exceptionnel », il pourrait en effet bénéficier de nonante-cinq pour cent de subsides de la Région wallonne !

Mais en attendant la réalisation du golf, l'ensemble part à vau-l'eau. Le château glisse dans les étangs et les bois, peu entretenus, sont saccagés par les motos vertes et autres 4 x 4. Les Merode n'ont plus de personnel pour entretenir le domaine. Une entretien qui coûterait, selon le prince Antoine, 2 millions par an.

Qu'elle est loin l'époque où, au début du siècle, Arthur Cosyn pouvait écrire en parlant du bois de Rixensart : « À voir ces imposantes futaies, on sent qu'elles ne sont pas livrées à une main inexperte, ni à un homme d'affaires, soucieux uniquement de "faire de l'argent". Les maîtres du domaine ont compris qu'ils peuvent concilier le soin de leurs intérêts avec la préoccupation de garder intacte la beauté de cette antique forêt seigneuriale. On voit qu'ils ont l'amour d'une nature plantureuse, où le pittoresque s'allie au grandiose. » [47]

Depuis cette époque bénie, beaucoup d'eau a coulé sous les ponts de la Lasne.

Il est vrai que la surface financière des Merode s'est considérablement réduite et qu'ils n'ont pas un empire industriel comme les Solvay, les Boël ou les Janssen pour faire face aux charges d'une grande propriété foncière. Toute la différence est là. Ils n'ont pour eux que leurs alliances matrimoniales...

Aujourd'hui, les princes de Merode sont un peu les « diplodocus » de Rixensart, les derniers descendants d'une race de très grands seigneurs qui, jusqu'il y a peu, n'eurent jamais à se préoccuper de trouver des fonds pour des questions aussi bassement matérielles.

47 COSYN Arthur : *Brabant inconnu..., op. cit.,* p. 225.

CHAPITRE ONZIÈME

Quand des aristocrates français permirent à l'UCL de s'installer à Ottignies

« Cinquante mille nouveaux habitants à Vieusart ? Les Dorlodot s'y opposent », titrait *Le Soir* en avril 1993 [1].

En cause le projet d'un architecte de créer une « ville nouvelle » pouvant accueillir cinquante mille nouveaux habitants en Brabant wallon, et plus précisément à Chaumont-Gistoux sur les terres de la famille Dorlodot. Une famille qui possède autour du château de Vieusart, à un jet de pierre de Louvain-la-Neuve, un domaine de 630 ha.

Avec 630 ha d'un seul tenant, les Dorlodot sont parmi les plus importants propriétaires fonciers du Brabant wallon. Leur propriété est le dernier reliquat des immenses possessions foncières qu'une famille tournaisienne détenait en Brabant wallon au début de ce siècle.

Mais qui se souvient encore en Roman Païs de cette famille répondant au nom de Crombez ? C'est grâce à leurs descendants que l'UCL a pu réunir 900 ha et s'installer à Louvain-la-Neuve.

Courtisan de Louis XV

L'aventure foncière des Crombez commence au lendemain de la Révolution française avec le comté de Walhain qui était la propriété de la gouvernante des enfants de France, la comtesse de Marsan [2], qui par ce fait était fort proche de Louis XVI.

1 *Le Soir,* 17 avril 1993.

2 Le prince Gaston-Jean-Baptiste, chevalier de Lorraine, comte de Marsan, et sa femme Marie-Louise princesse de Rohan-Soubise acquirent l'héritage de Lorraine-Vaudémont par cession de la douairière d'Epinoy (1739). Outre les terres de Walhain, elle possédait celles de Ninove, de Flobecq, de Lessines... Cette dame en fit donation à sa nièce Armande de Rohan. Sur les Soubise, voir *Biographie universelle ancienne et moderne,* t. XXIX, Michaud, Paris, pp. 658-654.

Son frère était le célèbre maréchal de France, le prince Charles de Rohan Soubise (1715-1787), fidèle courtisan de Louis XV dont il était considéré comme l'ami. Il était même le plus fortuné des courtisans et le plus assidu auprès des favorites. Il s'allia à la famille royale grâce au mariage de sa fille avec le prince de Condé. Une union qui était regardée par les autres princes de sang comme une mésalliance. Mais qu'à cela ne tienne. Soubise eut ainsi droit à la qualité de « très haut et très excellent prince ».

Le maréchal n'était pas un inconnu chez nous : en pleine guerre de succession d'Autriche, il s'était emparé de Malines (1746), puis il avait obtenu le gouvernement de Flandre et du Hainaut (1751).

Nommé maréchal sans aucun mérite, il fit surtout parler de lui comme courtisan voluptueux, complaisant pour les favorites et scandaleux dans sa vie privée. Même dans sa vieillesse, il se piquait d'entretenir à grands frais des filles d'opéra.

Sa sœur était plus vertueuse, du moins si l'on en juge par sa fonction de gouvernante des enfants de France.

Elle épousa le comte de Marsan qui reçut notamment, à l'occasion de son mariage, le comté de Walhain. Ce bien, la comtesse de Marsan – née Marie-Louise de Rohan Soubise – le légua sous réserve d'usufruit, en 1761, à sa nièce Armande, princesse de Rohan Soubise et fille de notre voluptueux maréchal, à l'occasion de son mariage avec le prince Henri-Louis Rohan Guénéné (dont le père était grand chambellan de France).

La Révolution française mit fin à la prospérité de la comtesse de Marsan. Ses biens devenus pendant un temps « propriété nationale » furent occupés par les habitants qui en profitèrent, comme à Thorembais-Saint-Trond, pour laisser leurs bêtes pâturer dans ses bois [3].

Pendant la première occupation de la Belgique par les Français, la comtesse résida à Bruxelles où, en janvier 1793, elle demanda à l'Assemblée des représentants provisoires de lever la saisie et la vente de son patrimoine.

En 1794, ses domaines furent une seconde fois placés sous un séquestre qui ne fut levé que sous le Consulat.

De la tapisserie de Tournai au comté de Walhain

Le 8 ventôse an XII (28 février 1804), Armande de Rohan Soubise, fille du maréchal, vendit le comté de Walhain à une maison de commerce

3 DEVLEESHOUWER Robert : *L'arrondissement de Brabant sous l'occupation française*, p. 311.

établie à Tournai sous la raison « Piat-Lefèbvre et fils »[4]. Cette famille appartenait à la bourgeoisie industrieuse avec pour figures de proue : Liévin Bauwens (cotonnier gantois), Tiberghien (industriel du textile), Simonis, Mosselman... Tous allaient réussir à acquérir des anciens biens d'église ou de l'aristocratie.

Mais qui étaient ces bourgeois triomphants de Tournai ? Tout simplement des fabricants de tapis. La maison Lefèbvre était une célèbre maison qui porta la renommée des tapis de Tournai dans le monde entier. Napoléon leur passa d'ailleurs d'importantes commandes pour les palais des Tuileries et de Saint-Cloud.

Cette maison était dirigée par le futur baron (1825) et sénateur (1830-1831) Léopold Lefèbvre (1769-1844).

Alors que cette grande famille avait fait largement prospérer Tournai sous le règne de Marie-Thérèse, son industrie fut ruinée lors de la guerre de succession d'Autriche et elle ne dut son relèvement qu'au talent de Léopold Lefèbvre. Il fut notamment l'heureux imitateur des Gobelins et de la Savonnerie. Aujourd'hui encore, de vieilles familles tournaisiennes conservent toujours précieusement des spécimens de ces tapis.

En 1783, pas moins de 800 personnes travaillaient dans les ateliers Piat-Lefèbvre et fils. Et bientôt l'établissement obtint le titre de Manufacture impériale et royale de tapis.

Outre François-Joseph Piat Lefèbvre (1722-1801), on trouvait dans l'association son fils Léopold et Pierre Piat Lefèbvre-Boucher (1752-1837) dont la profession était banquier et industriel à Tournai.

Le futur baron Léopold prit la direction de la manufacture avec ses quatre frères et il la fit prospérer à tel point qu'on compta bientôt sept mille ouvriers (1810). Ce qui en faisait la plus grosse entreprise qu'ait jamais connue la ville de Tournai[5].

Prospère, cette famille d'industriels tournaisiens acquit donc, pour deux millions de livres, la seigneurie de Walhain.

4 La seigneurie de Walhain fut vendue à la Maison Piat-Lefèbvre et fils – une Maison composée des citoyens Dominique et Augustin Lefèbvre, Piat-Joseph Lefèbvre (1722-1801) et Léopold Lefèbvre (1769-1844) – et au citoyen Piat-Lefèbvre-Boucher Pierre-François, dit Piat (1752-1837).

5 « Lefebvre Gaston », *Biographies tournaisiennes,* XIXe-XXe siècles. Voir notice consacrée à Lefèbvre-Piat François-Joseph (le jeune) (1722-1801), p. 163 et à son fils Léopold Lefèbvre (1769-1844), p. 163. Voir aussi *Index des éligibles..., op. cit.,* pp. 314-315 et l'article d'ALVIN Frédériq : *Biographie Nationale,* t. XI, col. 652-653 ainsi que Jean MARTIN : « Les Piat-Lefèbvre et les Lefèbvre-Boucher de Tournay, acquéreurs de l'ancienne seigneurie de Walhain », *Le Vécu du Hain,* n° 19, février 1990, pp. 4-11.

Lors d'un partage effectué en 1808, François-Joseph Lefèbvre-Boucher devint seul propriétaire des terres de Walhain et de ses dépendances.

Et c'est sa fille, Henriette Lefèbvre (1790-1803), qui fit passer les biens du Brabant à la famille Crombez, en épousant en 1811 un richissime négociant tournaisien qui avait fait fortune dans l'approvisionnement en fourrage des armées de Napoléon : Benoît Crombez (1785-1854).

L'aventure foncière des Crombez pouvait commencer en Brabant wallon. Elle se terminera avec les arrêtés royaux d'expropriation de 1966 et 1968, qui permirent à l'UCL d'acquérir 900 ha en Brabant wallon.

La saga d'une famille tournaisienne en Brabant wallon

Voilà donc Benoît Crombez marié en secondes noces, en 1811, avec Henriette-Françoise Lefèbvre, héritière de l'ancien comté de Walhain et de 1000 ha dans le canton de Perwez [6]. Heureux Crombez, issu d'une famille originaire de Leuze, mais qui s'était fait remarquer à Tournai !

Le couple Crombez-Lefèbvre eut sept enfants, dont cinq fils.

Et quels fils !... L'un fut député-bourgmestre ; l'autre sénateur-bourgmeste ; un troisième député et conseiller provincial du Hainaut ; le quatrième bourgmestre et bâtisseur de ville... Tous avaient un double dénominateur commun : ils étaient libéraux et grands propriétaires fonciers ! Si leur patrimoine autour de Tournai était immense, on les retrouvait aussi en Brabant wallon et même en France.

À titre d'exemple, Louis Crombez (1818-1895) – bourgmestre de Tournai de1872 à 1883 et député libéral de 1861 à 1890 [7] – détenait en France un domaine de 6000 ha : la terre de Lancosme située à Vendœuvres-en-Brenne (département de l'Indre) qu'il acheta entre 1847 et 1850.

6 Les époux Crombez-Lefèbvre étaient selon Tarlier et Wauters *(op. cit.)* notamment les propriétaires de la ferme de la Sarte (65 ha sous Perwez), des fermes de la Basse-Cour (108 ha), de Haute Beaudecet (78 ha) et de Perbais (69 ha sous Walhain), de la ferme Delstanches à Tourinnes-Saint-Lambert (74 ha), de la ferme de Limelette sous Thorembais-Saint-Trond (137 ha). À cela, s'ajoutaient des bois d'une superficie de 150 ha, dont celui de Buis. Vers 1880, les époux Crombez-Lefèbvre possédaient environ 1000 ha dans le canton de Perwez (Chastre, Cortil-Noirmont, Hévillers, Nil-Saint-Vincent, Orbais, Perwez, Thorembais-Saint-Trond, Tourinnes-Saint-Lambert et Walhain-Saint-Paul).

7 SOETE Jean-Luc : « Louis Crombez (1818-1895). Esquisse biographique », *Publications extraordinaires de la Société royale d'histoire et d'archéologie de Tournai,* t. I, Tournai, 1984, pp. 187-192. Il était propriétaire de terres à Chièvres, Tournai et Grosage.

CROMBEZ

(Généalogie simplifiée)

BENOÎT CROMBEZ (1785 † 1854)
ép. Henriette Lefebvre [1] (1790 † 1873)
dont 7 enfants

- François-Xavier (1829 † 1870) ép. Élise Verheyden [2] (1834 † 1895)
  - Georges (1867 † 1915)
  - Henri [3] (1856 † 1941)
    - Andrée (1897 † 1993) ép. Pierre de Bosque (1877 † 1961)
    - Henri [4] (1893 † 1960)
      - Anne (Née en 1926) ép. Feron Michel (Né en 1923)
    - Madeleine (1887 † 1975) ép. Charles de Romrée de Vichenet (1884 † 1957)
  - Marie Isabelle (1858 † 1911) ép. Charles de la Baume Pluvinel (1846 † 1883)
- Benjamin [5] (1832 † 1902) ép. Gabrielle Leclercq [6] (1846 † 1891)
  - Benjamin Martial (1870 † 1914) (Branche éteinte)

---

1. Fille de François Lefebvre qui racheta la seigneurie de Walhain en 1808.
2. Fille du sénateur Jean Verheyden (1806 † 1885).
3. Bourgmestre de Taintignies (1900-1919) ; sénateur (1898-1900) et député (1900-1905).
4. Aviateur.
5. Fondateur de Nieuport-Bains.
6. Sa mère est Hortense de Dorlodot (1871 † 1926).

Son frère Victor Crombez (1816-1898) possédait, quant à lui, des centaines, voire des milliers d'hectares autour de Tournai [8] et il menait un grand train de vie si l'on en croit la contribution personnelle qu'il acquittait. Ses impôts fonciers [9] étaient aussi importants que ceux des Boël pour leur domaine de plusieurs milliers d'hectares autour du Chenoy. Très important propriétaire donc, Victor Crombez unit ses enfants à de grandes familles issues de la noblesse française. C'est ainsi que son fils put s'appeler Crombez de Remond de Montmort.

Mais le plus connu des frères Crombez est sans conteste le cadet : Benjamin (1832-1902) à qui échut la seigneurie de Walhain [10] et qui épousa Gabrielle Leclercq (1846-1931).

Gabrielle était la fille et l'héritière de Martial Leclercq (1811-1887) qui avait acheté le château de Vieusart et ses 388 ha, en 1854, au baron de Beeckman [11].

À sa mort en 1931, Gabrielle Crombez-Leclercq légua le magnifique domaine de Vieusart à ses neveux Dorlodot. Des Dorlodot qui sont aujourd'hui parmi les plus grands propriétaires fonciers du Brabant wallon (voir *infra*).

Le seigneur de Walhain fonda la ville de Nieuport

Benjamin Crombez était un homme hors du commun. D'abord parce qu'il était immensément riche. Une notice biographique relate que lui-même n'en connaissait sans doute pas l'étendue [12]. Car aux terres de Walhain, acquises par son grand-père et héritées de sa mère [13], s'ajoutaient 843 ha qu'il possédait notamment dans les Flandres [14].

8 Victor Crombez possède des biens à Beclers, Orcq, Forest, Herquegnies, Maulde, Lampernisse, Hérinnes. Autant de localités autour de Tournai. Rien qu'à Maulde et Beclers, il possède plus de 500 ha.

9 Les impôts fonciers de Victor Crombez s'élèvent au chiffre record de 13 715 francs en 1898. Ce qui est absolument énorme. Sa contribution personnelle est de 965 francs, ce qui révèle un fastueux train de vie. Voir *Index des éligibles, op. cit.*, p. 56.

10 Walhain (CDB, VM, n° 2780) : 118 ha en 1938.

11 Le baron de Beeckman (cf. chapitre suivant).

12 « Benjamin Crombez, notice biographique », *Nos comtemporains,* Ixelles, 1904, pp. 282-284.

13 Les terres de Walhain avaient été acquises par le grand-père de Benjamin, François Lefèbvre, en 1808. Elles passèrent ensuite à sa mère Henriette, épouse Crombez. Au décès de sa mère en 1873, Benjamin en hérita. Et à la mort de Benjamin, elles passèrent à son neveu Henri Crombez.

Benjamin Crombez faillit laisser son nom à Nieuport-Bains, qui manqua de peu de s'appeler tout simplement « Crombezville ». En effet, la grande ambition de sa vie fut de créer une ville d'eau sur d'immenses terrains qui lui appartenaient le long de la mer.

C'est ainsi qu'en 1864, il fit construire, sur ces rivages déshérités, les premières villas, bâtit une jetée énorme et procéda à des plantations sur des lieues de dunes. Il obtint même que le chemin de fer fut prolongé jusqu'à la plage, traversant les dunes entre les rangées de peupliers qu'il avait plantés.

Pendant longtemps, Nieuport fut une station aristocratique, apanage des quelques grandes familles : Meeûs, Liedekerke, baron Sadoine, Mols, Osterrieth, Brialmont, Bara, de Vinck de Winnezeele, de Kerchove de Denterghem...

Plus tard, se sentant trop seul pour mener à bien la gigantesque entreprise où il avait englouti des millions, il œuvra pour que la cité nouvelle prît rang dans les stations balnéaires démocratiques.

Il aliéna ainsi une partie de ses droits immobiliers au profit d'une société destinée à valoriser cette ville improvisée. Cette société y construisit des hôtels... et un somptueux théâtre, le plus beau du littoral. Pendant vingt ans, Nieuport devint un repère de musiciens, de chanteurs et de danseuses. Malheureusement, Benjamin Crombez, malade, ne put voir, avant de mourir, l'accomplissement total du rêve de toute son existence [15].

1000 ha pour Élise Verheyden, épouse Crombez

Parmi les sept enfants du couple Crombez-Lefèbvre, il y eut un fils moins connu mais tout aussi riche que le bourgmestre de Tournai ou le fondateur de Nieuport-Bains : le député François-Xavier Crombez (1829-1870).

Mort à quarante et un ans, il aurait figuré dans l'*Index des éligibles au Sénat,* s'il avait vécu plus vieux. Car François-Xavier Crombez était propriétaire d'un nombre considérable de biens en Brabant wallon.

Et il accrut encore son patrimoine en à épousant la fille d'un riche banquier et commerçant bruxellois, Jean Verheyden (1806-1885).

14 Terres appartenant à Benjamin Crombez dans les Flandres : Oostduinkerke (113 ha), Ramscapelle (166 ha), Lampernisse (110 ha), Lombartzyde (339 ha), Oostkerke (113 ha). Cf. *Index des éligibles, op. cit.,* p. 56.

15 Pour une description de Nieuport-Bains, voir *Le Soir,* 19 août 1894. On y lit notamment que c'est à Benjamin Crombez que revient l'honneur d'avoir résolu à ses frais le problème du boisement des dunes. Signalons au passage que Nieuport-Bains n'existe officiellement que depuis 1949. Jusqu'à cette date, c'était un hameau d'Oostduinkerke.

Cet homme possédait des biens à Bruxelles et en Brabant wallon [16], dont 700 ha dans les cantons de Wavre et de Perwez [17]. À Limelette par exemple, Jean Verheyden était, en 1884, le plus grand propriétaire foncier, possédant vingt-huit pour cent de la superficie du village. Notamment grâce aux 164 ha [18] du château de Limelette qu'il avait racheté, en 1876, à Armand Mosselman (voir *supra).*

LES CHÂTEAUX DE LIMELETTE

Le château de Limelette, qui était l'ancien château des seigneurs de Limelette, fut aussi appelé par la suite « château Crombez ». La terre de Limelette, dépendant de la succession de Pierre-Emmanuel de Coux de Saint-Laurent (décédé en 1814), fut vendue publiquement en 1853 au sénateur Théodore Mosselman. En 1876, le château de Limelette fut racheté par le sénateur Jean Verheyden qui le transmit en 1885 à sa fille Élise Crombez-Verheyden. Il passa alors par succession à son fils Georges Crombez, décédé en 1915. Son frère Henri en hérita pour finalement le vendre à un riche industriel français originaire de l'Oise et répondant au nom d'Eugène Lefèbvre. Il était propriétaire de la Grande Maison de Blanc, rue Fossé-aux-Loups à Bruxelles (dentelle, vêtements...). Célibataire et sans héritier, Eugène Lefèbvre fit don de son château, en 1925, à l'administration de la bienfaisance de Bruxelles à condition qu'il y soit établi un orphelinat. Le château sera finalement rasé après les bombardements de Limelette en 1944.

Il ne faut pas confondre le château de Limelette situé à l'endroit où se trouve le club de tennis de la Palestre avec le château de Saint-Jean-des-Bois. Un château qui était également la propriété d'Élise Crombez-Verheyden et qui devint par la suite la résidence d'été d'Eugène Lefèbvre. Un château construit en 1885 par l'architecte S. Oudine à l'imitation des classiques villas des plages normandes. Il dressait la flèche élégante de sa tour en colombage par dessus les arbres immenses du parc de 49 ha auquel il faisait

16 Au sujet de Jean Verheyden, voir *Index des éligibles, op. cit.*, p. 487.

17 Jean Verheyden possédait notamment des biens à Wavre (CDB, VM, n° 1209) : 245 ha en 1871, 132 ha en 1885. À Limelette (CDB, VM, n° 330) : 164 ha en 1880 (lieux-dits : Limelette, Village, Communes, Blanc Ry, le Try, Pré Renard, Fond de Baudry...). À Chastre (CDB, VM, n° 1258) : 20 ha en 1879. À Braine-l'Alleud (CDB, VM, n° 277) : 9 ha en 1873. À Dion-le-Mont (CDB, VM, n° 358) : 60 ha en 1884. À Corroy-le-Grand (CDB, VM, n° 577) : 157 ha en 1871 (lieux-dits : Campagne de la Baraque, la Baraque, Bois de Villers, Campagne de Lauzelle, Champ de Villers, Vieux-Sart, Chène Copette, Champ de Nivelles...). À Walhain (CDB, VM, n° 858) : 28 ha en 1879 (lieux-dits : champ du Long pré, Saint-Paul...). À Limal (CDB, VM, n° 798) : 15 ha en 1852 (lieux-dits : Champ de Lauzelle, Champ du Mainil, Beau-Champ...).

18 Limelette (CDB, VM, n° 330) : 164 ha en 1880.

pendant. Par la suite, le château fut racheté par John Claes qui le vendit en 1941 à un industriel répondant au nom de Jules Bray, négociant en cuir qui collabora avec l'ennemi. À la fin de la guerre, l'État fit saisir les biens. En 1962, la commune de Limelette le revendit à une agence immobilière, la SA *Immobilière de Saint-Jean-des-Bois. Une immobilière qui tenta vainement de viabiliser les terrains. En 1979, elle céda ses parts à la société Cogefon (Cf chapitre Braine-le-Château). Entre-temps, en 1975, le château de Saint-Jean-des-Bois fut complètement détruit par un incendie. Aujourd'hui, les annexes du château ont été transformées en centre de balnéothérapie ultramoderne.*

Sénateur libéral de Nivelles de 1878 à 1884, Jean Verheyden fit fortune dans le commerce des tabacs.

Dans sa nécrologie, le *Courrier de Nivelles* écrivait le 14 juin 1885 :

« Ce sont des flottes entières qu'il faisait mouvoir pendant toute l'année... Il était l'artisan de sa fortune ; il avait créé en Belgique le grand commerce des tabacs ce qui l'amenait à beaucoup voyager... Il avait créé à Chastre d'immenses carrières de grès qui donnaient du travail à des centaines d'ouvriers et il s'occupait activement ces dernières années d'un chemin de fer vicinal qui doit relier la station de Chastre à celle de Korbeek-Loo près de Louvain. » [19]

À sa mort, ses biens passèrent à sa fille Élise Verheyden, épouse de François-Xavier Crombez.

Autant dire que la conjonction des biens respectifs hérités de leurs parents firent du couple Crombez-Verheyden un couple à l'assise immobilière solide.

Après le décès de François-Xavier Crombez, on estima que sa veuve, Élise Verheyden, possédait au moins 1000 ha en Brabant wallon, répartis sur les communes de Limal [20], Limelette [21], Wavre [22], Ottignies [23], Corroy-le-Grand [24], Braine-l'Alleud [25]...

Cet immense patrimoine fut partagé en 1895 entre ses trois enfants : Georges (1867-1915), Henri (1856-1941) et Marie-Isabelle, épouse de la Baume Pluvinel (1858-1911).

19 *Le Courrier de Nivelles,* 14 juin 1885. Signalons aussi qu'à Walhain, Jean Verheyden était propriétaire, à partir de 1876, de plus de deux hectares aux carrières des Trois Fontaines à Nil Pierreux.

20 Limal (CDB, VM, n° 1262) : 174 ha en 1872, 215 ha en 1899.

21 Limelette (CDB, VM, n° 330) : 164 ha en 1880.

22 Wavre (CDB, VM, n° 672) : 161 ha en 1874, 321 ha en 1889, 327 ha en 1900 (lieux-dits : Bois du Val, Champ de Cheremont, Champ de Clermont, Terlongval, Bois des Carmes, Champ de la Justice, Champ de Villers, Champ Laurent, Louvrange, Lauzelle...).

Henri Crombez ne résida pas en Brabant wallon. Châtelain de Taintignies, petit village du Tournaisis d'environ trois mille habitants, il en fut bourgmestre, avant de devenir sénateur (1898-1900), puis député (1900-1905) de l'arrondissement de Tournai-Ath, dont il était président de l'association libérale.

Prototype même du grand propriétaire terrien, Henri Crombez avait aussi une écurie de courses parmi les plus réputées du pays.

En Brabant wallon, il possédait, en 1929, plus de 700 ha répartis sur les communes de Wavre [26], Limal [27] et Walhain-Saint-Paul [28]. Ces biens avaient été hérités de sa mère Élise Verheyden pour Wavre et Limal, et de son oncle Benjamin pour Walhain.

Le patrimoine d'Henri Crombez fut partagé, à sa mort, entre ses trois enfants : Madeleine (1887-1975), Henri (1893-1960) et Andrée décédée récemment dans sa nonante-sixième année (1897-1993).

L'aviateur préféré du roi Albert

Après avoir obtenu son brevet de pilote en 1910 à dix-sept ans (!), Henri Crombez (junior) fut le vingt-septième belge autorisé officiellement à tenir les commandes d'un aéroplane et il réalisa la première liaison postale aérienne Bruxelles-Gand.

Pendant la guerre 14-18, il pilota l'avion personnel du roi Albert et l'emmena plusieurs fois sur le front de l'Yser.

Après les hostilités, Henri Crombez poursuivit sa carrière au service du souverain [29]*. Il aimait d'ailleurs raconter comment, en 1919, il dut faire un atterrissage forcé avec son royal passager dans un champ à Ottignies* [30]*. Cette péripétie faillit tourner au tragique. Le Roi, à qui il expliquait l'origine de la panne, lui aurait répondu tout simplement : « C'est parfait, j'ai vu ainsi ce qu'était un atterrissage forcé. »* [31]

Henri Crombez (junior) quitta l'aviation militaire en 1932.

23 Ottignies (CDB, VM, n° 1319) : 100 ha en 1887, 109 ha en 1920 (lieux-dits : Lauzelle, Blanc Ry, La Blanchisserie...).

24 Corroy-le-Grand (CDB, VM, n° 1154) : 97 ha en 1886, 169 ha en 1992.

25 Braine-l'Alleud (CDB, VM, n° 277) : 9 ha en 1873, 7 ha en 1920.

26 Wavre (CDB, VM, n° 3559) : 222 ha en 1928 (lieux-dits : Champ de Stadt, Champ des Layettes, Champ du Mont, Champ de l'Hôtel, Grande Warlande, Pré des Graisses, La Ville, Bois du Val, Bruyère Saint-Job...).

27 Limal (CDB, VM, n° 1775) : 155 ha en 1929.

28 Walhain-Saint-Paul (CDB, VM, n° 1602) : 346 ha en 1928.

29 « Gaston Lefèbvre », *Biographies tournaisiennes, op. cit.,* p. 51.

En 1941, Henri Crombez (junior) hérita notamment des biens de son père, sis sur Wavre [32], Limal [33] et Walhain-Saint-Paul [34]. Au total 260 ha, dont 120 sur Walhain.

À sa mort en 1960, ses domaines passèrent à sa fille Anne (née en 1926) qui avait épousé Michel Feron (né en 1933). Ce dernier résidait avenue de Tervueren au n° 205, non loin du célèbre hôtel Stoclet (n° 279-280). La mère de Michel Feron s'appelait en effet Raymonde Stoclet, descendante d'Adolphe Stoclet (1971-1949), le célèbre directeur de la Société Générale qui fit construire par l'architecte viennois Joseph Hoffmann le splendide hôtel de l'avenue de Tervuren. Une maison terminée en 1911 et dont les panneaux mosaïques de la salle à manger furent réalisés par Gustav Klimt. Cette maison est considérée aujourd'hui comme le point culminant de l'œuvre de Hoffmann et de l'Art nouveau viennois [35].

L'aviateur Crombez avait deux sœurs, Andrée et Madeleine. La première épousa Pierre de Bosque (1877-1971) et résida à Paris. La seconde se maria avec l'ambassadeur Charles de Romrée de Vichenet (1884-1957) et vécut au château de Vichenet à Beuzet.

Toutes deux héritèrent des biens de leur père : pour Andrée de Bosque, une centaine d'hectares répartis sur les communes de Wavre [36] et de Limal [37] ; pour la comtesse de Romrée de Vichenet, environ 200 ha sur Wavre [38], Limal [39] et Walhain-Saint-Paul [40].

Les biens de la comtesse de Romrée de Vichenet passèrent ensuite en héritage à ses deux filles : Monique, épouse de l'ambassadeur Jacques Paris, et Marie (née en 1909), épouse d'André Nève de Mervergnies (1909-1938).

30 SCOPS Charles et HAVERMANS Robert : « Ottignies à travers les âges », *Études et documents,* p. 87.

31 *Le Soir,* 28 février 1960 : « Mort d'Henri Crombez, pionnier de l'aviation ».

32 Wavre (CDB, NM, n° 6907) : 61 ha en 1941.

33 Limal (CDB, NM, n° 2930) : 80 ha en 1949.

34 Walhain-Saint-Paul (CDB, NM, n° 2780) : 118 ha en 1941.

35 Sur Adolphe Stoclet, voir l'article d'Henri LAVACHERY, *Biographie Nationale,* t. XXXIII, col. 675-681, Bruxelles, 1966.

36 Wavre (CDB, NM, n° 7235) : 116 ha en 1947, 73 ha en 1969.

37 Limal (CDB, NM, n° 2929) : 26 ha en 1941, 2 ha en 1970 (lieu-dit : Champ de Lauzelle).

38 Wavre (CDB, NM, n° 6909) : 50 ha en 1940, 25 ha en 1970 (lieux-dits : Cheremont, Pré des Graisses...).

39 Limal (CDB, NM, n° 1775) : 41 ha en 1947, 12 ha en 1970 (lieux-dits : Champ du Haut, Ruelle Baccus, Champ de Lauzelle, Lauzelle, Pré Libert...).

40 Walhain-Saint-Paul (CDB, NM, n° 2782) : 110 ha en 1940, 107 ha en 1962.

« Tiens tiens... Mais c'est Marina Vlady, une des quatre *Babouchka !* Que fait cette vedette de cinéma sur le trottoir de la banque de Bienne à Wavre ?, se demande un commerçant aussi cinéphile que physionomiste. Cette vedette aurait-elle un compte dans la plus petite banque du pays ? Une banque qui n'existe qu'à Wavre et qui n'a aucune succursale. [41] »

En fait, Marina Vlady attend tout simplement son beau-frère qui discute avec son régisseur : Walter de Bienne (décédé en 1980), directeur de la banque du même nom. Quant au beau-frère, François Pozzo di Borgo, c'est un homme d'affaires français, venu dans la cité du Maca pour régler quelques problèmes liés aux terres que sa famille possède autour de la commune.

Des terres qu'elle ne va pas tarder à revendre à l'UCL et, parmi elles, le bois de Lauzelle...

Merveilleux bois de Lauzelle ! Un bois de 200 ha qui fait la joie des étudiants, des promeneurs et des golfeurs. Mais aussi un bois qui a toute une histoire et qui nous fait découvrir la vie de quelques grands aristocrates célèbres.

Ces aristocrates répondent aux noms de Barbeyrac – comte Saint-Maurice Montcalm Gozon –, de Marescot ou encore de Pozzo di Borgo. Tous ont des ancêtres qui firent « l'histoire de France ».

Le marquis de Montcalm Gozon (1712-1759) commanda les troupes chargées de défendre les colonies françaises en Amérique du Nord où il reçut une blessure mortelle sous les murs de Québec... Il faut dire que pour les Montcalm, la guerre était leur tombeau ordinaire [42].

Côté Pozzo, retenons l'histoire du duc Charles-André Pozzo di Borgo (1764-1842). « Génial et implacable rival de Napoléon » selon l'expression du comte Cavens, il fut « l'homme qui mena une vie étonnante qui serait de nature à passionner la plume d'un auteur tragique de large envergure et dont on retrouve à chaque instant la main gigantesque dans la marche des événements de l'épopée napoléonienne. » C'est par exemple Pozzo que Wellington envoya à Gand pour annoncer au roi de France en exil sa victoire à Waterloo [43].

41 Sur la Banque de Bienne, voir *Le Soir,* 1er juin 1993.

42 *Biographie universelle, op. cit.,* pp. 55-56.

43 Sur la famille Pozzo di Borgo, voir BOREL André : *Revue d'histoire de la noblesse,* t. I, Paris, 1841, pp. 208-209. *Biographie universelle ancienne et moderne,* t. 77, Paris, 1845, pp. 497-507. Voir aussi TULARD Jean : *Dictionnaire Napoléon,* pp. 1382-1383.

POZZO DI BORGO

(Généalogie simplifiée)

JÉROME GAETAN 2e duc
(1832 † 1910)

Valentine (1865 †)
ép. Clément de Barbeyrac
Marquis st Maurice Montcalm

Charles-Jean Félix
(1902 †)

Artilla[1] (1862 †)
ép. Louis de la Baume
(1847 † 1886)

Jean

Joseph (1890 † 1966)

Charles André (1886 †)
3e duc
sans alliance

Aline (1883 †)
ép. Marquis de Marescot

Charles André
(Né en 1925)
4e duc

Éliane

François
(Né en 1931)
ép. Tania Poliakoff
(Odile Versois)
(1930 † 1980)

---

1. Artilla Pozzo est donc la belle sœur de Charles de la Baume Pluvinel qui a épousé Isabelle Cronbez (1858 † 1911).

Issus de la vieille noblesse corse, les Pozzo di Borgo formaient l'élite de l'île et ne tardèrent pas longtemps à s'opposer aux Bonaparte, bien inférieurs en puissance.

L'opposition culmina avec Charles-André Pozzo di Borgo qui fut ambassadeur du tsar Alexandre de Russie, puis ministre, comte et pair de France.

Ce sont les descendants de ce célèbre personnage de dimension européenne qui négocièrent leurs terres à la fin des années 60 avec les autorités de l'UCL.

Mais par quel mystère cette famille corse détenait-elle des terres en Brabant wallon ? La réponse tient au mariage de Marie-Isabelle Crombez (1858-1911) avec le comte Charles-Gontran de la Baume Pluvinel (1846-1883). Le reste ne fut qu'une question de succession.

Pozzo di Borgo, de la Baume Pluvinel, Barbeyrac et les autres…

Fille de François-Xavier Crombez et Élise Verheyden (voir *supra),* Marie-Isabelle (1858-1911) se maria, en 1878, avec un aristocrate français du Dauphiné : Charles-Gontran de la Baume Pluvinel (1846-1883), secrétaire d'ambassade.

Cette union dura peu longtemps puisque Charles-Gontran se tua en 1883, en escaladant le pic de la Bernina près de Saint-Moritz (massif des Grisons en Suisse).

L'union Crombez-de la Baume Pluvinel explique donc pourquoi, dans l'acte d'achat de l'UCL, on retrouve les noms à rallonges de grandes familles françaises : le jeu des successions amena l'héritage d'Isabelle de la famille de la Baume Pluvinel, à celle des Pozzo di Borgo pour finir dans le patrimoine de celle des marquis de Marescot et de Barbeyrac de Saint-Maurice Montcalm Gozon [44].

Il faut savoir que le cinquième marquis de la Baume Pluvinel (1817-1891) avait entre autres deux fils, dont l'un épousa Isabelle Crombez et l'autre Artillia Pozzo di Borgo (née en 1860). C'est donc via cette dernière qu'une partie du patrimoine brabançon wallon des Crombez passa dans la famille Pozzo di Borgo. Si l'on résume, la filière de transmission se présente comme suit. Élise Verheyden, veuve de Francois-Xavier Crombez, lègue une

44 Nous ne sommes pas parvenus à consulter l'acte d'achat.

partie de ses 1000 ha à sa fille Marie-Isabelle Crombez, veuve du comte Charles-Gontran de la Baume Pluvinel. Celle-ci les transmet à son fils, le marquis Jérome de la Baume Pluvinel qui les transmet à sa tante Artillia Pozzo, veuve de Louis comte de la Baume Pluvinel. Leurs héritiers furent les neveux Joseph Pozzo di Borgo (1890-1966), Jean de Barbeyrac, comte de Saint-Maurice Montcalm Gozon, Bertrand de Barbeyrac Saint-Maurice, marquis de Montcalm Gozon, Yolande et Régine de Marescot et Regnier, comte Pozzo di Borgo. Les biens des Pozzo passeront ensuite aux enfants du duc Joseph : Charles, Éliane comtesse de Compiègne et François, comte Pozzo di Borgo. Du côté Barbeyrac, le comte laissera pour héritiers ses neveux Charles de Montcalm Gozon et Robert de Montcalm Gozon.

À sa mort en 1911, Isabelle Pluvinel-Crombez, détenait plus de 600 ha en Brabant wallon qui passèrent à son fils Jérôme. Ces terres étaient réparties sur les communes de Wavre [45], Ottignies [46], Corroy-le-Grand [47], Limal [48] Dion-le-Mont [49] Limelette [50] et Bierges [51].

Pour ce qui concerne le bois de Lauzelle, c'est en 1952 que les biens furent partagés entre les maisons Pozzo di Borgo et Barbeyrac de Saint-Maurice Montcalm Gozon. Les terres situées du coté de Lauzelle (bois d'Afflighem) échurent à la branche Pozzo tandis qu'au comte de Barbeyrac revinrent les propriétés situées du côté du Bois de Villers (de l'autre côté de l'autoroute E411).

Charles-André Pozzo di Borgo (1925-1966) fut le quatrième duc du nom. Fils du duc Joseph Pozzo di Borgo (1890-1966), il était l'héritier des terres des Crombez à Ottignies. Des terres qu'il ne fréquentait qu'une fois l'an pour venir y chasser le faisan d'élevage.

45 Wavre (CDB, NM, n° 3263) : 144 ha en 1925, 107 ha en 1964.

46 Ottignies (CDB, NM, n° 2137) : 109 ha en 1920, 123 ha en 1951, 75 ha en 1969 (lieux-dits : Lauzelle, Blocry...).

47 Corroy (CDB, NM, n° 1681) : 169 ha en 1926, 99 ha en 1962 (lieux-dits : Chêne Copette, Campagne de Lauzelle, La Baraque...).

48 Limal (CDB, NM, n° 1780) : 34 ha en 1926, 27 ha en 1962 (lieu-dit : Bois du Mainil).

49 Dion-le-Mont (CDB, NM, n° 1929) : 77 ha en 1929, 74 ha en 1952, 5 ha en 1966.

50 Limelette (CDB, NM, n° 652) : 20 ha en 1900, 21 ha en 1962.

51 Bierges (CDB, NM, n° 1696) : 50 ha en 1921 (lieux-dits : Rive Gauche, Bois de la Pierre, Lande de la Pierre...).

L'installation de l'UCL

« La mort de Charles-André Pozzo di Borgo en 1966 arrangea bien les affaires de l'UCL, explique le bourgmestre de l'époque Yves du Monceau de Bergendal. »

De fait, le fils du duc Charles ne chassait pas à Ottignies. Il n'y avait donc plus aucun obstacle à la vente des 113 ha du bois de Lauzelle en possession de la famille.

De plus, le fils du duc avait bien d'autres propriétés à administrer, notamment en France autour du château de Dangu (Les Andelys), non loin d'Evreux dans l'Eure où la famille possède un immense domaine. Le duc Pozzo est le type même du grand propriétaire français. Il possède une villa à Nice, un château à Dangu et un hôtel de maître rue de l'Université à Paris. Président du syndicat des propriétaires forestiers de l'Eure, il est aussi celui de l'Union régionale des syndicats des propriétaires forestiers sylviculteurs de Normandie [52].

Aussi ses terres d'Ottignies ne furent-elles qu'une infime partie de son patrimoine. C'est donc sans trop d'état d'âme que l'administrateur délégué de Shell Portuguasa finit par accepter de vendre à l'UCL. Ce que Michel Woitrin, le père de l'UCL à Louvain-la-Neuve, résume par cette phrase : « l'acquisition des terres du duc Pozzo ne posa guère de problème. Nous n'aurons pas à provoquer un drame social. Son homme d'affaires local ne répugne pas à l'idée de vendre à un prix convenable. » [53]

Aussitôt dit, aussitôt fait. Et c'est ainsi que l'UCL acquit 960 ha.

Ottignies apporta 393 ha, Corroy-le-Grand 229 ha, Limelette 23 ha, Wavre 26 ha... [54] Au total 960 ha furent acquis entre 1966 et 1968 grâce à un prêt de l'État belge de 747 millions consenti à un taux particulièrement avantageux. Quant au prix des terres, il ne dépassa pas les 100 francs du mètre carré. Ce qui représente toutefois un milliard pour le seul terrain [55].

Outre ces aristocrates français auprès desquels la majeure partie des terres furent acquises, la famille Boël vendit celles autour de la ferme du Biéreau (voir le chapitre consacré aux Boël) et la famille Dorlodot fut expropriée d'une centaine d'hectares (voir ci-dessous). De même que la famille Le Hardy de Beaulieu de 24 ha au château de Clerlande.

52 *Who's who in France,* 1990-1991, p. 1352.

53 Michel Woitrin : *Louvain-la-Neuve, le grand dessein,* Duculot, 1987, p. 76.

54 *Ibidem.*

55 Lacomte Pierre : « L'émphytéose : une expérience foncière originale », in *UCL vie et mémoire d'une institution,* Albert d'Haenens (ed), Renaissance du livre, 1992, p. 34.

Il restait la famille Jacquemotte, des célèbres cafés du même nom. Cette famille, représentée par la richissime madame Lauwers-Jacquemotte, posséda jusqu'à une trentaine d'hectares du bois de Lauzelle.

C'est en 1947 que Simone Jacquemotte, épouse Lauwers, acquit ses premiers hectares dans le bois de Lauzelle auprès des familles Crombez et de Bossière. D'année en année, elle arrondit son patrimoine pour détenir 35 des 192 ha du bois de Lauzelle.

Le Clocheton, actuel *club-house* du golf de Louvain-la-Neuve était à l'époque le pavillon de chasse de la famille Jacquemotte. Une famille qui occupait par ailleurs, à Bruxelles, le fameux hôtel de maître de la rue Haute à façade classique (n °139-143), derrière lequel se trouvaient les usines [56].

Signalons au passage que la famille Jacquemotte possédait une quarantaine d'hectares à Rosières ainsi que le Manoir des Templiers à Wavre, en face des antennes de la RTBF. Cette magnifique propriété a été, depuis lors, rachetée par John C. Martin, le célèbre homme d'affaires du lac de Genval, qui s'est installé dans l'ancien domaine, d'une centaine d'hectares, des Cafés Jacquemotte.

Ultime clin d'oeil de l'histoire : les terres sur lesquelles s'est installée l'UCL étaient jadis des biens d'Église et appartenaient aux abbayes de Villers et d'Afflighem. Après deux siècles d'émancipation, les voilà de nouveau dans le giron de cette même Église [57].

Avec la création de l'UCL, l'aventure foncière des Crombez et de leurs illustres descendants a pris fin. Du gigantesque patrimoine que cette famille tournaisienne posséda en Brabant wallon, il ne reste presque plus rien. Seules subistent les terres que Gabrielle Crombez céda en 1931 aux Dorlodot, maîtres de forges d'Acoz.

Le château de Vieusart

Chaque année, une vingtaine d'étudiants privilégiés louent un kot dans les écuries aménagées du château de Vieusart à Corroy-le-Grand. Ce superbe château, entouré d'un parc de 50 ha, trône au milieu d'un domaine de 630 ha. Ce dernier fut jadis propriété des Crombez et passa, par héritage en 1931, à la famille de Dorlodot.

56 Fondée en 1828 par Henri Jacquemotte, la maison familiale connut des difficultés à la fin des années 70. Elle devint une société anonyme, puis les petits-fils de madame Simone Lauwers-Jacquemotte, « grande fortune et très grande patronne », vendirent en 1985 à Douwe-Egberts à la fois la société de torréfaction et la société immobilière propriétaire de nombreuses maisons du quartier. Voir Éric MEUWISSEN : « Des fermes, des châteaux, des golfs : toute une préhistoire (II) », *Brabant Tourisme,* n° 3, septembre 1994, pp. 21-27.

57 Cité par RAYMOND Antoine : *Crayon patrimonial du bois de Lauzelle, op. cit.,* p. 18.

Les Dorlodot sont originaires de Champagne où ils étaient maîtres-verriers depuis le XVIe siècle. La branche belge de la famille s'est établie à Charleroi au XVIIIe siècle. Mais c'est à Acoz que la famille prit véritablement son essor en écrivant une belle page de l'histoire industrielle de notre pays (SA des forges d'Acoz). Leurs descendants élargirent, au cours du XVIIIe siècle, l'entreprise au secteur houiller.

Eugène de Dorlodot (1783-1869) fut sénateur (1850-1853) et bourgmestre d'Acoz, mais aussi un grand maître de forges.

Les Dorlodot de Vieusart descendent de ce maître de forges d'Acoz et plus précisément de Charles de Dorlodot (1830-1902), auteur de la première branche. Celui-ci résidait à Floriffoux (Floreffe) et ses descendants devinrent d'importants actionnaires de Solvay. Il faut en effet savoir que Charles de Dorlodot épousa Marie Pirmez (1827-1893). Et comme les Pirmez sont une des grandes familles fondatrices de Solvay...

Au départ, le riche domaine de Vieusart appartint aux Beeckman qui l'acquirent en 1616 et le conservèrent jusqu'en 1854, date à laquelle Martial Leclercq (1811-1887) le racheta au baron Auguste de Beeckman de Vieusart (1786-1876).

Martial Leclercq avait épousé Hortense de Dorlodot (1871-1926). De leur union, naquit Gabrielle Leclercq (1846-1931), épouse de Benjamin Crombez, l'homme de Nieuport-Bains. C'est elle qui, à sa mort en 1931, céda le domaine de Vieusart à un neveu issu de la branche aînée.

Et c'est ainsi que, depuis 1931, les Dorlodot n'ont plus vendu un pouce de terrain, sauf quand ils furent expropriés de 100 ha par l'UCL.

Cette expropriation ne se fit d'ailleurs pas sans mal. Michel Woitrin raconte dans son livre que l'achat des terres du baron de Dorlodot à l'est du tracé de l'autoroute à construire lui causa quelque émoi. « Il me valut beaucoup de coups de téléphone discrets de la part des autorités ou des amis. Je répondais que j'étais désolé et que je devais traiter tous les propriétaires de la même manière et me préoccuper avant tout des cas sociaux que nos achats pourraient susciter. Tout s'apaisa lorsqu'il apparut que la vente d'une partie du domaine pouvait se justifier par l'ouverture d'une succession. » [58]

Corroy, un château construit par l'architecte des Galeries Saint-Hubert

Très ancienne famille qui compta un bourgmestre de Liège en 1654, un bourgmestre de Bruxelles (fin du XVIIIe siècle) et un bourgmestre de Louvain (XIXe siècle), les Beeckman avaient acquis Corroy en 1703.

58 WOITRIN Michel : *Louvain-la-Neuve, op. cit.,* p. 87.

Lorsqu'en 1854 le baron Auguste de Beeckman vendit son domaine de Vieusart à Martial Leclercq, sa superficie faisait 493 ha.

En 1857, Martial Leclercq possédait, selon le cadastre, 388 ha à Corroy. Ils devinrent 402 ha, à sa mort en 1887[59].

L'épouse de Benjamin Crombez en hérita et poursuivit les acquisitions pour porter le domaine à une superficie de 591 ha en 1921[60]. Depuis, les Dorlodot l'ont agrandi jusqu'à 730 ha à la fin des années 60.

En 1858, Martial Leclercq fit édifier un nouveau château à une centaine de mètres à l'est de l'ancien, faisant appel à l'architecte qui avait réalisé les Galeries Saint-Hubert à Bruxelles : Cluysenaer.

Ce dernier, à qui l'on doit aussi le château d'Argenteuil et le château de Viron à Dilbeek[61], édifia une belle habitation de style Renaissance qui n'a pas moins de 45 mètres de longueur sur 25 mètres de profondeur. Entièrement bâtie en briques rouges, elle est surmontée de tours et de tourelles du plus joli effet.

Sans nos terres, nous n'existons plus

Les Dorlodot représentent une nouvelle espèce de propriétaires fonciers, ceux qui exploitent eux-mêmes leurs terres. « Nous habitons quasi tous nos terres », explique le cadet de la famille, Patrick de Dorlodot. « Nous désirons les garder. Car sans celles-ci nous n'existons plus. »[62]

Aujourd'hui, les 630 ha du domaine sur lesquels d'aucuns rêvèrent d'installer une ville nouvelle pour cinquante mille habitants, n'appartiennent plus uniquement aux Dorlodot.

Les successions aidant, ils sont la propriété des descendants des nombreux enfants du baron Jean de Dorlodot (né en 1884). Si bien qu'actuellement on retrouve, outre la famille Dorlodot, les familles de Montpelier d'Annevoie, della Faille de Leverghem et Desclée de Maredsous. Mais les Dorlodot en possèdent encore un fameux pan de 400 ha, le dernier reliquat de l'aventure foncière des Crombez en somme.

59 CDB, VM, n° 825.

60 CDB, VM, n° 1423 (lieux-dits : Village de Vieusart, Fond Saint-Anne, Les Culots, Sept Bonniers, Fond de Wavre, Chêne Copette, Fond des Malades, Petit Champ, Papeteries, Fond de Wavre, Moulin à Vent....

61 *Le Soir,* 19 août 1994.

62 *Le Soir,* 17 avril 1993.

CHAPITRE DOUZIÈME

Les seigneurs d'Ittre, premiers assureurs du pays

Solvay, Boël, Janssen, Launoit... il ne manquait dans notre éventail des seigneurs de la terre issus des grandes dynasties industrielles et financières que les Lippens, famille fondatrice des AG, détentrice du Zoute et dont la figure de proue est aujourd'hui Maurice Lippens, manager de l'année en 1993 [1].

Si Maurice Lippens ne possède pas de grandes propriétés terriennes en Brabant wallon, il n'en alla pas de même de sa grand-tante Juliettte Lippens (1879-1941). La sœur du fondateur de la Cie du Zoute détenait en effet en Roman Païs un domaine de plus de 900 ha qui s'articulait autour du château d'Ittre.

Rois de Knokke qu'ils ont sortie du sable au XVIIIe siècle, les Lippens ont fait leur fortune en participant à la fondation des AG en 1824 [2]. Cette société est, pour l'heure, la première compagnie d'assurances du pays. Aujourd'hui diluée, leur participation s'élèverait encore à huit pour cent, si l'on prend en compte les descendants des différentes familles fonda-

1 Maurice Lippens (1943) est le frère du bourgmestre de Knokke (Léopold, né en 1941). Il est le fils du fondateur de la réserve du Zwin (1952), qui fut également bourgmestre de Knokke, à savoir Léon (1911-1986). Ce dernier était le fils de Raymond (1875-1964), le fondateur de la Compagnie du Zoute qui gère 700 ha. Raymond Lippens (le grand-père de Maurice) avait une sœur, Juliette qui était la châtelaine d'Ittre. Du côté maternel, le grand-père de l'actuel patron des AG était Maurice Lippens (1875-1956) qui fut ministre d'État, gouverneur de la Flandre orientale, gouverneur général du Congo belge, président du Sénat et ministre à plusieurs reprises. Son arrière-grand-père était Hippolyte Lippens (1847-1906) qui fut bourgmestre de Gand.

2 C'est le 14 juillet 1824 que fut signé l'acte constituant la Compagnie d'assurances générales sur la vie, les Fonds dotaux et les survivances, qui fut la première société à pratiquer l'assurance vie en Belgique.

T'SERSTEVENS

JEAN-BAPTISTE
(1778 † 1851)

Gustave (1809 † 1902)
ép. Françoise Claes[1] (1821 † 1878)

Jean-Baptiste
(1802 † 1879)

Auguste
(1803 † 1893)

Marie (1850 † 1941)
ép. Auguste Lippens (1845 † 1904)

Julie (1848 † 1925)
ép. Albert de Smedt (1848 † 1929)

Juliette (1879 † 1941)
ép. Ernest de Geradon (1871 † 1957)

Raymond Lippens[2]
(1875 † 1964)

Léon Lippens[3] (1911 † 1986)

Maurice Lippens[4] (Né en 1943)

Marthe (1903 † 1991)

Émilie
(1902 † 1989)
ép. 1° Ferdinand Jolly (1898 † 1932)
ép. 2° Édouard de Bivort de la Saudée (1909 † 1991)

Isabelle (1907 † 1984)

Vcte Hubert Jolly
(Né en 1925)

Vcte Alain Jolly
(Né en 1927)

Vcte Réginald Jolly
(Né en 1928)

Ferdinand[5] (Né en 1959)

(Généalogie simplifiée)

---

1. Françoise Claes était la fille de Charles François (1787 † 1847) qui possédait la plus grande distillerie de Belgique.
2. Fondateur de la Compagnie du Zoute.
3. Fondateur de la réserve naturelle du Zwin en 1952 et bourgmestre de Knokke.
4. Manager de l'année ; président du conseil d'administration des AG et co-président de Fortis.
5. Héritier d'Isabelle de Geradon.

trices, parmi lesquelles les grands propriétaires fonciers d'Ittre : les t'Serstevens [3].

Plus de 1000 ha autour d'Ittre

> *Le promeneur à qui viendrait l'idée de s'attarder devant les vitraux de l'église romane du Zoute serait sans doute intrigué par un vitrail du transept sud.*
>
> *Ce vitrail n'a rien de particulier en soi – la Vierge y reçoit le Saint-Esprit tout en écoutant l'archange Gabriel –, si ce n'est que le cartouche à ses pieds reproduit les armes d'alliance de Geradon-Lippens. Un cartouche qui fait référence au mariage, en 1901, de Juliette Lippens (1879-1941), grande-tante de Maurice, avec le bourgmestre de Couthuin, Ernest de Geradon (1871-1957)* [4].
>
> *Le couple Geradon-Lippens était, dans les années 30, à la tête d'une propriété d'environ 1000 ha aux alentours d'Ittre et de son château. Ce qui faisait du châtelain de Wanzoul (à Vinalmont, non loin de Huy) un des plus importants propriétaires fonciers du Brabant wallon.*

Fille d'Auguste Lippens (1845-1904) et de Marie t'Serstevens, petite-fille de l'acheteur des châteaux d'Ittre et de Baudemont, Juliette Lippens avait reçu cette propriété en héritage de son oncle maternel, Albert de Smedt (1848-1929). Lui-même était entré en possession des terres d'Ittre par son mariage avec une fille de Gustave t'Serstevens (1809-1902).

Les t'Serstevens, gros actionnaires des AG, étaient surtout connus pour être les gros propriétaires fonciers d'Ittre [5].

3 8 %, c'est une présence qui maintient pour la famille Lippens un poste d'administrateur aux AG, sans pour autant lui léguer les commandes. Cela n'a pourtant pas empêché Maurice Lippens de gravir l'échelon suprême avec le succès que l'on sait. Le voilà aujourd'hui président du conseil d'administration des AG et coprésident de Fortis (la bannière sous laquelle AG et Amev travaillent ensemble).

4 François DE COUDENBERG : « Vitraux armoriés de l'église Notre-Dame du rosaire au Zoute », *Le Parchemin,* nov.-décembre 1986, n° 246, p. 350.

5 En 1865, TARLIER et WAUTERS recensent dans leur *Dictionnaire des communes belges :* la ferme du Pou (101 ha), la ferme de Baudemont (75 ha), la ferme du Petit Bois (58 ha) comme appartenant à Auguste t'Serstevens. À cela, s'ajoute la ferme de la Houssière (74 ha) à Haut-Ittre. La ferme de Rosemont (53 ha) est en possession de son frère Gustave t'Serstevens.

Quant à Albert de Smedt, il avait fait fortune dans le commerce des draps et, lui aussi, avait réinvesti une partie de son avoir dans ce qui constitue aujourd'hui les AG [6].

Albert de Smedt détenait, en 1910, 841 ha répartis sur les territoires d'Ittre et de Haut-Ittre. C'est lui qui avait fait construire, en 1885, le château d'Ittre [7] à la place de l'ancien manoir datant du XVIIe siècle.

À la fin du siècle dernier, Émile Vandervelde nota que la famille t'Serstevens possédait dans les environs d'Ittre plus de 1000 ha [8].

Le grand acheteur de biens nationaux

L'aventure foncière des t'Serstevens à Ittre a commençé avec Jean-Baptiste t'Serstevens (1777-1851), grand-père de l'épouse d'Albert de Smedt et arrière-grand-père de Juliette Lippens.

Dès 1815, il avait déjà racheté le château de Baudemont à un banquier français. Un vingtaine d'années après, il fit de même avec le château d'Ittre. À Haut-Ittre, ce fut en 1834 qu'il racheta les biens mis en vente par le prince de la Tour et Taxis [9]. Si bien qu'en 1845, Jean-Baptiste t'Serstevens détenait 307 ha à Ittre et Haut-Ittre [10].

Jean-Baptiste t'Serstevens eut trois fils: Gustave (1809-1902), Auguste (1803-1893) et Jean-Baptiste (1802-1879).

Auguste, qui fut notamment censeur à la Banque nationale, épousa en premières noces Jeanne t'Kint, fille du procureur général, et en secondes noces la petite-fille du grand acheteur de biens nationaux, Jean-Baptiste Plovits (1743-1825). Ce banquier bruxellois d'origine française avait racheté le château de Sterrebeek et un grand nombre de propriétés de l'ancienne abbaye de Villers, dont la splendide ferme de Mellemont à Thorembais-les-Béguines. Notons au passage que Jean-Baptiste Plovits avait un frère: Maximilien, propriétaire d'un hôtel, rue Royale à Bruxelles, et de la belle ferme des Templiers à Wavre qui passa aux Hennessy [11].

6 La Compagnie belge d'Assurances générales contre l'incendie et l'explosion du gaz ainsi que la Compagnie belge d'assurances générales sur la vie. Voir Index des éligibles, op. cit., p. 195.

7 CAYPHAS Jean-Paul : « Deux dessins exceptionnels du château d'Ittre par Guillaume de Bruyn », *Entre Senne et Soignes,* XIII, 1972, pp. 10-17.

8 Émile VANDERVELDE : *La propriété foncière en Belgique, op. cit.,* p. 154.

9 Haut-Ittre (CDB, VM, n° 149) : 88 ha en 1845, 94 ha en 1901.

10 Ittre (CDB, VM, n° 385) : 218 ha en 1848. Haut-Ittre (CDB, VM, n° 149) : 88 ha en 1845.

11 Sur la famille Plovits, voir Jacques BERGER-CARRIÈRE : « Notes complémentaires à la généalogie Hennessy », *Le Parchemin,* n° 100, octobre 1964, p. 117.

À Ittre, les frères Auguste et Gustave t'Serstevens étaient donc parmi les plus grands propriétaires du village. En 1858, Auguste possédait 258 ha et treize fermes [12] tandis que son frère Gustave avait, outre le château d'Ittre, sept fermes et environ 134 ha de terres qui deviendront 376 ha en 1879 et 445 ha en 1885 [13].

LE PRINCIPAL DISTILLATEUR DE GENIÈVRE DU PAYS

Le mariage de Gustave t'Serstevens (1809-1902) avec Françoise Claes (1821-1878), fille de l'autre grand propriétaire foncier du coin, Charles-François Claes (1787-1847), vint renforcer la puissance foncière du clan dans la région [14].

Charles-François Claes était un important fabricant originaire de Lembeek [15], issu d'une famille de grands propriétaires terriens.

Le père de Charles-François Claes avait amassé une énorme fortune grâce à la distillerie de genièvre. Une fortune qu'il réinvestit en achetant un grand nombre de biens nationaux. Il possédait ainsi plus de 1000 ha répartis sur vingt-cinq communes. La plus grande partie de ses biens se trouvait à Lembeek.

Charles-François Claes continua les acquisitions pour se trouver en possession de de 1568 ha ! À sa mort en 1847, son patrimoine foncier fut évalué à 8,3 millions !

Sa fille Françoise, épouse de Gustave t'Serstevens, hérita de 508 ha. Et parmi ceux-ci, 180 ha à Ittre représentés par les fermes de Schoot, de Coco et de Gaesbecq. Le reste de l'héritage se trouva réparti sur une quinzaine de communes (dont Braine-le-Château).

Pour la petite histoire, Victor Claes – le frère de Françoise – épousa aussi lui aussi une t'Serstevens [16]. Bourgmestre de Vinalmont, il était à la tête d'un patrimoine foncier de 1271 ha, évalué à 5 millions et réparti sur une vingtaine de communes. Dans ce patrimoine, on trouvait toute une série de biens nationaux ayant appartenu auparavant à l'abbaye de Villers,

12 Ittre (CDB, VM, n° 753) : 258 ha en 1856, 290 ha en 1884 (lieux-dits : Baudemont, Faucquez, Stoquoy, Champ Huleu...).

13 Ittre (CDB, VM, n° 736) : 376 ha en 1879, 445 ha en 1885.

14 Tarlier et Wauters recensent les propriétés à Ittre de François Claes : la ferme de Gaesbecq (91 ha), la ferme de Schoot (87 ha).

15 DEJONGHE R : « De familie Claes : van landbouwers tot industriëlen en grootgrondbezitters. Lembeek van XVIIde tot XIXde eeuw », *Hallensia*, n° 4, oktober-december 1987.

16 Victor Claes (1815-1900) a épousé Jeanne t'Serstevens (1829-1875), fille de Jean-Baptiste (1802-1879).

comme la ferme de Sart-Risbart à Opprebais (128 ha) ou encore celle de Géminoncourt à Baisy-Thy.

Le second frère de Françoise Claes fut, quant à lui, bourgmestre de Lembeek[17]*. Il était à la tête d'un patrimoine foncier de 488 ha.*

Les Claes sont un bel exemple de bourgeois enrichis dans les affaires. La distillerie de famille était reconnue comme la plus grande du pays. Jean-Baptiste Claes était même considéré comme le brasseur de genièvre qui fit le plus d'affaires de toute la Belgique.

Dans le club des dix grandes familles bourgeoises

Auguste t'Serstevens (1803-1893), frère de Gustave, hérita d'une partie des biens de son père Jean-Baptiste.

Auguste eut notamment deux fils qui furent, l'un et l'autre, parlementaires : Jean-Baptiste (1831-1910), futur bourgmestre et député de Thuin, et Léon (1836-1900), futur député de Nivelles[18].

Tous deux avaient un autre point commun : celui d'être de grands propriétaires fonciers à Ittre et Haut-Ittre[19].

Président du conseil supérieur de l'agriculture, Léon t'Serstevens détenait 300 ha de terres agricoles à Ittre. À son décès en 1900, ses biens fonciers passèrent à son fils Georges t'Serstevens (né en 1859)

Conséquence de cette accumulation foncière, les t'Serstevens appartenaient aux dix familles bourgeoises ayant cinq éligibles à cens complet au Sénat. Ces dix familles faisaient contrepoids au fameux « club des seize familles d'origines aristocratiques ».

Dans le clan t'Serstevens, tous les éligibles ont, sans exception, accédé à l'éligibilité[20]. Huit éligibles sur huit, autant dire qu'il s'agit d'une famille de très grands propriétaires, menant un très grand train de vie. Une famille établie non seulement en Brabant wallon (Ittre, Haut-Ittre, Nivelles, Marbais, Gentinnes), mais aussi dans le reste de la Wallonie (Stavelot, Thuin...) et à Bruxelles.

Une famille bourgeoise qui sera finalement anoblie en 1907.

17 Paul Claes (1818-1884).

18 Jean-Baptiste t'Serstevens fut député de Thuin (1864-1870) et sénateur (1894-1900) tandis que son frère Léon était député de Nivelles (1871-1876).

19 Jean-Baptiste à Haut-Ittre (CDB, VM, n° 465) : 98 ha en 1905. Léon à Ittre (CDB.VN, n° 997) : 252 ha en 1898, 307 ha en 1910.

20 Cela représentait chez les t'Serstevens huit personnes éligibles à cens complet. Voir *Index des éligibles, op. cit.*, p. 120.

Albert de Smedt lègue 850 ha à Juliette Lippens

Revenons à Albert de Smedt (1848-1929), gendre de Gustave t'Serstevens et oncle de Juliette Lippens-t'Serstevens. Vivant au château d'Ittre, il possédait pas moins du quart du village (600 ha sur 2141 ha).

Le château avait été auparavant propriété du marquis Charles Maximilien de Trazegnies d'Ittre qui s'en était séparé en 1836 au profit du grand-père de la femme d'Albert de Smedt : Jean-Baptiste t'Serstevens (1778-1851). Le château était ensuite passé par héritage à son fils Gustave t'Serstevens (1809-1902) qui le transmit à sa fille, l'épouse d'Albert de Smedt.

Comme tout grand propriétaire foncier qui se respecte, Albert de Smedt fut bourgmestre d'Ittre.

À sa mort en 1929, sa nièce Juliette Lippens (1879-1941) hérita de tous ses biens, soit environ 850 ha répartis sur les territoires d'Ittre et de Haut-Ittre[21].

> *L'époux de Juliette, Ernest de Geradon (1871-1957), décida alors unilatéralement d'augmenter drastiquement les loyers de ses nombreux fermiers. Ces derniers se liguèrent contre le propriétaire, organisèrent une fronde et le poursuivirent en justice. Mais s'ils eurent gain de cause, ce ne fut qu'une victoire à la Pyrrhus. Car l'année suivante, ils étaient tous purement et simplement remplacés. Aujourd'hui à Ittre, certaines rancœurs ne sont toujours pas éteintes.*

Ernest de Geradon ne résidait pas à Ittre, mais à Couthuin dont il fut d'ailleurs bourgmestre.

À sa mort en 1957, le château d'Ittre passa à sa fille Isabelle (1907-1984). On parla alors du Manoir de Geradon. En 1970, celui-ci n'était plus entouré de 600 ha comme dans les années 30, mais de 330 ha[22].

La châtelaine qui resta célibataire toute sa vie était immensément riche. Elle finit sa vie au Manoir où elle vivait seule, recluse dans une ou deux pièces, ne sortant jamais et dépensant encore moins. Sa vie ne fut qu'une succession d'économies et d'accumulations de dividendes.

Sans héritier direct, elle légua en 1984 sa fortune (estimée à plusieurs centaines de millions, certains parlent même d'un milliard) à son petit-neveu, Ferdinand Jolly (né en 1959).

21 Ittre (CDB, NM, n° 736) : 600 ha. Haut-Ittre (CDB, NM, n° 23) : 224 ha.

22 Ittre (CDB, NM, n° 1657) : 610 ha en 1932, 337 ha en 1966.

Dans ce fabuleux patrimoine, on trouvait – outre quelques centaines d'hectares de terres cultivables – le bois d'Ittre, le château et les superbes fermes de la Tour, de la Motte et de Rosemont. Fermes que Ferdinand Jolly dut revendre immédiatement pour payer les droits de succession qui atteignirent quatre-vingt-cinq pour cent ! Quant à la magnifique ferme de Gaesbecq, Ferdinand Jolly l'avait reçue en donation du vivant de sa marraine Isabelle de Geradon.

L'heureux héritier posséderait encore aujourd'hui un bloc d'une centaine d'hectares autour de la ferme de Gaesbecq et une cinquantaine d'hectares autour du château d'Ittre. Ingénieur agronome de formation, il exploite lui-même ses terres.

Leurs cheveux se dressèrent sur leur tête

Isabelle de Geradon avait deux sœurs : Marthe (1903-1991) qui n'a rien hérité dans la région [23] ; et Émilie (1902-1989) qui épousa le vicomte Ferdinand Jolly (1898-1932), arrière-petit-fils du baron Jolly qui s'illustra lors de la révolution de 1830 et qui fut par la suite membre du Gouvernement provisoire et du Congrès national.

De l'union entre Émilie et Ferdinand, naquirent trois fils : les vicomtes Hubert (1928), Alain (1927) et Réginald (1928), les neveux déshérités par Isabelle de Geradon et dont on dit au village qu'à la lecture du testament, ils eurent les « cheveux droits sur la tête » ! On peut les comprendre.

Veuve dès 1932, Émilie épousa en secondes noces Édouard de Bivort de la Saudée (1909-1991). Le couple habitait la Châtaigneraie, une grosse villa construite à l'emplacement de l'ancien château de Faucquez. Le domaine représentait encore quelque 230 ha au début des années 70. Émilie possédait aussi la ferme de Scott, du Pré et de Grand Pattard.

En 1991, la Châtaignerie, qui s'étend sur 124 ha rien qu'à Ittre, était la propriété en indivision des trois fils d'Émilie : les vicomtes Hubert, Alain et Reginald Jolly [24]. Lesquels possèdent encore en indivision 111 ha à Haut-Ittre [25].

23 Marthe de Geradon épousa l'avocat près de la cour d'appel de Bruxelles, Antoine dela Faille d'Huysse (1895-1965). Elle vécut et mourut au château de Wanzoul (Vinalmont).

24 Ittre (CDB, NM, n° 2045) : 124 ha (lieux-dits : Long-Pré, Verte Vallée, Pré du Moulin, Bois Madeleine, Champ de la Bise, Rue du Masy, Bois d'Ittre, Grande Closière, Au Lion, Champ du Caillou...).

25 Lieux-dits : Ferme du Parc, Ferme du Pré, Trouvesse, Campagne, Chemin du Vivier....

Des t'Serstevens aux Jolly, puis aux Lichtervelde

Ferdinand Jolly, le premier mari d'Émilie de Geradon avait une sœur née un an plus tôt: Marie-Anne Jolly (né en 1897).

Leur tante Emerence Jolly, petite-fille du baron Jolly qui s'illustra au lendemain de la Révolution belge, épousa Georges t'Serstevens.

Georges t'Serstevens était le petit-fils de celui qui acquit, au début du XIXe siècle, les châteaux de Baudemont et d'Ittre.

De son père, le député catholique de Nivelles Léon t'Serstevens (1836-1900) qui l'avait lui-même hérité de son père Auguste (1803-1893), il possédait, en 1912, un domaine de 387 ha qui deviendront 409 ha en 1927 [26].

Sans enfants, Georges et Emerence adoptèrent, en 1926, leur nièce Marie-Anne Jolly. Cette dernière hérita de tous les biens de Georges t'Serstevens. Des biens qui passeront par mariage dans la famille du comte de Lichtervelde.

Pour donner un ordre de grandeur, Baudemont faisait encore 409 ha en 1932. En 1958, il n'y avait plus que 356 ha qui devinrent 286 ha en 1967 et 206 ha en 1970 [27].

> *Le dimanche 5 septembre 1943 fut une date funeste pour la famille du comte de Lichtervelde. Ce jour-là, le château fut investi par une septantaine d'Allemands. La Gestapo enmena sur le champ le comte John de Lichtervelde et ses deux fils Gaston et Georges. On leur reprochait d'avoir caché des armes de l'Armée secrète. Ils ne reviendront jamais des camps nazis où ils seront fusillés le 31 janvier 1945.*
>
> *Le seul qui échappa à l'arrestation fut le troisième fils, Étienne, alors en pension au collège St-Augustin à Enghien. C'est lui qui est aujourd'hui le châtelain de Baudemont* [28].

26 Ittre : 387 ha en 1912, 409 ha en 1927 (lieux-dits : Petit Bois, Verte Vallée, Baudemont, Pré du Moulin, Faucquez, La Closière, Le Bosquet, Champ de la Justice, Ferme du Pou, Hasquemont, Trou à la Vache, Flochet, Stoquoi, Froidmont, Bois Madeleine...).

27 Ittre : CDB, NM, n° 1174.

28 Sur l'arrestation des comtes de Lichtervelde, voir l'article d'Yves VANDER CRUYSEN, *Vers l'Avenir,* 6 décembre 1993. Voir aussi Louis GENTY : « Nivelles an 43 », *Rif Tout Dju,* 1993.

T'SERSTEVENS

(Généalogie simplifiée)

JEAN-BAPTISTE
(1778 † 1851)

Auguste
(1803 † 1893)

Jean-Baptiste [1]
(1831 † 1910)

Léon [2]
(1836 † 1900)

Georges
(1859 †)
ép. Émerence Jolly
(1870 † 1955)

adopte sa nièce
Marianne Jolly
(1897 † 1988)
ép. John de Lichtervelde
(1893 † 1945)

Étienne
(Né en 1928)

---

1. Sénateur 1894-1900 ; député 1864-1870 ; bourgmestre de Thuin.
2. Député de Nivelles 1871-1876.

Baudemont fut ainsi transmis par les t'Serstevens de génération en génération pour aboutir finalement, via Marianne Jolly, dans les mains du comte John de Lichtervelde (1893-1945)[29], issu d'une famille originaire du Hainaut avec le château de Gages.

À Baudemont, Étienne de Lichtervelde (né en 1928) exploite toujours les haras fondés il y a cinquante ans par son beau-père par adoption, Georges t'Serstevens. Ces haras sont installés au sein d'une propriété d'environ 200 ha (chiffre 1970)[30].

Ils ont succédé aux marquis d'Ancien Régime

Sous l'Ancien Régime, deux seigneurs détenaient la majeure partie de la commune d'Ittre.

Le marquis de Rifflart, seigneur d'Ittre, avait 459 ha – soit plus du sixième de la superficie du village – et le marquis d'Herzelles, seigneur de Faucquez, disposait de 330 ha – soit un huitième du village[31].

Conscientes de l'importance de leur puissance foncière dans la poursuite de leur buts politiques et l'accession aux plus hautes fonctions dans les Conseils du Brabant ou du Souverain, leurs deux illustres familles s'étaient efforcées d'augmenter leur patrimoine. Source de leurs revenus, sauvegarde de leurs droits seigneuriaux, de leur influence et de leur prestige dans la communauté.

Si, lors de la révolution, des bourgeois enrichis dans les affaires leur ont succédé – qu'on pense aux Claes, t'Serstevens, de Smedt... – ceux-ci furent à leur tour anoblis. Ce qui leur permit de s'unir avec des familles aristocratiques plus traditionnelles : les Geradon, Lichtervelde, Bivort de la Saudée...

La boucle est donc bouclée. Les seigneurs d'Ittre ont de nouveau du sang bleu. La seule différence est que leur puissance foncière ne leur donne plus accès aux plus hautes fonctions politiques et qu'elle n'est plus une source de revenus, ni d'influence ou de prestige.

29 Né en 1928, Étienne de Lichtervelde épousa en 1948 Marie-Christine de Cressac de Soleuvre (1930). Sa mère était une Merode-Everberg et son grand-père était le Grand maréchal de la Cour, Jean de Merode (1865-1933).

30 Ittre (CDB NM, n° 2459) : 191 ha en 1968.

31 Jean-Paul CAYPHAS : « La répartition de la propriété foncière à Ittre au milieu du XVIIIe siècle », *Entre Senne et Soignes,* 1984, p. 8. Voir aussi Solange DELAUNOIS : in *Bulletin du Crédit communal,* n° 92, avril 1970.

DE ROBIANO

(Généalogie simplifiée)

EUGÈNE-GASPAR
(1783 † 1837)

Léon
(1808 † 1893)
ép. Julienne de Sayve
(1819 † 1897)

Stanislas
(1853 † 1909)
ép. Lucie de Jonghe d'Ardoye [1]
(1863 † 1950)

Marie
(1893 † 1980)
ép. Louis Cornet de Ways Ruart [2]
(1874 † 1950)

Arthur
(Né en 1933)
ép. Denise Pret Roose Calesberg
(Née en 1943)

Antoinette [3]
(1897 † 1992)
ép. Ludovic de Meeûs d'Argenteuil
(1892 † 1961)

Nicole
ép. Robert de Villenfagne
(Né en 1920)

---

1. Grande maîtresse de la Maison de S.M. la reine Élisabeth.
2. Grand Maréchal de la cour.
3. Dame d'honneur de S.M. la Reine ; dame d'honneur de S.A.R. la princesse Joséphine-Charlotte.

CHAPITRE TREIZIÈME

Braine-le-Château, son château et ses riches familles aristocratiques

Saviez-vous que Léopold Ier, avant de jeter son dévolu sur Laeken, envisagea d'acquérir le château de Braine-le-Château ?

Ce château féodal trône aujourd'hui encore à un jet de pierre du pilori, du moulin banal et du lapidarium. Bref, un château dans une cité médiévale qui possède encore et toujours son seigneur, le comte Arthur Cornet de Ways-Ruart [1].

Ce propriétaire est pour le moins discret. Il ne réside en effet plus au château, mais à Ways, un village voisin intégré dans l'entité de Genappe, où il habite dans une gentilhommière sise au milieu de bois magnifiquement entretenus et appelée château de Ruart (en face du golf de l'Empereur).

Les Cornet possèdent depuis plusieurs siècles la seigneurie du lieu. Ce qui explique l'étendue de leur superbe domaine boisé, mais aussi le fait que le châtelain de Braine-le-Château n'est autre que le cousin du propriétaire : Robert de Villenfagne de Vogelsanck, arrière-arrière-petit-fils du sénateur catholique Eugène-Gaspard de Robiano (1783-1837) qui acquit le château en 1835.

Une des plus riches maisons d'Europe

Vieux de huit siècles, le château de Braine passa entre les mains d'une série de grandes familles, dont celle bien connue des Hornes.

Pour rappel, un parent du châtelain fut décapité, au XVIe siècle, sur la grand-place de Bruxelles sur l'ordre du duc d'Albe.

1 Sur l'histoire du château, voir VAN BELLE Jean-Louis : *Braine-le-Château. Déchiffrer-Comprendre,* 47 pages ; *Braine-le-Château. Déchiffrer le paysage, comprendre son histoire,* IVe rencontres médiévales de Braine-le-Château, 6 septembre 1985.

Les Hornes conservèrent le château pendant plus de deux cent trente ans.

C'est à Maximilien de Hornes (1506-1543), chambellan de Charles-Quint et chevalier de la Toison d'or que l'on doit le pilori, un monument unique en Europe. Dans l'église de Braine, se trouve d'ailleurs un magnifique gisant en albâtre que l'historien de Braine-le-Château, Jean-Louis Van Belle, identifie comme le mausolée de ce seigneur.

Au XVIIe siècle, le château passa de la famille de Hornes à celle des princes de la Tour et Taxis, maîtres des postes internationalement connus.

Les Tour et Taxis

Aujourd'hui encore, cette maison princière est parmi les plus riches d'Europe : son patrimoine est évalué à plus de 40 milliards de francs [2].

Les Tour et Taxis résidèrent quelque temps à Braine-le-Château avant de s'installer, en 1754, au château familial de Ratisbonne en Bavière. Lequel est toujours occupé par la veuve (de trente-trois ans) du prince Johannes von Thurn und Taxis décédé en décembre 1990.

Pour la petite histoire, il vient de s'y dérouler la plus importante vente publique organisée en Allemagne depuis la Seconde Guerre mondiale. Elle a rapporté à la princesse punkette 675 millions... pour septante-cinq mille bouteilles de vin. Un magnum de Mouton Rothschild 1949 a été ainsi adjugé au prix de... 250 000 francs !

Mais revenons à Braine-le-Château.

Le château était sans doute inoccupé quand éclata la Révolution française. En 1794, raconte Jean-Louis Van Belle, les biens du prince de la Tour et Taxis à Braine furent frappés de séquestre et mis à la disposition de la nation. Son mobilier fut vendu au profit de la République.

La famille princière n'avait pas que des biens à Braine-le-Château. Ainsi à Wolverthem, elle détenait 360 ha dont une centaine de bois. À Haut-Ittre, les Tour et Taxis possédaient 70 ha de terres.

Tous ces biens séquestrés pendant la Révolution française furent ultérieurement restitués au prince Charles-Alexandre de la Tour et Taxis.

Mais à la mort de ce dernier en 1827, son fils Maximilien-Charles aliéna successivement tout ce qu'il possédait en Belgique. Les terres à Wolverthem furent morcelées, tandis que la famille t'Serstevens acheta les biens d'Ittre et qu'Eugène-Gaspard comte de Robiano acquit, en 1835, ceux de Braine-le-Château.

2 *La Libre Belgique,* 17 octobre 1993 et 22 octobre 1993. *Le Soir,* 16 juin 1990 et 12 juillet 1993.

730 000 francs en 1835

Quand le sénateur catholique Eugène-Gaspard de Robiano entra en possession du château en 1835, le bâtiment était en piteux état. Toitures délabrées, douves à demi comblées, intérieur saccagé, parc embroussaillé...

Eugène de Robiano paya néanmoins la somme de 730 000 francs. Car, outre le château, il y avait onze maisons en y incluant le moulin banal et la brasserie, quatre fermes et 455 ha, dont 256 de bois [3].

En 1836, son fils Léon, également sénateur catholique de l'arrondissement de Nivelles, devint bourgmestre du village. Il allait le rester plus d'un demi-siècle (1836-1888). Son fils Stanislas (1853-1909) lui succéda.

C'était l'époque où comtes et marquises du Brabant wallon se mariaient dans leurs châteaux, sous les stucs aux moulures rehaussées d'or, au milieu de la vaisselle dorée et des couverts en argent.

On ne compte d'ailleurs plus les unions matrimoniales entre les familles nobles de l'ouest et du centre du Roman Païs. À tel point qu'entre les châteaux de Clabecq (marquis de Sayve), de Braine-le-Château (comte de Robiano), du Bois de Samme (Charles Snoy et d'Oppuers), de Bois-Seigneur-Isaac (Idesbalde Snoy et d'Oppuers), de l'Hermite (Alphonse Snoy et d'Oppuers) et d'Argenteuil (Ferdinand de Meeûs)... ce n'étaient au siècle dernier que pères, beaux-pères, frères, cousins et cousines.

On se rendait visite d'un château à l'autre, en suivant le cours du Hain, dont ces quelques familles aristocratiques détenaient plus du tiers de l'avoir foncier de la vallée.

Il faut savoir que le fils d'Eugène-Gaspard de Robiano, le bourgmestre Léon, épousa Julienne de Sayve (1819-1897), fille du châtelain de Clabecq qui avait épousé en premières noces le châtelain de l'Hermite (Braine-l'Alleud) Alphonse Snoy, décédé en 1844 à l'âge de vingt-quatre ans [4].

Les marquis de Sayve étaient les châtelains de Clabecq. Leurs deux filles épousèrent ainsi les deuxième et troisième branches de la famille Snoy et d'Oppuers.

La première branche (Idesbalde Guillaume, bourgmestre d'Ophain) résidait au château de Bois-Seigneur-Isaac ; la deuxième (Alphonse et son fils Georges-Idesbalde) au château de l'Hermite ; et la troisième (Charles) au château du Bois de Samme.

3 VAN BELLE Jean-Louis : *Braine-le-Château, op. cit.*, p. 30.

4 VAN BELLE Jean-Louis : *Le château de Clabecq. Le bâtiment, des hommes, un domaine*, Editions de la Taille d'Aulne, pp. 63 et ss.

Mais revenons à Stanislas, le fils du comte Léon de Robiano, et à son épouse, la marquise Julienne de Sayve. Ils possédaient, en 1926, 490 ha sur Braine-le-Château [5].

Ce dernier couple allait réussir à son tour de très belles unions matrimoniales pour leurs deux filles.

L'aînée, Marie de Robiano (1893-1980), épousa le grand maréchal de la Cour, Louis Cornet de Ways-Ruart, tandis que la cadette se maria avec l'héritier du domaine d'Argenteuil, le comte Ludovic de Meeûs d'Argenteuil, lequel fut président du conseil d'administration des papeteries Intermills à La Hulpe [6].

Les seigneurs de Ways

Aujourd'hui, le château de la Cité du Pilori est toujours aux mains des descendants de la famille Robiano. Mais la cinquième branche étant éteinte dans les mâles, c'est l'arrière-arrière-petit-fils d'Eugène-Gaspard qui hérita du château : le comte Arthur Cornet de Ways-Ruart (né en 1933).

> *Le comte Cornet appartient à une très riche famille installée à Ways et dont les ancêtres possédaient le château de Vonêche à Beauraing.*
>
> *C'est ainsi que le grand-père de l'actuel propriétaire du château de Braine-le-Château, le comte Arthur (1837-1890), fut châtelain et bourgmestre de Vonêche.*
>
> *Il possédait d'importantes propriétés foncières, tant à Vonêche qu'à Castillon (Walcourt) et Sohier (Wellin). Soit, au total, 350 ha auxquels il faut ajouter les 227 ha de Ways [7].*
>
> *Le comte Cornet de Ways Ruart était un homme extrêmement riche si l'on considère le montant de sa contribution personnelle, qui était un impôt sur certains signes extérieurs de richesse (domesticité, chevaux de luxe...). Le bourgmestre de Vonêche payait, en 1885, une contribution personnelle de 1457 francs [8]. Pour donner un point de comparaison, Ernest Solvay payait à la même époque 1320 francs [9].*

5 Braine-la-Château (CDB, VM, n° 1165) : 489 ha en 1926.

6 MEUWISSEN Éric : « D'un château à l'autre à Argenteuil », *Brabant Tourisme,* décembre 1992, n° 4.

7 En 1814, il acheta la propriété de Vonêche (350 ha) pour 600 000 francs. Voir BSCF, 1920, n° 461.

8 *Index des éligibles, op. cit.,* p. 52.

9 *Ibidem,* p. 409.

Dans le parc de Vonêche, existait au début du siècle un fabuleux sequoia gigantea. *Cet arbre était alors considéré comme le plus haut si pas le plus gros en Belgique. À 30 mètres de haut, il avait 3,10 mètres de circonférence !* [10] *Finalement, le comte Cornet revendit au début du siècle Vonêche au sénateur-baron Alfred d'Huart.*

Mais revenons au petit-fils, Arthur Cornet, propriétaire du château de Braine.

Ce dernier est administrateur de la Cogefon, société immobilière dont le siège est établi à Bruxelles, boulevard Saint-Michel. La Cogefon est aujourd'hui intégrée dans la Sipef, le holding familial de la famille Bracht (voir *supra).* Le rapport entre le puissant holding de la famille Bracht et le comte Cornet est facile à établir : Arthur Cornet a épousé Denise de Pret Roose de Calesberg, la fille de Betty Bracht.

Quant à la Cogefon, elle a réalisé de nombreux lotissements en Roman Païs, notamment le parc de l'Étoile à Ottignies et le lotissement de Sart-Messire-Guillaume (rue de la Chapelle et des Couteliers). Celui-ci suscita, en 1991, l'ire des riverains tant il était massivement concentré sur un quartier créé de toutes pièces au cœur du hameau.

On retrouve aussi la Cogefon dans le lotissement du domaine de Saint-Jean-des-Bois à Limelette. L'imobilière de Saint-Jean-des-Bois avait tenté en vain de viabiliser les terrains et, en 1978-79, elle céda ses parts à la Cogefon. En 1985, le permis de lotir introduit par Cogefon, à la suite du schéma de structure de 1979, était périmé. Mais entre-temps la société avait fait procéder illégalement à des abattages d'arbres. Ce qui lui valut une colère vive de la population locale.

Sa cousine épouse Haroun Tazieff

Le comte Cornet habite, comme nous l'avons écrit plus haut, au château de Ruart, une demeure sise à l'endroit de l'ancien castel aujourd'hui démoli. Une gentilhommière avec jardin d'agrément, serres et orangerie, entourée d'un magnifique domaine boisé de plus de 200 ha [11].

Président de la Société royale forestière, le comte est un grand spécialiste en matière de graines et a la réputation de planter un arbre dès qu'il dispose d'un mètre carré.

10 BSCF, 1914-1918, p. 426.

11 Ways (CDB, NM, n° 1015) : 215 ha en 1968 (lieux-dits : Petit-Sart, Clair Bois, Tronquoy, Bois Annet...).

Jadis, sa famille détenait la seigneurie de Ways, à l'exception de quelques parcelles relevant de l'abbatialité de Nivelles [12].

En 1930, les Cornet de Ways-Ruart y possédaient 232 ha [13]. En 1951, à la mort du comte Paul, l'oncle du comte Arthur, le domaine s'étendait sur une superficie de 246 ha sur la seule commune de Ways. En 1968, le comte Arthur y était encore en possession de 217 ha [14]. Ces terres forment une magnifique propriété que le comte Arthur ne manque jamais d'arrondir quand l'occasion s'en présente. Le golf de l'Empereur, sis juste en face de sa propriété, ne lui appartient néanmoins pas.

À Braine-le-Château, la famille Cornet possède également un foncier non négligeable. En 1944, le père d'Arthur, le comte Louis, y détenait 187 ha [15] qui furent partagés entre ses différents enfants. Dernièrement, une des sœurs du comte Arthur a d'ailleurs revendu la célèbre Ferme Rose.

Pour l'anecdote, Pauline – fille du comte Paul et cousine d'Arthur – a épousé en secondes noces le célèbre vulcanologue Haroun Tazieff. En premières noces, elle avait épousé le comte Michel de Selys Longchamps. Ce qui explique qu'aujourd'hui le golf de l'Empereur soit coincé entre les propriétés Cornet et de Selys. Ceci dit, la fille de Michel de Selys, Sybille réussit à son tour une belle union matrimoniale puisqu'elle convola avec Jacques Boël, actuel administrateur délégué des UGB.

Il peut entrer à cheval dans les églises

Louis Cornet de Ways-Ruart, le père du comte Arthur, était grand maréchal de la Cour.

C'est par exemple lui qui, au lendemain de la guerre, transmit aux autorités britanniques le « testament » de Léopold III, alors que Pierlot et Spaak préféraient le garder secret. Le document fut remis, sous pli scellé, au maréchal Montgomery qui le transféra à son tour au gouvernement britannique. Churchill fut particulierement choqué par ce « testament

12 SCARNIERE Claude : *Ways, village,* Village Wapac. En procédure d'achat, le 10 juillet 1767, le bien arriva à la famille Cornet : Benoît Cornet, conseiller de Brabant de 1747 à 1779.

13 Cornet de Ways-Ruart Paul à Ways (CDB, NM, n° 821) : 227 ha en 1928 ; 245 ha en 1952 (lieux-dits : Tronquoy, La Hutte, Glabjoux, Petit-Sart, Le Ruart, Claire-Bois, Pisse-Bèche, Chaussée de Wavre, L'Escavée...).

14 Cornet de Ways-Ruart Arthur à Ways (CDB NM, n° 1015) : 217 ha en 1968.

15 Braine-le-Château (CDB, NM, n° 2293).

royal ». Il aurait dit, en parlant de Léopold III : « *He is like the Bourbons :* il n'oublie rien et n'apprend rien. »

Louis Cornet de Ways-Ruart a épousé Marie de Robiano (1893-1980) dont la mère, Lucie de Robiano, née de Jonghe d'Ardoye, était grande maîtresse de la maison de la reine Élisabeth, tandis que la sœur de Marie de Robiano, Antoinette, était dame d'honneur de la princesse Joséphine Charlotte.

Marie de Robiano était une des trois filles de Stanislas de Robiano (1853-1909), petite-fille de Léon (1808-1893) et arrière-petite-fille d'Eugène-Gaspard.

En 1919, au moment de son mariage avec Louis Cornet de Ways-Ruart, le domaine paternel de Braine-le-Château faisait 489 ha, et celui de Paul Cornet 232 ha.

En 1963, le domaine de Marie – veuve depuis 1950 – totalisait encore 206 ha à Braine-le-Château [16]. Tandis que celui d'Antoinette – veuve Ludovic de Meeûs d'Argenteuil – s'étendait sur 189 ha.

De l'union de Marie de Robiano avec le Grand Maréchal de la Cour, Louis Cornet de Ways-Ruart, sont nés quatre filles et un fils : Arthur, l'actuel propriétaire du château de Braine.

Une des sœurs de notre grand maréchal de la Cour épousa, en 1940, le fils du secrétaire de la reine Élisabeth, le baron Jean de Traux de Wardin, châtelain et bourgmestre de Jodoigne-Souveraine, dont le père était un très important propriétaire foncier (357 ha à Jodoigne et Lasne en 1927).

Son petit-fils Bernard, né en 1941, est l'actuel châtelain de Jodoigne-Souveraine. Ce dernier est donc le cousin d'Arthur Cornet, le châtelain de Braine-le-Château.

Enfin, il faut encore savoir que le comte Arthur Cornet a pour beau-frère le vicomte Fernand de Jonghe d'Ardoye (né en 1911). Cet homme a le privilège de pouvoir rentrer dans les églises à cheval ! Et pour cause, il fut président de l'Ordre de Malte en Belgique. Un ordre dont l'objet n'est rien moins que la « gloire de Dieu dans la pure tradition catholique et romaine par le service rendu à la foi et au Saint-Siège ». Pour en faire partie, il suffit de faire la preuve de quatre quartiers de noblesse et de deux cent cinquante ans de noblesse pour le premier quartier.

16 Braine-le-Château (CDB, NM, n° 1165) (lieux-dits : Les Quarante Bonniers, l'Hermitage, Bois du Chapitre, Bruyère Matthias, Les Monts, Ferme Sottiaux, Bois d'Apechau, Long Pré, Bois de Boucquendael...).

Quand une Robiano épouse l'héritier du domaine d'Argenteuil

Venue au monde en juin 1897 au château familial de Braine, Antoinette de Meeûs, née de Robiano, y mourut en juillet 1992, presque un siècle plus tard.

La comtesse Antoinette, qui fut notamment dame d'honneur de la princesse Joséphine Charlotte, avait épousé Ludovic de Meeûs d'Argenteuil (1892-1961), lequel était le fils de Louis de Meeûs (1857-1924), le dernier châtelain d'Argenteuil. Dans les années 20, les descendants de Louis de Meeûs – dont Ludovic, le mari de la comtesse de Robiano – s'étaient en effet débarrassés du magnifique domaine que le premier gouverneur de la Société Générale était parvenu à constituer à Argenteuil. Un domaine qui représenta jusqu'à 785 ha sur les communes de La Hulpe, Ohain et Waterloo [17].

> *Signalons pour l'anecdote que le comte Ferdinand de Meeûs, avant de jeter son dévolu sur Argenteuil, faillit racheter au prince de la Tour et Taxis le château de Braine-le-Château.*

Antoinette occupait une aile du château de Braine, l'autre aile étant louée à sa fille Nicole.

Cette dernière a épousé le baron Robert de Villenfagne de Vogelsanck. Administrateur de la citadelle de Dinant, il appartient à une célèbre famille catholique qui réside au château de Vogelsanck à Zolder. Deux sœurs de Robert sont des religieuses tandis qu'un frère est cistercien.

> *Le père et le frère du châtelain locataire de Braine-le-Château ont été tous deux bourgmestres de Zolder. Et c'est son frère Henri qui a créé le circuit de Zolder en 1960. Ce dernier a un fils particulièrement célèbre, non seulement pour être le directeur général de la banque d'épargne anversoise An-Hyp [18], mais aussi et surtout pour être un des rares membres de l'*Opus Dei *à ne pas faire mystère de son appartenance à cet ordre aussi chrétien que conservateur [19].*

17 Sur le château d'Argenteuil, voir Éric MEUWISSEN, *Brabant Tourisme,* n° 4, décembre 1992, pp. 23-28.

18 Bénéfice en hausse de 3 % par rapport à 1992. Cf. *Le Soir,* 26 avril 1994.

19 *La Libre Belgique,* Suppl. La Libre entreprise, 8 juin 1991, p. 3.

Ceci dit, le baron Robert de Villenfagne, s'il n'est que locataire du château de son cousin Cornet, n'en possède pas moins dans la région une série de propriétés. Qu'on pense au bois d'Apechau ou au bois du Chapitre, soit environ 150 ha [20].

Quel avenir pour le château ?

Si les intentions actuelles du propriétaire du château de la Cité du Pilori sont de maintenir le château dans le patrimoine familial, à la fin des années 70 le bruit courut qu'Arthur Cornet espérait le vendre – pour payer les droits de succession ? – et le transformer en centre de congrès et de séminaires... Il faut dire que la configuration du château et du parc s'y prêtait admirablement.

L'entretien d'un tel château coûte – il est vrai – une fortune. Ainsi, il fallut débourser 9 millions de francs, voici quelques années, pour refaire la toiture. Sur cette somme, 5,4 millions furent à charge de l'État, 1,8 millions à charge de la province, 900 000 francs à charge de la commune et... 900 000 francs seulement à charge du propriétaire. En échange, les « contribuables » peuvent fouler une fois par an, lors des Fêtes médiévales, le parc désormais classé du château.

Quant au château, il n'est pas visitable, même si les amoureux du patrimoine le déplorent.

Comme l'aurait certainement déploré feu le marquis d'Andigné (1900-1993), châtelain de Franc-Waret et chevalier de la Toison d'or, qui nous laissa pour testament cette généreuse pensée :

> *« N'y a-t-il pas quelque égoïsme à refuser l'entrée de sa propriété... Les propriétaires de châteaux... ne sont que des usufruitiers des biens reçus en héritage du passé. Ce serait donc le fait d'un bon sentiment que d'en faire profiter un public naturellement amoureux et respectueux de beautés artistiques auxquelles il aspire sans pouvoir jamais les posséder. L'égoïsme de la possession, le tout et le chacun pour soi, c'est le sort mauvais du riche ou de l'amant dépité qui ne saisit jamais rien d'autre que ce qui lui glisse entre les doigts. »* [21]

20 Braine-le-Château (CDB, NM, n° 3416) : 142 ha en 1973.

21 Marquis Amédée D'ANDIGNÉ : « Château vaut le détour », *Maisons d'hier et d'aujourd'hui*, septembre 1993.

CONCLUSIONS

Quel avenir pour les seigneurs de la terre ?

Il fut un temps où la richesse était une notion simple. On la possédait ou on ne la possédait pas. Elle était solide, elle était matière. La richesse donnait le pouvoir et le pouvoir la richesse. La situation était claire du fait que tout deux se fondaient sur la terre.

La terre ! Jusqu'à la fin du XIXe siècle, elle fut le symbole de la puissance par excellence. Elle donnait considération et pouvoir à celui qui la possédait. Elle nimbait son détenteur d'un halo d'autorité et de respectabilité. Elle était le siège du pouvoir réel, la consécration de la réussite sociale. Le signe le plus évident de la richesse et du niveau social. Elle était l'élément indispensable de la puissance. Car celui qui possédait la terre en Belgique au siècle dernier était non seulement éligible au Sénat, mais aussi souvent le bourgmestre du village. Le grand propriétaire disposait dès lors d'une vaste panoplie de moyens pour se faire obéir et élire. Il était craint et respecté. Il en était ainsi du comte de Merode à Rixensart, des Robiano à Braine-le-Château...

L'évolution inéluctable

L'abaissement du cens électoral et l'introduction du suffrage universel plural à la fin du siècle dernier sont venus éroder la puissance des grands propriétaires fonciers. À partir de ce moment, l'évolution était inéluctable. Les grands propriétaires commencèrent à perdre leur influence et leur pouvoir. Une érosion lente mais continue qui fait qu'aujourd'hui, le grand propriétaire foncier n'a plus aucun pouvoir. Il n'a plus que des charges et, pire même, il a parfois des dettes.

Aujourd'hui, le pouvoir est ailleurs. La terre n'est plus le siège du pouvoir. Elle n'est plus qu'un ornement de ce pouvoir. Un ornement et non plus comme jadis un élément constitutif du pouvoir. Elle n'est plus qu'un signe extérieur de richesse parmi d'autres : l'écurie de course, le yacht, l'équipe de football... L'exemple d'un John C. Martin, l'homme d'affaires du lac de Genval, qui achète une propriété de 100 ha à Wavre (le manoir des Templiers) pour consacrer sa réussite est une exception.

Il reste les descendants des grands seigneurs de jadis. Autant dire qu'en Brabant wallon, il n'y a en a plus beaucoup. Et les domaines d'origine féodale qui ont été maintenus jusqu'à nos jours dans la patrimoine familial se comptent sur les doigts d'une main.

Le cas des Merode à Rixensart est assez exceptionnel. On pourrait encore citer celui des Gerycke d'Herwynen (via les Colona, Van der Dilft, Limburg Stirum) à Céroux-Mousty, dont Moriensart est propriété de la famille depuis le XVIe siècle.

Il y a aussi la famille de Traux de Wardin qui possède, via les Glimes, la seigneurie de Jodoigne-Souveraine depuis des générations. Ou encore les Cornet de Ways-Ruart à Ways, les Liedekerke (via les de Baillet, Woelmont, Spoelberch) à Laurensart (Grez-Doiceau).

Autant de domaines qui se sont transmis par héritage de l'Ancien Régime à nos jours. Mais, disons-le d'emblée, cette filière de transmission est plutôt rare. Car la règle, c'est la mutation.

Les facteurs de mutation

Mutation liée à la Révolution française tout d'abord avec la nationalisation des biens d'Église et d'émigrés. Il est loin le temps où certaines abbayes (Villers-la-Ville, Afflighem, Florival...) possédaient des villages entiers en Brabant wallon. À Maransart par exemple, il n'y avait que deux propriétaires : Afflighem et Aywières. Vieux-Genappe était aux mains de l'abbaye d'Afflighem, Sart-Dames-Avelines dans celles de l'abbaye de Villers-la-Ville... Le Chapitre noble de Nivelles comptait parmi les plus riches institutions du Brabant avec 3147 ha en 1787.

On comprendra dès lors que la vente des biens nationaux et surtout d'Église fut responsable d'une profonde mutation foncière. Une mutation qui débuta en 1787 et qui se poursuivit jusqu'en 1830.

Ce sont surtout les biens ecclésiastiques qui furent vendus car la noblesse rentra rapidement d'émigration et put ainsi sauver ses propriétés.

Les principaux bénéficiaires de ce grand mouvement de transfert de la propriété foncière furent surtout les bourgeois. Un Mosselman dans le centre, un Lefèbvre dans l'est (seigneurie de Walhain), un Claes dans l'ouest (Ittre), un Plovits un peu partout...

On estime ainsi que quatre-vingts pour cent des biens ecclésiastiques sont passés dans les mains de la bourgeoisie [1]. À la fin de l'Empire, la puissance temporelle de l'Église est complètement détruite.

La noblesse devint le grand propriétaire terrien, mais, à côté d'elle, émergea une nouvelle classe sociale : la bourgeoisie. Elle partagea avec la noblesse les rênes du pouvoir mais aussi la possession des terres pendant tout le XIXe siècle.

Un autre facteur de mutation fut, sous le régime belge, la vente de grandes surfaces du domaine forestier de l'État qui se retrouva aux mains de la Société générale. Il est à l'origine des propriétés d'Argenteuil (de Meeûs) du château de La Hulpe (de Béthune) de Sept Fontaines (Coghen)...

Au total, plus de la moitié de la partie aliénée de Soignes fut achetée par une poignée de gens très fortunés dont beaucoup étaient liés de près ou de loin à la Société Générale : Baesem, Capouillet, Coghen, Hennessy fils, Joseph et Pierre de Meeûs (frères du gouverneur), Ritteweger (un des directeurs), Hamoir de Reuss, Lecocq et Moyard fondateurs de la Raffinerie nationale (filiale de la Société Générale) et Léopold Ier. Les aliénations ont ainsi permis aux plus fortunés d'arrondir leur capital foncier.

Concentration ou dilution ?

La question est évidemment de savoir si en un siècle et demi la grande propriété foncière s'est concentrée en Brabant wallon ou si, au contraire, elle a plutôt régressé.

Jusqu'au début du XXe siècle, on peut dire avec Émile Vandervelde qu'elle s'est plutôt stabilisée, si pas concentrée.

« Les grands domaines se multiplient et s'arrondissent et un plus petit nombre de propriétaires possèdent un plus grand nombre d'hectares. Dans le Brabant, la grande propriété se développe au lieu de se morceler », écrivait au début du siècle Vandervelde [2].

Et pour notre siècle ?

Le mouvement s'inverse. La grande propriété foncière s'est considérablement rétrécie. Les domaines fonciers de plus de 500 ha sont devenus rares.

Il reste juste aujourd'hui celui des Boël et du duc de Wellington (1083 ha). Exit les domaines des Brunard, Snoy, Dumont de Chassart... Notamment parce que le régime successoral a morcelé les grands domaines sans qu'ils soient compensés par des acquisitions.

1 ANTOINE François : *La vente des biens nationaux. L'exemple du département de la Dyle. La Belgique française,* Crédit communal, Bruxelles, 1993, pp. 134-136.

2 VANDERVELDE Émile : *La grande propriété foncière, op. cit.,* p. 148.

Cette règle générale souffre quelques exceptions. Car certaines grandes familles ont réussi à « sauver les meubles » en mettant à temps leur propriété en société (Janssen, Boël). Ce que les Merode de Rixensart n'ont pas fait. Avec les conséquences qu'on connaît aujourd'hui.

Partout les grands domaines ont été réduits à la portion congrue. Sans compter que, depuis 1830, la propriété foncière a connu de nombreuses mutations.

L'exemple des Van Overbeke, propriétaires depuis 1850 du château de Savenel à Nethen (Grez-Doiceau) est assez exceptionnel : entre 1850 et 1994, le domaine n'a pas perdu un hectare ! Il faut dire que le patrimoine a été mis en société et que le domaine ne fait que 54 ha.

Sur seize grands propriétaires fonciers du Brabant wallon qui possédaient en 1845 plus de 250 ha, il reste quatorze de ces propriétés dans le giron familial en 1870, huit en 1927, six en 1962 et quatre en 1994. C'est dire si les choses ont évolué. Les fortunes se font et se défont ; les propriétés suivent.

En 1845, les familles Mosselman, de Beeckman, de Man de Leenick, d'Arenberg, Van der Linden d'Hooghvorst, Coghen, de Meeûs d'Argenteuil, vander Stegen de Putte... possèdent des domaines de plus de 350 ha dans l'arrondissement de Nivelles.

Aujourd'hui, leurs descendants sans être démunis ne sont plus les grands propriétaires fonciers de jadis.

Ils ont été remplacés par les Boël, Solvay, Janssen, de Launoit... autant de familles emblématiques du monde industriel et financier belge, dont la consécration sociale s'est traduite non seulement par la constitution de grands domaines mais aussi par l'obtention de titres de noblesse.

Les grands propriétaires d'aujourd'hui ne sont donc plus, dans leur immense majorité, ceux du siècle dernier.

Dans l'ensemble, on a assisté à une dilution et à une partition de la grande propriété foncière. Les grands propriétaires, au lieu d'augmenter leur patrimoine, ont souvent vendu tout ce qui était en terrain à bâtir. Tout ce qu'ils pouvaient rentabiliser a été réalisé... souvent, il est vrai, pour payer les droits de succession.

Les Merode ont énormément vendu. Les Boël ont vendu tout ce qui était en zone rouge au plan de secteur. Les Washer viennent de lotir une partie du Manoir à Waterloo, Jacques Solvay a vendu les trois quarts de sa propriété lahulpoise à IBM, la comtesse du Monceau a vendu la sienne à Swift. Les de Bergeyck ont vendu Nysdam à Herpain qui voudrait y établir des bureaux. Les Janssen ont loti a Ohain (Try-Bara) et voudraient lotir toutes leurs terres en zone d'extension d'habitat. Ce qui n'est désormais plus possible depuis le 1er août 1994. Partout, le phénomène est le même.

La noblesse toujours propriétaire ?

Il reste à savoir dans quelle proportion la propriété est toujours aux mains de la noblesse.

Pour le XIXe siècle, Vandervelde s'est livré à des calculs savants en Brabant et a dénombré, en 1898, sur 126 propriétaires ayant des cotes de plus de 100 ha : 67 nobles et 59 bourgeois.

Pour le XXe siècle, la situation est semblable. La terre est en grande partie aux mains de la noblesse. En 1962, sur 25 propriétaires ayant des cotes de plus de 200 ha, on dénombrait pas moins de 20 nobles.

Les aristocrates ont donc réussi plus qu'à se maintenir. Et cela pour la simple raison que les bourgeois détenteurs de très grandes propriétés ont été récemment anoblis. Qu'on pense aux t'Serstevens (1907), Dumont de Chassart, Boël, Janssen, Solvay...

Et, à côté de ces nouveaux nobles, la noblesse traditionnelle a maintenu de beaux ensembles : les domaines des Le Hardy de Beaulieu (Wavre), Merode (Rixensart-Wavre), Cornet de Ways-Ruart (Genappe), Gerycke d'Herwynen (Ceroux-Mousty), d'Hanins de Moerkerke (Houtain), d'Oultremont (Mélin), d'Ursel (Grez-Doiceau), Jolly (Ittre), Lichtervelde (Ittre), de Bivort de la Saudée (Ittre), Liedekerke (Laurensart), Goblet d'Alviella (anobli en 1838), Roberti de Winghe (Bossut-Gottechain)...

À côté de cette noblesse traditionnelle, il y a aussi toute une série d'industriels : les Timberman à Braine-l'Alleud, les Emsens à Couture, les Henricot à Court-Saint-Étienne, les Debroux à Noirhat...

Mais il y a aussi les grandes familles nobles qui ont tout vendu ou perdu en Brabant wallon. Pensons aux d'Arenberg, aux de Meeûs d'Argenteuil, Coghen, Crombez, Ozy de Zegwaart, vander Stegen de Putte....

La terre, un luxe

Posséder la terre aujourd'hui est devenu un luxe, un sacerdoce et même une sorte d'anachronisme.

Il y a ceux qui, tels que les Janssen, ne considèrent la terre que comme un placement à très long terme, la dernière valeur refuge en cas de catastrophe.

Il y a ceux qui gardent la terre pour des raisons sentimentales. Ils tiennent à leur fonds de propriété comme à la prunelle de leurs yeux. C'est parfois tout ce qu'il leur reste.

Il y a ceux qui la gardent pour leurs loisirs.

Il y a enfin ceux qui voudraient la vendre, mais ne veulent pas s'en débarrasser à vil prix.

Car aujourd'hui la terre ne vaut plus grand-chose et les fermages sont dérisoires. Si l'on tient compte de l'érosion monétaire entre 1970 et 1992, c'est une baisse de quarante-cin pour cent en francs constants qu'on enregistre. Sans parler de la crise agricole...

Certains n'hésitent pas à considérer la terre comme un mauvais placement.

Pour donner un exemple, un hectare d'une valeur de 400 000 francs rapporte en fermages 6000 à 7000 francs l'an, soit une rentabilité de un à deux pour cent.

Les temps sont dès lors durs pour les grands propriétaires fonciers. Pour ceux qui possèdent de la terre agricole tout au moins. L'âge d'or qu'ils ont connu pendant les trente glorieuses, du début des années 50 à la fin des années 70, apparaît bel et bien révolu. Au point qu'exprimé en francs constants, c'est-à-dire hors inflation, le prix de l'hectare est aujourd'hui le même qu'il y a quarante ans.

Même si on tient compte de la hausse du coût de la vie, le recul est incontestable : les prix pratiqués l'an dernier sont en moyenne inférieurs de dix pour cent à ceux de 1979, année de tous les records. Pire même, le bilan est négatif pour les propriétaires n'exploitant pas eux-mêmes leur patrimoine foncier. Ironie de l'histoire, certains sont même imposés sur un... revenu négatif !

Les nouveaux propriétaires

Tout cela explique peut-être un phénomène nouveau : l'apparition du *gentleman-farmer*. Aujourd'hui, c'est le châtelain qui cultive sa terre lui-même.

Le cas des Dorlodot à Chaumont-Gistoux est exemplaire. On pourrait aussi citer celui des Dumont de Chassart qui ont gardé, dans l'ouest du Brabant wallon, de somptueux lambeaux d'un domaine qui fit au siècle dernier 1400 ha. Du côté des Brunard apparentés aux Solvay, c'est la même chose, même si le domaine ne fait plus 1000 ha comme au début du siècle.

Il en va aussi de même pour les Gerycke d'Herwynen à Ceroux-Mousty. Là, le seigneur de Moriensart cultive aujourd'hui lui-même les terres que ses ancêtres lui ont léguées depuis l'Ancien Régime.

Dès lors, les grands propriétaires ne sont plus toujours ceux qu'on croit. Ils s'appellent UCL (900 ha), CPAS de Nivelles (2000 ha en 1945 et 850 ha aujourd'hui), armée belge (800 ha à Beauvechain), province de Brabant (29 ha au domaine provincial d'Hélécine, 46 ha au Bois des Rêves à Ottignies), Carrière de Quenast (303 ha en 1972)...

Par contre, à l'inverse de ce que l'on pourrait croire, les Fonds de pension ou les compagnies d'assurance n'ont pas investi dans la terre comme c'est le cas en France ou aux Pays-Bas. Un pays où AMEV est le premier propriétaire terrien privé avec un portefeuille d'environ 26 000 ha de terres de cultures, de bois et même quelques îles d'une valeur totale de 8 milliards [3].

Elle est lointaine l'époque où le marquis de Trazegnies mettait en garde ses fils contre les deux tares qui guettaient la noblesse, à savoir acheter autre chose que des terres et accepter des subsides de l'État. Une profession de foi qui ne résiste plus aux données du monde moderne.

Savez-vous que les pouvoirs publics ont consacré, depuis 1972, plus d'un milliard pour restaurer le château de Seneffe ? Que l'entretien du château de La Hulpe (226 ha) coûte 10 millions par an ? Que Swift débourse un million par mois pour entretenir son parc de 33 ha à La Hulpe ? Quel propriétaire pourrait encore en faire autant aujourd'hui ?...

Tout cela explique que les grands propriétaires fonciers sentent aujourd'hui un peu la naphtaline. Il sont de merveilleux anachronismes vivants, des diplodocus condamnés par l'évolution, des sentimentaux raccrochés vaille que vaille à la terre de leurs ancêtres, des hobereaux crottés vivant dans des castels branlants... Elle est bien révolue l'époque des « seigneurs de la terre ».

Comme le remarque Pol Boël, le dernier grand industriel et grand propriétaire au parlement : « La notion de lutte des classes est dépassée. Par son éducation ou sa profession, on appartient à des groupes sociaux, parfois fermés, où l'on se comprend à demi-mots. Mais si l'on se fonde sur le niveau de vie, il n'y a plus de vraies frontières. »

En tout cas, une chose est sûre... la possession de la terre n'en est plus une.

3 *Le Soir,* 1er octobre 1993, Supplément Éco Soir, p. 4.

Bibliographie

PUBLICATIONS LÉGALES

Moniteur belge (Annexes, sociétés commerciales).

ARCHIVES ADMINISTRATIVES

Cadastre du Brabant (différentes communes).

PRESSE

Le Courrier de Nivelles.
La Gazette de Nivelles.
Le Soir.
La Libre Belgique.

INSTRUMENTS BIOGRAPHIQUES

Annuaire de la noblesse de Belgique.
Biographie nationale, Académie royale de Belgique, Bruxelles.
Biographie universelle ancienne et moderne, Paris.
Biographies tournaisiennes, XIXe-XXe siècles.
COSTON Henri : *Dictionnaire des dynasties bourgeoises et du monde des affaires,* Paris.
DE SEREVILLE DE SAINT SIMON F. : *Dictionnaire de la noblesse française,* Paris.
DE STEIN D'ALTENSTEIN Isidore : *Annuaire de la noblesse de Belgique,* Bruxelles, 1848.
État présent de la noblesse du royaume de Belgique (COOMANS O., DE BACHENE et DE HEMPTINNE G.)
Notices biographiques (1850-1960), Banque nationale, Bruxelles, 1960.
SEMENTERY Michel : *Les présidents de la République française et leur famille,* Éditions Christian, Paris, 1982.
STENGERS Jean (ed) : *Index des éligibles au Sénat (1831-1893),* Académie royale de Belgique, Commission de la Biographie nationale, Bruxelles, 1975.

TULARD Jean (ed) : *Dictionaire Napoléon,* Centre national des Lettres, Paris.
VAN MOLLE P. : *Le parlement belge (1894-1969),* Gand, 1969.
Who's who in France, 1990-1991.
YVERT Benoît (ed) : *Dictionnaire des ministres (1789-1989).*

LIVRES ET ARTICLES

ALEXANDRE Jean et ANSIAU Catherine : « Le château de Baudemont à Ittre », *Brabant Tourisme,* n° 4, 1984, pp. 4-9.
ANTOINE François : « La vente des biens nationaux. L'exemple du département de la Dyle », dans *La Belgique française,* Crédit communal, Bruxelles, 1993, pp. 134-136.
ALVIN Frédéric : « Lefebvre Léopold », *Biographie Nationale,* t. XI, col. 652-655.
BERGER Marcel : « Les origines de la famille Mosselman », in *Épargner et investir,* décembre 1959, n° 75, pp. 26-28.
BERGER-CARRIÈRE Jacques : « Notes complémentaires à la généalogie Hennessy », *Le Parchemin,* octobre 1964, n° 100, pp. 116-119
BERGMANS Jacqueline : « Le domaine Solvay à La Hulpe », *Brabant Tourisme,* n° 5, octobre 1977.
BLONDEAU L : « Une excursion au domaine du Chenoy », *Bulletin de la société centrale forestière de Belgique* (BSCF), 1902, pp. 797-804.
BOLLE J. : *Solvay, l'invention, l'homme, l'entreprise industrielle (1863-1963),* Bruxelles, 1963.
BOULANGER Jacques : *Parc et jardins. Bruxelles...,* 1993.
BRONNE Carlo : *La comtesse Le Hon et la première ambassade de Belgique à Paris,* Bruxelles, 1952.
BRONNE Carlo : *Une amie belge du duc d'Orléans : la comtesse Le Hon,* Académie royale, Bruxelles, 1951, pp. 1-13.
CAYPHAS Jean-Paul : « Deux dessins exceptionnels du château d'Ittre par Guillaume de Bruyn », *Entre Senne et Soignes,* 1972, pp. 10-17.
CAYPHAS Jean-Paul : « La répartition de la propriété foncière à Ittre au milieu du XVIIIe siècle », *Entre Senne et Soignes,* 1984, pp. 5-14
CHAFFANJON Arnaud : *Ces grandes familles qui ont fait la France,* Éditions Serg, 1976.
CLAES-PINSON Colette et WYNANTS Paul : « Une fondation de la famille de Merode : l'école des filles de Rixensart », *Revue d'histoire religieuse du Brabant wallon,* 1988, n° 4, t. 2, pp. 254- 282.
COLLE-MICHEL Marcella : « Mosselman F.-D. », *Biographie Nationale,* t. XLI, 1978-80, col. 578-586.
COSYN Arthur : *Le Brabant inconnu,* Bruxelles, 1911.
CRAHAY N. : « La loi cadenas et le domaine des Amerois », BSCF, 1927, pp. 138-140.
CROKAERT H. : « Le domaine de Wolvendael à Uccle », *Le Folklore brabançon,* n° 160, décembre 1963, pp. 403-413.
D'ANDIGNÉ Marquis Amédée : « Château vaut le détour », *Maisons d'hier et d'aujourd'hui,* septembre 1993.
D'ANETHAN Roland : « Les ancêtres du comte Coghen », *L'intermédiaire des Généalogistes,* n° 279-3, 1992, pp. 121 et ss.
DE BOCK Walter : « Rotschild et la Société Générale aux origines de l'État et de la dynastie belges », *Contradictions,* n° 23-24, 1980, pp. 80-119.
DE BORCHGRAVE D'ALTENA comte J. : « L'hôtel Merode-Westerloo », *Maisons d'hier et d'aujoud'hui,* mai 1969, pp. 4-6.

DE COUDENBERG François : « Vitraux armoriés de l'église Notre-Dame du rosaire au Zoute », *Le Parchemin,* novembre-décembre 1986, n° 246.

DE GHELLINCK Joseph : « L'hôtel Merode-Westerloo », *Maisons d'hier et d'aujourd'hui,* mai 1969, n° 2, pp. 7-10.

DE GHELLINCK VAERNEWYCK Xavier : « La Maison de Thiennes », *Le Parchemin,* n° 109, octobre 1965.

DEHAIR N. : « Un souvenir du château de Rixensart. Le séjour du comte Charles de Montalembert », *Brabant Tourisme,* n° 1, 1965, pp. 37-38.

DEJONGHE R : « De familie Claes : van landbouwers tot industriëlen en grootgrondbezitters. Lembeek van XVIIde tot XIXde eeuw », *Hallensia,* Oktober-december 1987.

DE LAUNOIS Jean : « Généalogie de Neck », *L'Intermédiaire des généalogistes,* n° 195, mai 1978, pp. 186-188.

DELAUNOIS Solange : « Structure agricole d'un village à la fin de l'Ancien Régime : Ittre », *Bulletin du Crédit communal,* n° 92, avril 1970, pp. 71-85.

DELHAYE Laurence : « La chapelle du Chantelet et son domaine à Vieux-Genappe », Cahier n° 3, Cercle d'histoire et d'archéologie du pays de Genappe, 1993, 100 pages.

DELHAYE Laurence : « La chapelle du Chantelet et son domaine à Vieux-Genappe », *Revue d'histoire religieuse du Brabant wallon,* 1993, t. 7, fasc. 4, pp. 250-257.

DELMELLE Joseph : *Les deux Thorembais (Perwez). La Hesbaye et la guerre de 200 ans entre le Brabant et Liège,* Éditions Oyer, 1976.

DELTOUR : *Si Bousval m'était conté,* Cercle socio-culturel de Bousval, 1956.

DENUIT Désiré : « Carnage en Brabant wallon », *Tous,* avril 1983, n° 9.

DEPAUW Guy : *Le château de Bousval au fil du temps. Son histoire, sa seigneurie,* Bousval, 1994, 250 pages.

DE PRETER René : *Les 200 familles les plus riches. L'argent et le pouvoir dans le monde des holdings et des millionnaires,* Epo, 1983.

DESMED Roger : « La franc-maçonnerie à Bruxelles à l'époque de la Révolution brabançonne », *Le Folklore brabançon,* n° spécial « Révolution brabançonne », septembre 1989, n° 263.

DEVLEESHOUWER Robert : *L'arrondissement de Brabant sous l'occupation française (1794-1795),* ULB, Institut de sociologie.

DE VOS Charles : « Les seigneurs de Limelette (1209-1804) », *Wavriensia,* t. XV, 1967.

DE VOS Charles : « Les seigneurs de Rixensart », *Wavriensia,* t. XIX, 1970, n° 1, pp. 1-32.

DISCAILLES Ernest : « Joseph Van Schoor », *Biographie Nationale,* t. XXI, col. 908-926.

DUBOISDENGHIEN Michel, *Dans les rues du village. Histoire de Court tout court,* Quorum, Ottignies-LLN, 1992.

DUBOISDENGHIEN Michel, *Derrière chez moi. Court-Saint-Étienne de 1830 à 1991,* Quorum, Ottignies-LLN, 1993.

DUBUISSON Paul et Madeleine : *Le canton de Wavre au fil de l'histoire,* Édition du Brabant wallon, Chaumont-Gistoux, 1963.

DUCHENE Christiane : « Gustave Boël », *Biographie Nationale,* t. XXXIV, col. 84-87.

DUCHENE Christiane : « Marthe Boël », *Biographie Nationale,* t. XXXIV, col. 84-87.

DUCHENE Christiane : « Pol-Clovis Boël », *Biographie Nationale,* t. XXXIV, col. 93-98.

DUMONT DE CHASSART : *Dumont, Dumont de Chassart,* Essai d'histoire familiale, 1992, p. 27.

ERCOLINI Pierre : « Un exemple particulier de la vente des biens nationaux : la vente des biens du Chapitre noble de Nivelles », in *La Belgique française,* Crédit Communal, 1993, pp. 137-139.

ERRERA P. : « La dotation du prince de Wellington », *Revue de l'ULB,* 1911-12, n° 3, pp. 225-242.

FAVRESSE M : « Le domaine des Amerois », BSCF, 1925, p. 275-286.

FISCHER Gustave : *La vie prodigieuse d'Ernest Solvay, citoyen d'Ixelles,* Cercle d'histoire locale, juillet 1991.

Fondation Roi Baudouin, *Des pierres pour le dire. Autour de Villers-la-Ville,* Crédit Communal, 1988.

GENTY Louis : « Nivelles, an 43 », *Rif Tout Dju,* 1993.

GILLARDIN Cam : « Excursion forestière dans le domaine de Court-Saint-Étienne », BSCF, 1920, pp. 183-190.

GILLIAUX J : « Le domaine de Loverval. Excursion forestière en 1908 », BSCF, 1909, pp. 278-292.

GOBLET D'ALVIELLA Félix : « Notes sur l'histoire des forêts belges », BSCF, mars 1925, pp. 129-153.

GUYOT DE MISHAEGEN G. : *Le parti catholique belge de 1830 à 1884,* Bruxelles, 1946.

GUYOT Gladys : « L'abbaye de Valduc à Hamme-Mille », *Brabant Tourisme,* septembre 1983, n° 4, pp. 14-17.

HOEBANX Jean-Jacques : « Aux origines de certains bois domaniaux du Brabant wallon, in *Centenaire du Séminaire d'histoire médiévale de l'ULB (1876-1976),* Bruxelles, 1977.

JONES Isabelle : « La mission économique belge à Londres. Le baron Boël et l'engagement de la flotte belge dans l'effort de guerre allié », *Cahiers du CREHSGM,* n° 11, mars 1988.

LACOMTE Pierre : « L'émphytéose : une expérience foncière originale », in *UCL, vie et mémoire d'une institution,* Albert d'Haenens (ed), Renaissance du livre, 1992.

LADEUZE France, DEJONGHE Léon et PAUQUET Firmin : « La Vieille-Montagne, l'exploitation minière et la métallurgie du zinc dans l'ancien duché de Limbourg », *Bulletin trimestriel du Crédit Communal,* 1991-4, n° 178, pp. 15 à 34.

LANG Maurice : « Quelques quartiers belges de la princesse Paola Ruffo di Calabria », *L'intermédiaire des généalogistes,* n° 81, mai 1959, pp. 151-152 et juillet 1959, n° 82, p. 211.

LAVACHERY V. : « Adolphe Stoclet », *Biographie Nationale,* t. XXXIII, col. 675-681, Bruxelles, 1966.

LEROY BEAULIEU Paul : « La propriété foncière à l'étranger et en France », *Revue des Deux Mondes,* LVIe année, 15 février 1986.

LORTHIOIS Jacques : « Les châtelains de Drogenbos de 1800 à nos jours. Louis Engelberg, sixième duc d'Arenberg (1750-1820) », *Le Parchemin,* septembre-octobre 1972, n° 161, pp. 285-305.

Livre blanc du patrimoine architectural de Bruxelles, 1985-1986.

MABILLE Xavier : « La Société Générale de Belgique. Eléments pour une histoire de la banque mixte 1822-1934 », *Courrier hebdomadaire du Crisp,* n° 1414-1415, 1993.

MAD : « Le Château de Sterrebeek », *Brabant Tourisme,* n° 9, septembre 1962, pp. 1-9.

MARTIN J. : « Bossut-Gottechain, la ferme de Beausart », *Wavriensia,* t. XXIII, 1974, n° 3.

MARTIN J. : « Walhain dans l'histoire », *Folklore Brabançon,* mars 1986, n° 249.

MARTIN J. : « Ottignies, la ferme du Bierwart ou Biéreau », *Wavriensia,* pp. 71-81.

MARTIN J. : « Les papeteries de La Hulpe », *Le Folklore Brabançon,* septembre 1985, n° 247.

MARTIN J. : « Les Piat-Lefèbvre et les Lefèbvre-Boucher de Tournay, acquéreurs de l'ancienne seigneurie de Walhain », *Le Vécu du Hain,* n° 19, février 1990, pp. 4-11.

MARTIN J. : « Le château de Walhain », *Brabant Tourisme,* n° 3, septembre 1994.

MAZIERS Michel : « La Hulpe et le lotissement de la Forêt de Soignes par la Société Générale (1831-1836) », in *Un domaine entre forêt et village...*

MAZIERS Michel : *La Forêt de Soignes. Arts et Histoire. Des origines au XVIIIe siècle,* Europalia, 1987, pp. 232 et ss.

MAZIERS Michel : *Histoire d'une forêt périurbaine. Soignes sous la coupe de la Société Générale (1822-1843),* Éd. de l'Université de Bruxelles, 1994.

MEUWISSEN Éric : « Braine-le-Château : son château et ses familles aristocratiques », *Brabant Tourisme,* mars 1994, pp. 41-48.

MEUWISSEN Éric : « D'un château à l'autre à Argenteuil », *Brabant Tourisme,* décembre 1992, n° 4.

MEUWISSEN Éric : « Dames et seigneurs de la Queue à La Hulpe : une longue histoire... », *Brabant Tourisme,* septembre 1992, n° 3, pp. 3-9.

MEUWISSEN Éric : « La plus grande ferme du Brabant wallon n'est plus une exploitation agricole », *Brabant Tourisme,* n° 1, mars 1993, pp. 27-32.

MEUWISSEN Éric : « La sucrerie de Waterloo, sucre lait, astrakan et cinéma... », *Brabant Tourisme,* septembre 1993, n° 3, pp. 29-33.

MEUWISSEN Éric : « Il y a un siècle, Ernest Solvay achetait le château de La Hulpe », *Brabant Tourisme,* n° 2, juin 1993, pp. 9-16.

MEUWISSEN Éric : « Des fermes, des châteaux et des golfs : toute une préhistoire. (1) et (2) », *Brabant Tourisme,* n° 2, juin 1994, pp. 35-39, n° 3, septembre 1994, pp. 21-27.

MINEUR Dominique : « La grange du Chenoy », *Le Folklore brabançon,* 241-242, juin 1984, pp. 506-510.

NELIS E : « Une excursion au domaine du Chenoy », BSCF, 1902, pp. 709-716.

Nos comtemporains, « Benjamin Crombez : notice biographique », Ixelles, 1904.

OP DE BEECK Evrard : « Les sénateurs de la Maison de Merode Westerloo », *Brabant Tourisme,* septembre 1979, n° 4, pp. 28-37.

OP DE BEECK Evrard : « Everberg et ses seigneurs », *Brabant Tourisme,* novembre 1979, n° 5, pp. 30-38.

OP DE BEECK Evrard : « Everberg, une visite au château princier », *Brabant Tourisme,* n° 4, 1967, pp. 12-16.

OP DE BEECK Evrard : « L'Hôtel Merode-Westerloo », *Brabant Tourisme,* n° 1, 1969, pp. 14-17.

OP DE BEECK Evrard et BOUQUIAUX Françoise : « Le château de Rixensart », *Brabant Tourisme,* n° 1-2, avril 1976, pp. 98-103.

PIERRON Sander : *Histoire illustrée de la forêt de Soignes,* 5 vol., Bruxelles, 1973.

PLANTIN DE BOUCHOUT MORETUS Roger : « Revue onomastique : de Pret Roose de Calesberg », *Le Parchemin,* n° 10, mars 1937, pp. 127-134.

PLATER-ZYBERK comtesse : *Albert-Edouard Janssen raconté par sa fille,* Edition Oyez, Beauvechain, 2 vol., 1978.

POREYE Raymond : « Rixensart et son château », *Brabant Tourisme,* mai 1965, n° 5, pp. 21-14.

RAYMOND Antoine : « Crayon patrimonial du bois de Lauzelle », *Louvain,* juillet-août 1993, n° 30, pp. 15-18.

ROBYNS DE SCHNEIDAUER Louis et DE GHELLINCK VAERNEWYCK Xavier : « La maison princière Ruffo di Calabria et les parentés belges de la future princesse de Liège », *Le Parchemin,* n° 51, mai 1959, pp. 97- 106.

ROSSEELS Eg. : « Une visite au domaine de Court-Saint-Étienne », BSCF, septembre 1933, pp. 369-379.

SCARNIERE Claude : *Ways, village,* Village Wapac, Ways, 1988.
SCOLNEUX J. : « La soude Solvay », *Revue de Belgique,* 21e année, t. LXI, Bruxelles, 1889, pp. 66-81.
SCOPS Charles et HAVERMANS Robert : *Ottignies à travers les âges. Études et documents,* Ottignies, 1975.
SCHMITZ F. : « Le parc des Amerois », BSCF, 1933, pp. 102-103.
SOETE Jean-Luc : « Louis Crombez (1818-1895). Esquisse biographique », *Publications extraordinaires de la Société royale d'histoire et d'archéologie de Tournai,* t. I, Tournai, 1984, pp. 187-192.
STEENEBRUGGEN Geneviève : « À La Hulpe, l'exotisme en Roman Païs », *Brabant Tourisme,* n° 3, juin 1975, pp. 28-33.
STENGERS Jean : « Sur l'influence des grands propriétaires fonciers en Belgique au XIX e siècle », in *La Belgique rurale du moyen-âge à nos jours, Mélanges offerts à J.J. Hoebanx,* ULB, pp. 354-368.
TARLIER J. et WAUTERS A. : *Géographie et histoire des communes belges, Province de Brabant, Arrondissement de Nivelles,* 5 vol., Bruxelles, 1859-1873.
THONISSEN J. : *Vie du comte Ferdinand de Meeûs,* Louvain, 1863.
TORDOIR Joseph : « Franc-maçonnerie et libéralisme à Nivelles (1840-1854) », *Wavriensia,* t. XLI, 1992, n° 1, pp. 27-48.
TORDOIR Joseph : « Rixensart : facettes de l'activité électorale du comte Felix de Merode », *Wavriensia,* t. XLI, 1992, n° 3, pp. 88-103.
TORDOIR Joseph : *Le parti libéral dans l'arrondissement de Nivelles : organisation et implantation (1846-1893),* mémoire de Licence en histoire 1992-1993, ULB.
TORDOIR Joseph : *Les grandes figures du Brabant wallon,* « Le baron Jean-Marie Ozy de Zegwaart (1827-1901) », Incourt, 1992.
TORDOIR Joseph : *Les grandes figures du Brabant wallon,* « Léon Clément Pastur (1845-1918) », Incourt.
TORDOIR Joseph : *Les grandes figures du Brabant wallon,* « Auguste Boucher (1853-1918) », Incourt, 1992.
TORDOIR Joseph : *Les grandes figures du Brabant wallon,* « Charles Constant Maisin (1804-1887) », Incourt, 1993.
TORDOIR Joseph : *Auguste Boucher (1853-1918) Député du Brabant wallon,* Beauvechain, 1994, p. 10.
Un domaine entre forêt et village. Le château de La Hulpe, ouvrage collectif, Catalogue de l'exposition des 19-20 juin 1993, Cercle d'histoire de La Hulpe, 67 pages.
VAN BELLE Jean-Louis : *Braine-le-Château. Déchiffrer le paysage, comprendre son histoire,* IVe Rencontres médiévales de Braine-le-Château, 6 septembre 1985.
VAN BELLE Jean-Louis : *Le château de Clabecq. Le bâtiment, des hommes, un domaine. Éditions de la Taille d'Aulne,* 1992.
VAN BRABANT Piet : *Les francs-maçons,* Hadewijk, 1990.
VAN DEN EYNDE Maurice : *La vie quotidienne des grands bourgeois au XIXe siècle : Les Warocqué,* Musée royal de Mariemont, 1989.
VAN DEN EYNDE Maurice : *Les Warocqué. Une dynastie de maîtres-charbonniers,* Labor, Bruxelles, 1985.
VAN DER STRAETEN E : « Bunge Edouard », *Biographie coloniale,* t. I, 1948, pp. 180-182.
VAN LIL Albert : « Duden et son parc à Forest », *Le Folklore Brabançon,* septembre 1990, n° 267.
VAN ZUYLEN J : « In Memoriam : le comte Félix Goblet d'Alviella », BSRF, avril 1957, pp. 210-211.

VANDERVELDE Émile : *La propriété foncière en Belgique,* Paris, 1900.
VANLANGENHOVE Fernand : « Notice sur le comte Eugène Goblet d'Alviella (1846-1925) », *Annuaire 1978,* t. CXLIV, Académie royale de Belgique, Bruxelles, 1978, pp. 31-40.
VINCENT Anne : *Les groupes d'entreprises en Belgique. Le domaine des principaux groupes privés,* Crisp, 1990.
VLIEBERGH Émile : « La grande propriété foncière en Belgique », *Revue sociale catholique,* Bruxelles, 1901, juin, n° 8.
WALGRAFFE Pierre (ed) :*Le patrimoine du Brabant wallon,* Centre culturel du Brabant wallon, Court-Saint- Étienne, 1994.
WAUTRECHT R. et PANDOR P. : *La Hulpe de la préhistoire à nos jours,* La Hulpe, 1970.
WOITRIN Michel : *Louvain-la-Neuve, le grand dessein,* Duculot, 1987, p. 76.
WYNANTS Paul : « Une fondation du comte Eugène de Meeûs : l'école Notre-Dame de La Hulpe (1879-1910) », *Revue d'histoire religieuse du Brabant wallon,* 1990, t. 4, fasc. 1, p. 17.

Index

Table des matières

Nouvelle Imprimerie Duculot, div. D.G. s.a.
B-5030 Gembloux. Tél. (081) 61 00 61